Mark Tatz und Jody Kent

Karma

Durch Wiedergeburt zur Befreiung
Das tibetische Orakelspiel

Eugen Diederichs Verlag

Mit 114 Abbildungen
Aus dem Amerikanischen übersetzt von Matthias Dehne und Sylvia Luetjohann
Titel der Originalausgabe: Rebirth — The Tibetan Game of Liberation

CIP-Kurztitelaufnahme der Deutschen Bibliothek

Tatz, Mark:
Karma: durch Wiedergeburt zur Befreiung; d. tibet. Orakelspiel
Mark Tatz u. Jody Kent.
[Aus d. Amerikan. übers. von Matthias Dehne u. Sylvia Luetjohann].
1. Aufl. — Düsseldorf, Köln: Diederichs, 1978.
Einheitssacht.: Rebirth ⟨dt.⟩
ISBN 3-424-00636-X

NE: Kent, Jody

Erste Ausgabe 1978

Umschlaggestaltung: Eberhart May
Die Abbildung auf dem Umschlag, das »Paradies des Padmasaṃbhava« (Urgyan, siehe Spielfeld 61), stellte Herr Gerd-Wolfgang Essen, Hamburg, zur Verfügung.
Gesamtherstellung: Heenemann, Berlin
ISBN 3-424-00636-X

Dem gelehrten und verehrungswürdigen Dezhung Rinpoche gewidmet, der der Veröffentlichung dieses Spiels seinen gütigen Segen gab (»Es wird von großem Nutzen sein«).
Gewidmet auch Lama Trinlay Drubpa und den anderen, die die Veröffentlichung mit Rat und Tat unterstützt haben, und natürlich der verständnisvollen Erleuchtung-gewährenden Göttin.

Aller Verdienst, der sich aus dieser Arbeit ergeben mag, sei dem Wohlergehen aller fühlenden Wesen dargebracht.

INHALT

BILDNACHWEIS

Tafel 1 Sakya Paṇḍita. Aus: Lokesh Candra, *A New Tibeto-Mongol Pantheon.* Mit Genehmigung des Autors.

Tafel 2 Ursprüngliche Form des Spiels vom Karma. Blockdruck. Mit freundlicher Genehmigung von Sakya Jigdal Dag-chen Rinpoche, Seattle, Washington.

Tafel 3 Zeitgenössische Fassung des Spiels aus Bhutan. Gemälde auf Karton. Mit freundlicher Genehmigung von Lama Trinlay Drubpa, Vancouver, B. C.

Tafel 4 Moderne nepalesische Version des Spiels. Rollbild. Mit Genehmigung des Indischen Museums, Calcutta.

Tafel 5 Das »Rad des Lebens«. Modernes tibetisches Rollbild. Mit freundlicher Genehmigung von Karma Kunkhyab Chöling, Vancouver, B. C.

Tafel 8 Schematische Darstellung des Meru-Weltsystems von Joan Girard. Mit freundlicher Genehmigung von Judith Hanson, Vancouver, B. C.

Tafel 9 Meru-Weltsystem. Tibetisches Rollbild. Mit freundlicher Genehmigung von Kalu Rinpoche, Darjeeling, Indien. (Photo: Barry Rochefort)

VORWORT

Das Spiel vom Karma läßt den Plan des Universums innerhalb des tibetischen Buddhismus sichtbar werden. Das Rollbild oder Spielfeld entwirft eine kosmische Geographie, die unsere Möglichkeiten für künftige Wiedergeburt darlegt und die Wege zur Befreiung sowie die Formen der Erleuchtung aufzeigt. Während des Spielverlaufs werden die Neigungen der Teilnehmer für ein bestimmtes Ziel aufgedeckt, und es werden Richtlinien dafür angeboten, wie die gewöhnliche Existenz zu überwinden ist und künftige leidfreie Zustände erlangt werden können.

»Karma« wurde im frühen dreizehnten Jahrhundert von Sakya Paṇḍita ›Kunga Gyaltsen‹ (›Der, dessen Banner vollkommene Freude ist‹), dem großen Sanskritgelehrten der Sakya-Schule, ersonnen. Er schuf es zur Unterhaltung seiner bettlägrigen Mutter, denn es galt selbst für Kranke als ungesund, während des Tages zu schlafen.

Später wurde es von den Tibetern als Erziehungsspiel betrachtet, das den Kindern die buddhistische Auffassung der Welt und Verständnis für die Wirkungsweise des Karma einprägen sollte. Auch zum Zeitvertreib fand man Gefallen daran; jung und alt, Laien und Angehörige des geistlichen Standes spielten es mit großem Vergnügen und unter vielen Scherzen über die karmischen Neigungen, die durch das Würfeln zum Vorschein kommen. Die Tibeter haben eine Vorliebe für Würfelspiele, und nicht selten werden Wetten über deren Ausgang abgeschlossen. In Klöstern vergnügten sich die Älteren an Feiertagen damit, die Jüngeren während langer Nachmittage, die auf Ritual und Studium folgten. Thubten Jigme Norbu, der ältere Bruder des gegenwärtigen Dalai Lama, beschreibt, wie man das Spiel in seiner Kindheit in der Schule spielte:

> Der Gewinner wurde mit Süßigkeiten belohnt. Manchmal konnte ein solches Spiel stundenlang dauern, und gelegentlich ging es dabei auch ziemlich laut zu. Besonders günstige oder ungünstige Würfe wurden je nachdem mit einem Chor von Beglückwünschungen oder einem kollektiven Aufstöhnen begrüßt.

Die Laienbevölkerung spielte dieses Spiel besonders bei sommerlichen Picknick- und Campingausflügen mit Begeisterung. In den von tibetischer Kultur geprägten Gebieten Sikkims und Bhutans sowie bei Flüchtlingen in verschiedenen Teilen der Welt erfreut es sich immer noch großer Beliebtheit. Tibeter, die das Spiel, seitdem sie im Exil leben, nicht mehr gesehen haben, begrüßen seinen Anblick oder seine Erwähnung lachend und voller Heiterkeit. Es weckt Erinnerungen an glücklichere Tage.

Die vorliegende Ausführung mit 104 Spielfeldern wurde von Pema Dorje, einem jungen Laien aus einer in Indien lebenden Nying-ma Familie, gezeichnet. Das Original von Sakya Paṇḍita und weitere zeitgenössische Ausführungen sind zu Vergleichszwecken ebenfalls abgebildet. Das Spiel ist mit einer Einführung versehen, die seinen Hintergrund, seine philosophische Basis und seinen Aufbau behandelt. Spielanleitungen und einzelne Kommentare zu den verschiedenen Zuständen der Wiedergeburt und den Stufen der Wege zur Befreiung sind dem jeweiligen Spielfeld beigeordnet.

Jeder Teilnehmer beginnt auf Feld 24, der ›Großen Himmlischen Straße‹, und bewegt sich seinen Würfen entsprechend weiter. Es hängt dabei von seinem eigenen Karma ab, ob er auf dem Spielfeld nach oben oder nach unten, in höhere oder niedere Stufen der Wiedergeburt vorrückt; die potentielle Bestimmung künftiger Leben wird dabei vorgezeichnet. Die Hauptgruppen von fühlenden Wesen in der Welt und die verschiedenen Gegenden und Philosophien der Menschenwelt befinden sich in den unteren Reihen des Spielfeldes. Man kann unter Göttern oder Dämonen, Geistern oder Tieren oder in einer der Höllen wiedergeboren werden. Während des Spiels geht es darum, einen der Pfade zur Erleuchtung zu betreten und ihm erfolgreich bis zum höchsten Punkt nachzufolgen. Auf dem Wege dahin durchschreitet man magische Landschaften, hohe Meditationszustände und erlangt tantrische Fähigkeiten. Gewinner ist derjenige, der zuerst Buddhaschaft erreicht und ins Nirvāṇa eintritt.

EINFÜHRUNG

Der Buddhismus in Tibet

Die verschiedenen Elemente tibetischer Kultur kommen aus sehr unterschiedlichen Quellen. Im Herzen Asiens gelegen, erhielt Tibet von allen Seiten kulturelle Einflüsse. Dennoch konnten sich die Tibeter auf Grund ihrer bevorzugten geographischen Lage im allgemeinen frei auswählen, was sie gerne beibehalten wollten. Vom vierzehnten Jahrhundert an wurde das Land von den Mongolen und Mandschuren bedroht und beherrscht und schließlich von der chinesischen Streitmacht besiegt. In aristokratischen Kreisen, die in der Regel engeren Kontakt zu den Eindringlingen hatten, wurden Veränderungen in der Sprache, in Ernährung und Kleidung durch ostasiatische Einflüsse bestärkt. — Im Gegensatz dazu entschlossen sich die Tibeter der früheren Zeit und des Mittelalters jedoch, die buddhistische Überlieferung nordindischer Prägung zu übernehmen. Diese historisch betrachtet merkwürdige Wahl — schließlich mußten zu ihrer Verwirklichung derart schwierige Hindernisse wie der Urwald Indiens und die Höhen des Himalaja überwunden werden — entschied über den Charakter der tibetischen Kultur. Bis die Chinesen 1951 in Lhasa einmarschierten, blieb Tibet die geheime letzte Bastion einer mittelalterlichen Spiritualität, die einmal über den Großteil der zivilisierten Welt Verbreitung gefunden hatte.[1]

Im siebenten und achten Jahrhundert nach Christus gehörte die Mehrheit der asiatischen Völker im großen und ganzen der buddhistischen Religion an. Die Stämme Zentraltibets blieben jedoch schamanistisch. ›Schamanismus‹ bezieht sich hierbei auf ein System von Ekstasetechniken, die dem Schamanen oder Zauberer den Aufstieg in den Himmel oder den Abstieg in die Unterwelt ermöglichen, sowie auf die magische Handhabung der Elemente und die Herrschaft über Geister. Schamanistische Praktiken und Glaubensvorstellungen sind in der ganzen Welt zu finden und werden im allgemeinen mit Stammeskulturen in Bezug gesetzt. Schamanistische Elemente sind offensichtlich auch in überregionalen Hochreligionen vertreten. Der tibetische Schamanismus hat sich später zum System des Bön (sprich: Hpön) entwickelt.[2]

Die kriegerischen tibetischen Stämme vereinigten sich unter einer Reihe von Königen und waren zeitweise die dominierende Militärmacht Zentralasiens. Ihr Einfluß ging weit über Tibets neuzeitliche Grenzen hinaus. Nachdem ihre Armeen jenes Gebiet erobert hatten, das später zum östlichen und westlichen Tibet werden sollte, drangen sie nach Burma und Nepal (im Jahre 640 n. Chr.) sowie ins Gangestal (im Jahre 648 n. Chr.) ein und lagen in ständigem Krieg mit China. Im Jahr 763 überrannten sie die chinesische Hauptstadt und bemächtigten sich während fast eines Jahrhunderts der strategisch wichtigen Oasen entlang der Seidenstraße, die China mit dem Westen verband (776 n. Chr. — 848 n. Chr.). Von diesen Raubzügen kehrten die Tibeter — nach schamanistischer Manier — mit gefangengenommenen Gottheiten zurück. Ihre Kontakte mit fortschrittlicheren Völkern und die dringende Notwendigkeit, ihre Hoheitsgebiete zu verwalten, beschleunigten zu diesem Zeitpunkt die kulturelle Entwicklung Tibets. Unter ihren Gefangenen befanden sich viele buddhistische Mönche aus Zentralasien und China; andere wiederum wurden aus Indien eingeladen. Man entwickelte in einer kurzen Zeitspanne eine Schriftsprache, die sich am Vorbild des kaschmirischen Sanskrit jener Epoche orientierte; sie diente gleichermaßen für militärisch-administrative Zwecke und die Übersetzung buddhistischer Texte. Die Macht zentrierte sich mehr und mehr in der Gestalt des Herrschers. Monarchie ersetzte nun den Rat der Adligen, und der König wuchs politisch über die Position eines ›primus inter pares‹ hinaus. Der Buddhismus gab mit seiner Vorstellung des ›vorbildlichen Herrschers‹ (skr. surāja) die ideologische Grundlage für die Einigung des Volkes unter einer zentralisierten Regierung.[3]

Die sogenannte ›frühe Verbreitung‹ (tibet. sṅar-dar) des Buddhismus in Tibet rief den Widerstand der etablierten Kräfte des Schamanentums auf den Plan. Trotzdem wurde unter königlicher Schirmherrschaft eine Anzahl Schriften aus dem Sanskrit und dem Chinesischen übersetzt. Ihre Verbreitung geschah zum Teil im Untergrund — die Bücher mußten zeitweise in Höhlen versteckt oder in der Erde vergraben werden —, denn die vom Schamanentum beeinflußten Minister wandten sich heftig gegen diese Herausforderung und riefen die ortsansässigen Geister an, um Erdbeben, Unwetter und Seuchen zu entfesseln. Die vom König eingeladenen indischen Gelehrten sahen sich gezwungen, von ihren Aktivitäten Abstand zu nehmen und das Land wieder zu verlassen. Schließlich sandte der König im Jahre 747 insgeheim nach dem tantrischen Eingeweihten Padmasaṃbhava (dem ›Lotus-Geborenen‹) aus Kaschmir, dem die formale Begründung des Buddhismus in Tibet zugeschrieben wird.

Die Geschichte überliefert, daß Padmasaṃbhava von Nepal aus seinen Weg nach Lhasa nahm, die lokalen Gottheiten, die ihn unterwegs angriffen, unterwarf und durch Gelübde dem Schutz des neuen Glaubens verpflichtete. Er half dabei die erste religiöse Anlage Tibets zu begründen und errichtete nach dem Vorbild des Berg-Meru-Weltsystems einen riesigen Zentraltempel, der von den vier »Kontinenten« und ihren Trabanteninseln umgeben wird. Die indischen Paṇḍits kehrten zurück, und die ersten sieben Tibeter wurden als Mönche ordiniert. Man begann mit einem intensiven Lehrprogramm in Ch'an (dem chinesischen Vorläufer des japanischen Zen), in tantrischer Meditation und der Übersetzung von Schriften. Die alte Schule (tibet. rñiṅ-ma) datiert aus der Zeit dieser frühen Verbreitung.

Nach diesen Jahren des Erfolgs starb der indische Gelehrte Śāntarakṣita, der erste Abt der Klosteranlage Samye, an den Folgen eines Huftrittes. Ohne ihn geriet die Harmonie unter den verschiedenen Schulen aus dem Gleichgewicht, und Cliquenwirtschaft entzweite die buddhistische Gemeinde. Die chinesischen Mönche erzielten zeitweise bei der Missionierung die größten Erfolge; zu ihren Gönnern zählten insbesondere einige hohe Damen des Hofes. Die Gruppe der mehr an indischen Vorbildern orientierten Gelehrten wandte sich an den König. Eine dritte Gruppe, die tantrischen Yogis, hat anscheinend versucht, den Streit zu umgehen. Daraufhin veranstaltete der Monarch ungefähr im Jahr 792 ein Streitgespräch zwischen den beiden Parteien. Die Lehren der Partei, die dabei den Sieg davontragen würde, sollte als für Tibet verbindlich anerkannt werden.

Zur Debatte stand die relative Gültigkeit der »direkten« oder »stufenweisen« Pfade zur Erleuchtung, wie sie einerseits der Ch'an und andererseits die indische Gruppe vertraten. Die erste lehrte intensive Meditation als ein rasch wirksames Mittel zur Überwindung diskursiven Denkens; die zweite legte mehr Gewicht auf Studium und moralische Verfeinerung über einen längeren Zeitraum, womit sie tiefere und dauerhaftere Ergebnisse zu erzielen glaubte. Die indische Gruppe gewann. Von diesem Zeitpunkt an wurde der indische Buddhismus zur offiziellen Lehrmeinung in Tibet.[4]

Der Hauptsprecher der indischen Gruppe, Śāntarakṣitas Schüler Kamalaśīla, wurde bald darauf ermordet. Der Mord wird im allgemeinen den Chinesen angelastet, was jedoch die spätere anti-chinesische Einstellung widerspiegeln mag. Heute neigen die Gelehrten eher dazu, Kamalaśīlas Ermordung als das Werk schamanistischer Minister des Bön anzusehen, denn als Folge des Streitgespräches von 792 waren Bön wie Ch'an vom König verboten worden. Die Tötungsweise war typisch schamanistisch: Man hatte Kamalaśīlas Nieren so lange gequetscht, bis der Tod eintrat; damit hatte man vermeiden wollen, sich Erdgeister durch Blutvergießen zum Feind zu machen.

Im Jahre 842 erlangte die schamanistische Partei durch die Ermordung des Königs erneut die Herrschaft über den Staat, und der Buddhismus wurde durch Verfolgung nahezu ausgelöscht. Kleinliche Rivalitäten und Uneinigkeiten spalteten das tibetische Großreich innerhalb weniger Jahre und ließen es schließlich zusammenbrechen. Die Nation trat in ihr dunkles Zeitalter ein.

Die Lehre des indischen Buddhismus ruhte im verborgenen, bis sie im zehnten und elften Jahrhundert im westlichen Tibet wiederbelebt wurde. Wissensdurstige Schüler brachten den indischen Meistern Gold, um die Lehren zu erlangen, während Yogis und Gelehrte über den Himalaja nach Tibet zogen. Diese spätere Verbreitung war jedoch nicht, so wie die frühe, die Missionsreise einer weltbeherrschenden Lehre. Der Buddhismus hatte in Indien an Bedeutung gegenüber dem hinduistischen System der Brahmanen verloren, und seine Existenz wurde durch die von Westen und Nordwesten eindringenden bilderstürmenden Muslime bedroht.

Zwei Jahrhunderte lang wurden die Anhänger dieses friedlichen Glaubens, die so leicht verletzbar an den Sammlungen ihrer Bücher und Kunstgegenstände hingen, Zeuge davon, wie der Buddhismus in Indien zerstört wurde. Die Paṇḍits dieser Zeit kamen nach Tibet, um dort Zuflucht zu suchen. Ihre Weisheit, ihre Gelehrsamkeit und ihre geheimen tantrischen Systeme brachten sie mit sich, und die begeisterungsfähigen Tibeter haben diese weiterentwickelt und bis in die heutige Zeit bewahrt.

Drei »reformierte« Schulen des tibetischen Buddhismus sind aus dieser spirituellen Erneuerung des elften Jahrhunderts hervorgegangen. Die Identität der tibetischen Schulen läßt sich in etwa durch die Farbe ihrer Roben feststellen: die der nichtbuddhistischen Bön sind schwarz, die der alten Schule (rñiṅ-ma) rot; und die der drei neueren Schulen — Gelug, Kagyu und Sakya — sind gelb, weiß und gemischt.[5] Die letzteren sind gemischt, weil ihre Lehrer sowohl Laien als auch Mönche sein können. Die drei zuletzt aufgeführten Schulen sind, in gleicher Reihenfolge, mehr oder weniger vom großen indischen Missionar Atīśa beeinflußt, der bis zu seinem Tod im Jahre 1054 in Tibet wirkte. Mit seiner klaren Aufteilung der buddhistischen Wege — in Großes und Kleines Fahrzeug, Sūtra- und Tantrapfad — beruht das Spiel vom Karma einwandfrei auf dem Geistessystem, welches Atīśa den Tibetern in seinem Hauptwerk, ›Die Fackel des Erleuchtungspfades‹[6] (skr. bodhipathapradīpa), aufgezeigt hat.

Sakya Paṇḍita und die Entstehung des Spiels

Das Spiel vom Karma ist das Werk einer der tibetischen Schulen aus der Zeit der späteren Verbreitung des Buddhismus. Der Erfinder des Spiels gehörte der Sakya-Schule an. Das Hauptkloster der Sakya wurde im Jahre 1073 gegründet. Die Schule übernahm ihr Lehrsystem, das

Tafel 1
Sakya Paṇḍita,
der Urheber des Spiels vom Karma

aus grundlegenden Texten und geheimen Anweisungen besteht, und das als »Der Pfad und seine Frucht« bekanntgeworden ist, durch die Vermittlung des Pilgergelehrten Drog-mi aus Indien. Diese Belehrungen wurden von Drog-mis Schülern innerhalb der gleichen Linie bis hin zu den gegenwärtigen Lehrern der Sakya-Schule weitergegeben.

Zur Zeit von Sa-pan (Sa-skya Paṇḍita, abgekürzt Sa-pan, 1182—1251) waren die letzten indischen Lehrer auf der Flucht vor den muslimischen Eindringlingen nach Tibet gekommen; zur gleichen Zeit reisten die letzten unerschrockenen Schüler aus Tibet zu den klösterlichen Universitäten von Bihar in die Ebenen Zentralindiens. Sa-pan war, wie sein Name ›Paṇḍit der Sakyas‹ besagt, im Sanskrit bewandert und zudem ein Meister aller buddhistischen und indischen Künste und Wissenschaften; seine Kenntnis beschränkte sich nicht nur auf die Schriften, sondern schloß Grammatik, Rhetorik, Medizin, Astrologie und Dichtkunst ein. Er war besonders an den neusten geistigen Strömungen interessiert, die aus Indien kamen. Er hatte eine Reise dorthin geplant, aber sein Onkel, der gleichzeitig sein klösterlicher Vorgesetzter war, untersagte sie ihm. Sa-pans Landsmann, ein Mönch namens Dharmasvāmin, hat einen erschütternden Bericht von seiner eigenen Reise durch das indische Kernland des Buddhismus hinterlassen. Das Land war von Scharen islamischer Soldaten verwüstet, die Gläubigen waren entweder niedergemetzelt oder wurden verfolgt. Dharmasvāmin kehrte von der Pest gezeichnet zurück, und Sa-pan würdigte sein mutiges Verhalten mit großer Hochachtung.[7]

Sa-pan kam nahe an Indien heran, als er nach Kyirong ging, das achtzig Kilometer nördlich des heutigen Kathmandu in Nepal liegt. An jenem Ort waren sechs hinduistische Lehrer tätig; diese hatten die spirituellen Schranken überwunden, die schon Jahrhunderte vorher entlang der südlichen Grenzpässe errichtet worden waren, um Nicht-Buddhisten fernzuhalten. Es heißt, daß diese Hindus auf Grund ihrer rhetorischen Begabung Unruhe in die örtlichen Klöster brachten. Einem Bericht zufolge, der Sa-pan zugeschrieben wird, besiegte er sie bei einer philosophischen Debatte, worauf sie um die Ordination als buddhistische Mönche nachsuchten. Selbst wenn die Zahl sechs eine auffallende Übereinstimmung mit der Anzahl der philosophischen Systeme des Hinduismus ist, so ist diese Geschichte trotzdem nicht unglaubwürdig, denn Sa-pan war wegen seinen Fähigkeiten in logischer Argumentation berühmt. Wenn er auch als Sanskritgelehrter und buddhistischer Philosoph natürlich nach Indien hin orientiert war, so führten ihn seine Reisen dennoch in die entgegengesetzte Richtung, nämlich nach Norden. Sein Ruf beruht hauptsächlich auf einer widerstrebend angetretenen Reise in die Mongolei. Die Mongolen schreiben ihm ihre Bekehrung zum Buddhismus und die Zivilisierung ihrer Sitten und Gebräuche zu.

Dieser paradox anmutende Verlauf von Sa-pans Leben läßt sich durch ein bestimmtes historisches Ereignis leicht erklären. Im Jahre 1207 hatten die verschiedenen weltlichen und religiösen Kräfte Tibets eine Delegation abgesandt, um sich Dschingis Khan, dessen Armeen gerade im Begriff standen, die Welt bis zu den Grenzen Europas zu erobern, zu unterwerfen. Diese kluge Handlungsweise der Tibeter ersparte ihnen das unglückselige Geschick anderer Völker, die Dschingis' Truppen Widerstand entgegengesetzt hatten. Nach Dschingis' Tod im Jahre 1227 unterließen einige Adlige nach und nach die jährliche Tributzahlung, die ausgehandelt worden war. Daraufhin entsandte Dschingis' Enkel Godan im Jahre 1239 Truppen nach Tibet; ein Kloster und mehrere Dörfer nördlich von Lhasa wurden geplündert. Die tibetischen Anführer wandten sich mit der Bitte an Sa-pan, sie zu vertreten und einen Waffenstillstand auszuhandeln, da sein heiliges Wesen und seine Aufrichtigkeit ihresgleichen suchten. Godan beorderte Sa-pan in sein Lager, und Sa-pan machte sich in die Mongolei auf; seine Reise dehnte sich zu einer zweijährigen Missionstour aus.

Die Gründe für Godans Aufforderung sind aus der Geschichtsschreibung schwierig zu bestimmen. Mongolische und tibetische Darstellungen schildern ihn als einen König, der daran litt, nicht gebildet zu sein, und den es nach Belehrung durch den berühmten Heiligen verlangte. Es gibt auch Vermutungen, daß er Heilung vom Aussatz suchte oder daß, was glaubwürdiger wäre, seine Neugier durch die verschiedenen religiösen Gruppierungen — buddhistische, nestorianische, christliche, muslimische und taoistische —, die plötzlich unter seinen Einfluß geraten waren, geweckt wurde. Von anderen Khans ist bekannt, daß sie großartige Wettbewerbe in Magie und Philosophie veranstalteten, um die einzelnen Traditionen zu prüfen.

Sa-pan empfahl den Tibetern, sich Godan zu unterwerfen, und dafür wurde er Vizekönig. So begann die Sakya-Familie ihre Herrschaft über Tibet, die 75 Jahre währte. Sie vereinigte weltliche und religiöse Souveränität, und zum erstenmal seit dem frühen Großreich führte sie die Einigung der Nation herbei.

In seinem berühmten Brief an die tibetisch sprechenden Völker erklärte Sa-pan die Situation in folgender Weise: »Godan ist zu einem Dharmakönig geworden. Er gewährt mir vor allen anderen Lehrern seine Gunst. Ich habe Tibet seinem Staatenbund im Austausch für persönliche Souveränität angeschlossen. Andere Völker haben sehr darunter zu leiden gehabt, daß sie die mongolische Besteuerung ablehnten. Daher haben die machtlosen Prinzen Tibets keine andere Wahl, und sie sollten mir für dieses Vorgehen dankbar sein und ihre Verpflichtungen als Bundesgenossen der Mongolen einhalten.«

Die anderen religiösen Schulen wurden nicht verfolgt, so wie es der mongolische Herrscher in der Regel getan haben würde, nachdem er seine Gunst einer unter ihnen zugewandt hatte; dies ist Sa-pans Toleranz zuzuschreiben. Als die Macht der Mongolen zu schwinden begann, wurden die Sakyas durch andere Schulen verdrängt. Das Modell einer religiösen Herrschaft jedoch, das die Sakyas mit Unterstützung einer fremden Macht errichtet hatten, lieferte bis in die jüngste Vergangenheit das Vorbild für die tibetische Regierung.

Seine beiden jungen Neffen waren Sa-pan zum Lager des Godan Khan vorausgeschickt worden. Einer von ihnen, Pag-pa, wurde später (im Alter von achtzehn Jahren) zum kaiserlichen Präzeptor am Hofe Kublais in China ernannt und erhielt die Herrschaft über Tibet als Entgelt für die erste Initiation des Kaisers in den tantrischen Buddhismus.[8]

Sa-pan hinterließ eine Sammlung von einhundertvierzehn literarischen Werken. Da zu seiner Zeit die große Übersetzungsarbeit aus dem Sanskrit fast vollständig geleistet war, verwandte er seine sprachliche Begabung weniger auf Übersetzertätigkeit als auf Kommentare und eigenständige Beiträge. Die Durchdringung der tibetischen Sprache mit Sanskritelementen erreichte mit ihm ihren Höhepunkt und Abschluß.

Zur Zeit Sa-pans wurde der Buddhismus mehr als nur ein indischer Importartikel; der Dharma paßte sich mehr und mehr tibetischem Gedankengut und tibetischer Lebensweise an. Nach jahrhundertelangen Studien und Übersetzungsarbeiten tauchten langsam eigenständige Verfasser und Kommentatoren auf. Die alte Übersetzungsschule entwickelte die Gattung der wiederentdeckten Texte (tibet. gter-ma), die angeblich zum Zeitpunkt der frühen Verbreitung vergraben worden waren. Atīśa selbst rief diese Richtung ins Leben, als er einige Schriftrollen aus der Zeit der frühen Verbreitung in einem alten Tempel entdeckte. Welchen Ursprunges diese Texte auch immer waren — tibetische Gelehrte sahen einige davon für gefälscht oder zumindest für weitgehend bearbeitet an —, sie dienten dem Zweck, die Überlieferung der Gegenwart anzupassen und sie in eine Sprache umzugestalten, die sich eindeutig vom Stil der Sanskritübersetzungen unterschied. Die großen Yogis aus der Tradition der Kagyüpa, Milarepa, der »verrückte« Drub-pa, und andere schrieben ihre Erfahrungen im Stil der Lieder und Prosaepen der volkstümlichen Literatur nieder — und dies bezeichnenderweise in der Umgangssprache.[9]

Im Unterschied dazu formten Sa-pan und spätere Schriftkundige (wie beispielsweise der fünfte Dalai Lama) ihre Sprache nach den Richtlinien des Sanskrit, was die Schaffung einer tibetischen Schriftsprache erforderlich machte. Erst in der späteren Epoche jedoch wurde Kāvya, die »hohe Dichtkunst« Indiens, in großem Umfang übersetzt. Sa-pan war derart gewandt in Wortverbindungen, welche den blumenreichen Versen indischer Lyrik ähnelten, daß ihn westliche Gelehrte unverdientermaßen des Plagiats beschuldigt haben. Nicht allein der Inhalt und die bildhafte Sprache, sondern auch der kunstvolle Stil und dem Sanskrit entlehnte Komposita-Konstruktionen zeigen, daß er sich den indischen Literaturstil vollkommen zu eigen gemacht hatte.

Sa-pan bewahrte nicht nur die Formen und die Weisheit des indischen Buddhismus; er erweiterte und entwickelte auch Vorstellungen und neue Aussageformen innerhalb des gleichen Stils. In diesem Sinne kann man von der tibetischen Überlieferung, was die Ebene akademischer Gelehrsamkeit betrifft, sagen, daß sie die mittelalterliche Weltanschauung Indiens bewahrt hat; nicht in Form steriler Nachahmung, sondern in ihrer Meisterung, so daß sie lebendiger Teil der eigenen Tradition wurde. Dieses von Sa-pan entworfene Spiel ist ein Beispiel für die schöpferische Entwicklung neuer Formen innerhalb des tibetischen Rahmens.

Das Spiel vom Karma: Ursprünge und Entwicklung

Sa-pans Spiel

Sa-pans Originalfassung des Spiels existiert als Blockdruck, der acht mal neun Spielfelder enthält.[10] (Siehe Tafel 2) Das Ausschnitzen der Buchstaben und Linien und die Ausschmückung des Holzschnittes sind ein Beispiel für die gewissenhafte Genauigkeit, für die die Sakya-pa bekannt sind. Am oberen Rand sind fünf Verse, unterhalb des Spieles zwei weitere eingraviert. In Zierschrift geben sie eine Beschreibung des Spieles.

Vers 1: Nachdem Sa-pan vor Mañjuśri, dem Bodhisattva der Gelehrsamkeit und Weisheit und Sa-pans besonderem Schutzherren (hier in seiner orangen Form mit fünf Pfeilen)[11], seine

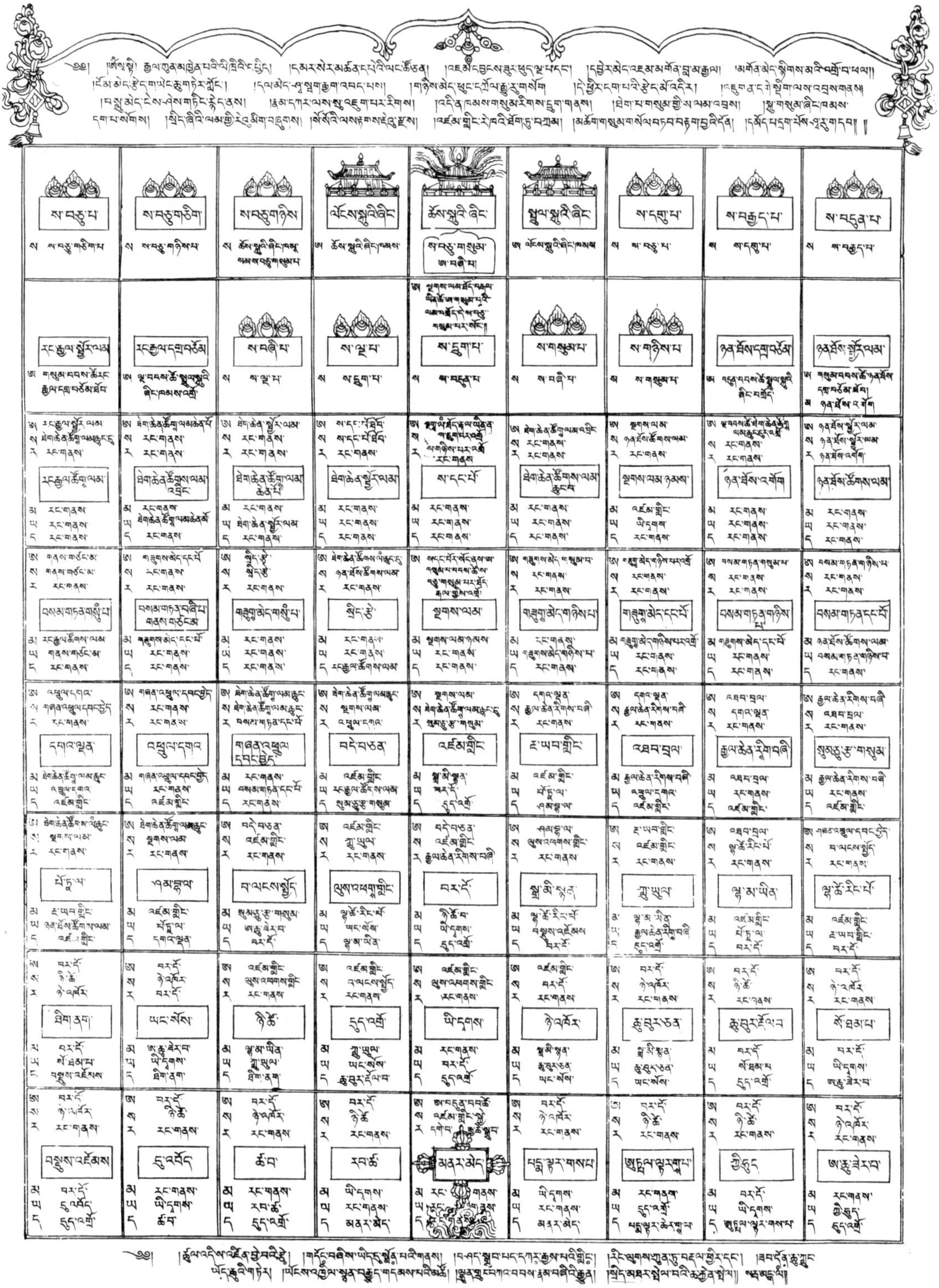

Tafel 2 — Ursprüngliche Form des Spiels vom Karma

Ehrerbietung bekundet hat, erklärt er, warum er dieses Spiel schuf. Vers 2: Er sagt, die meisten fühlenden Wesen erführen sich als verwirrt, neurotisch und hilflos.[12] Sie sind ständig unzufrieden, werden von den Wogen der Geburt und des Todes hin- und hergeworfen und haben weder Zeit noch Gelegenheit, sich den Lehren des Dharma zu widmen; so bauen sie nur die karmischen Ursachen für weitere Kämpfe und Mühen auf. Vers 3: Mit Hilfe dieses lehrreichen Spieles können sie sich der Wirkungen von guter und schlechter Handlungsweise bewußt werden. Es wird ihnen dann möglich sein, gutes Karma zu schaffen und ihre Situation zu verbessern. Vers 4: Sa-pan erwähnt die zahlreichen kosmologischen Systeme und Wege auf dem Spielfeld, welche im wesentlichen denjenigen in dieser Ausgabe entsprechen – er beschreibt die Spielfelder als den ›Pfad zur Befriedung der Existenz‹. Vers 5: Spielfiguren, welche den karmischen Fortschritt eines jeden Spielers markieren, sollten auf das Spielfeld gesetzt werden. Dann sollte der Würfel mit einem festen Gelübde geworfen werden, »das ein vorgestelltes Gebet zu den drei Kostbarkeiten – Buddha, seine Lehre und die buddhistische Gemeinschaft – zum Inhalt hat«.

Die beiden Verse unterhalb des Spielfeldes legen die Moral des Spieles dar – unser Lebensgeschick wird sich durch die Überlieferung der tiefgründigen und unermeßlichen Lehre verbessern – und rühmen die möglichen Zustände der Verwirklichung, die auf diesem Spielfeld dargestellt sind.

Sa-pans Spielfassung ist sehr übersichtlich. Die Gestaltung erinnert an einen Baum. Die mittlere Reihe der Spielfelder entspricht dem Stamm, der vom ersten Spielfeld (die Insel Jambu, die Erde) in den *Bardo,* den Zwischenzustand zwischen Tod und Wiedergeburt, bis herab zu den Geistern und unteren Höllen reicht. Würfelt man vier »Einser« hintereinander, so kann man von der Insel Jambu über den tantrischen Pfad sehr schnell zum ›Dharmakörper‹, dem Siegesfeld, aufsteigen. Dieser tantrische Pfad ist viel rascher und einfacher als derjenige des modernen Spiels.

Die Version des zwanzigsten Jahrhunderts hat diese einfachere Form zugunsten einer größeren Differenzierung und Verzweigung aufgegeben. Das gegenwärtige Spiel hat vielfältigere Möglichkeiten als Sa-pans Originalfassung, und man kann dabei schneller vorrücken; es verfügt über zweiunddreißig zusätzliche Spielfelder, hat aber nur halb so viele Höllen.

Die bhutanesische Spielfassung

Das zeitgenössische bhutanesische Spiel (siehe Tafel 3) fügt ein neues Element hinzu: am oberen Ende führen dreizehn abschließende Stufen zur Buddhaschaft. Das Spiel legt sehr starkes Gewicht auf Tantra und stellt dem die Hauptströmung der tibetischen Kosmologie gegenüber, die es ziemlich getreu von Sa-pans Original übernimmt. Die bhutanesische Version weist eine Erweiterung auf, wie sie häufig bei dieser Art von Spiel zu finden ist, nicht aber bei der vorliegenden Ausgabe: Am Rand des Spielfeldes sind die sechs Silben des Würfels mit den Silben des Mantra Oṃ-ma-ṇi-pad-me-hūṃ, den heiligen Silben Avalokiteśvaras (Bodhisattva des Mitgefühls und Schutzgottheit von Tibet), in Beziehung gesetzt. In der tantrischen Überlieferung stehen diese Silben für die sechs karmischen Bestimmungen: Götterwesen, Asuras, Menschen, Tiere, Hungergeister und Höllenwesen.

Diese Wechselbeziehung wird im vorliegenden Spiel nicht verwandt. Auch ist der menschliche Bereich oberhalb der Asuras angesiedelt. Damit stimmt diese Version in dieser Hinsicht mit Sa-pans Originalfassung überein. Weder im vorliegenden Spiel noch bei Sa-pan haben die Buchstaben eine besondere Bedeutung. Die sechs heiligen Silben werden jedoch manchmal in besondere Würfel eingezeichnet und finden in Spielarten für Kinder Verwendung.[13]

Tafel 3 — Zeitgenössische Fassung des Spiels aus Bhutan

Die nepalesische Spielfassung

Eine nepalesische Variante von »Karma« aus dem neunzehnten Jahrhundert (siehe Tafel 4) gibt die Titel der Felder in Sanskrit und Tibetisch wieder. Diese Fassung stellt eine für Nepal charakteristische Vermischung von tibetischen Elementen mit dem Sanskrit dar. Während der nepalesische Buddhismus jedoch im Mittelalter vom Sanskrit ins Tibetische übersetzt wurde, ist hier der Prozeß umgekehrt, und die tibetische Kultur ist Quelle eines Sanskrit-Kunstproduktes.

Das koreanische Spiel

Eine koreanische Spielart, mit 169 (13 × 13) Feldern, verwendet das sechssilbige Mantra auf dem Würfel. Einige Namen für die Felder sind in Sanskrit, die meisten jedoch in chinesisch abgefaßt. Das Spiel kam mit an Sicherheit grenzender Wahrscheinlichkeit aus China. Es ist kein

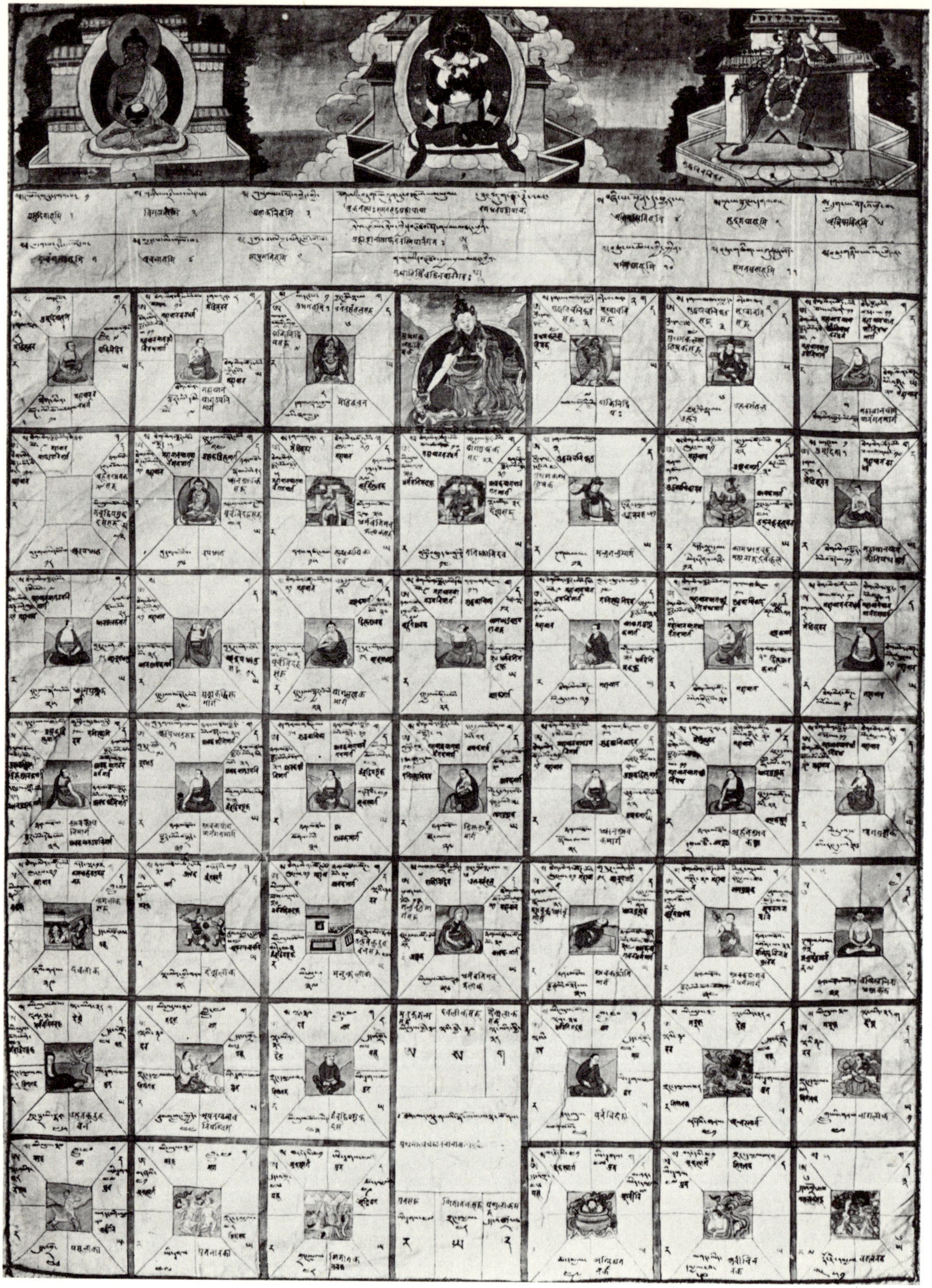

Tafel 4 — Moderne nepalesische Version des Spiels

chinesisches Vorbild bekannt, aber es existieren andere chinesische und koreanische Spiele, wie das japanische Spiel Soguroku, welche eine Reise zwischen zwei Orten zum Gegenstand haben. In dem chinesisch-koreanischen Spiel ›Die Beförderung der Beamten‹, das aus der Zeit der mongolischen Dynastie (1368—1644) stammt, durchlaufen die Spieler die staatliche Bürokratie vom Studenten bis zum Obersekretär, oder sie spezialisieren sich auf den Weg des Arztes oder Astrologen. Durch den Gebrauch mehrerer Würfel, die entweder vier oder sechs Seiten haben, und durch den Austausch von Pfändern oder Geld ist dieses Spiel etwas kompliziert.[14]

Diese ostasiatischen Spiele sind zweifellos besondere Formen eines früheren Typus, vielleicht von Sa-pans Spiel vom Karma. Forschungen, die sich mit dem Soguroku beschäftigen, führen seine Herkunft auf Zentralasien oder Indien zurück.[15] Vielleicht ist diese Art Reisespiel über die Mongolen von Tibet nach China gekommen. Der Frage nach Ursprung und Verbreitung dieser Spiele nachzugehen ist schwierig und letztlich wenig sinnvoll. Die Annahme, daß Brettspiele ursprünglich im allgemeinen mit Würfeln gespielt wurden, hat sich ziemlich durchgesetzt. Beim Schachspiel, das im siebenten Jahrhundert in Indien entstanden zu sein scheint, bestimmte das Würfeln, welche Figur weiterzubewegen war.[16] Solche Brett- und Würfelspiele sind meist sehr alt und datieren zumindest ins dritte vorchristliche Jahrhundert zurück. Im Pālikanon ordnet der Buddha diese Spiele jenen achtzehn Formen von Entspannung zu, denen sich ›gewisse Einsiedler und Brahmanen hingeben können, während sich die Gläubigen um ihre Nahrung bekümmern‹[17].

Es ist nicht feststellbar, wie sehr sich Sa-pan selbst an einem früheren Vorbild orientierte. Ein Gegenstück aus dem Bereich des Hinduismus, das im Jahre 1975 veröffentlicht wurde (der Prototyp des englischen ›Snakes and Ladders‹), weist jedoch eine überraschende Übereinstimmung auf: es hat ebenso zweiundsiebzig Spielfelder. Dieses Spiel wurde bei der Herausgabe modernisiert und läßt sich daher schwierig datieren. Es muß nach Śaṁkaras Synthese der hinduistischen Philosophie im achten oder neunten Jahrhundert entstanden sein. In seiner Anspielung auf den Buddhismus als die »irregeleitete Erkenntnis« — gemeint ist der Nihilismus, der zum ›Nicht-Sein‹[18] führt —, schließt es sich der Kritik jenes geistreichen und befähigten Philosophen an. Wahrscheinlich wurde Sa-pan von den Hindus angeregt, denen er in Kyirong begegnete, oder aber diese haben sein Spiel kopiert, als sie von Tibet nach Indien zurückkehrten.

Brettspiele entstehen in der Regel während der mittleren und späteren Epoche einer Kultur, an einem Punkt also, wo die Lehren, welche die Grundlage einer jeden Gesellschaft abgeben, tief in die soziale Struktur eingedrungen sind. Man sucht nach neuen und phantasievolleren Ausdrucksformen, und Praktiken, die eigentlich der vor-philosophischen Phase angehören, kommen erneut an die Oberfläche. Spiele, die im wesentlichen Wiederbelebungen magischer Riten und Methoden der Wahrsagekunst darstellen, werden dann um weltliche Themenkreise, wie Kriegführung und Akkumulation von Reichtum, oder um Aussagen religiöser Lehren entworfen.

> Da Spiele auf bestimmten grundlegenden Vorstellungen vom Universum beruhen, zeichnen sie sich überall in der Welt durch gewisse Ähnlichkeit, wenn nicht sogar Gleichheit aus. Ohne die Bestätigung durch linguistische Beweisführung, reicht ein Vergleich zwischen ihnen nicht aus, um Verbindungen zwischen Rassen oder einen Kulturaustausch nachweisen zu können. Sie geben jedoch das beste Zeugnis für die grundlegenden mythischen Vorstellungen ab, auf denen so viel vom Gefüge unserer Kultur beruht ...[19]

Diese Verbindung von Spielen mit älteren Gebräuchen hat einen Autor dazu veranlaßt, in »Karma« fälschlicherweise ein Wahrsagespiel zu sehen. Der Verfasser, der offensichtlich keinen Tibeter zu Rate gezogen hat, stellt Vermutungen darüber an, daß es den künftigen Existenzzustand eines kürzlich Verstorbenen voraussagen oder sogar die angemessenen zeremoniellen Feierlichkeiten festlegen sollte.[20] Eine derartige Form der Wahrsagekunst würde einem wesentlichen Grundsatz der buddhistischen Lehre widersprechen: Es ist sicherlich erlernbar, sich seiner vergangenen Leben zu erinnern, für gewöhnliche Menschen jedoch unmöglich, die Zukunft vorauszusagen, da sie immer das sein wird, was wir mit unseren Handlungen, mit unserem Karma, daraus machen.

Trotzdem bringt das Spiel auf eine gewisse Weise den Wunsch zum Ausdruck, zumindest potentiell die Zukunft vorauszusehen. Aus diesem ursprünglichen Verlangen, etwas vorherzuwissen, hat man hier ein erzieherisches Mittel und ein Hilfsmittel der Achtsamkeitsschulung gemacht. So ist auch hier die weitverbreitete Aufnahme von Astrologie, Wahrsagekunst und magischer Praxis in die Ausdrucksformen des Dharma erkennbar; diese buddhistischen Künste sind größtenteils ein Werk der späteren tantrischen Epoche.

Astrologie und Wahrsagekunst sind, wie Spiele und andere weltliche Beschäftigungen, zu allen Zeiten weit vom Kern der buddhistischen Praxis entfernt, da sie ja mit dem Streben nach irdischem Erfolg verbunden sind, und vor allem da sie die verblendete Ansicht von einem festen und dauerhaften ›Selbst‹ bestärken. Im Pāli-Kanon rät der Buddha seinen Schülern:

> Auf folgende Art und Weise verhält er sich nicht einsichtig: — Wenn er denkt: »Habe ich in der Vergangenheit existiert? Habe ich nicht in der Vergangenheit existiert? Was bin ich in der Vergangenheit gewesen? Wie bin ich in der Vergangenheit gewesen? Werde ich in Zukunft existieren? Was werde ich in Zukunft sein? Was werde ich in Zukunft sonst noch sein, nachdem ich das geworden bin?« Wenn jemand auf diese Art und Weise seine Aufmerksamkeit auf etwas richtet, so entsteht eine der sechs falschen Anschauungen: »Es gibt für mich so etwas wie ein ›Selbst‹.« — Diese Anschauung steigt in ihm auf, so als wäre sie wahr, so als wäre sie wirklich . . .[21]

Der Buddhismus lehrt, das die Illusion des ›Selbst‹ die Hauptursache für das Leiden ist, und zeigt dann die Mittel zur Befreiung auf. Es wirkt der spirituellen Arbeit daher entgegen, Vermutungen über den künftigen Zustand anzustellen. Kommen solche Prognosen in den Pālitexten vor, so werden sie in der Regel von Brahmanen gestellt; ein Beispiel dafür ist der ›Seher‹ (skr. ṛṣi) Asita, der den Buddha als kleines Kind untersucht und aufgrund körperlicher Merkmale seine Überwindung der Welt voraussagt. In einer langen Abhandlung über vollkommene Lebensführung erteilt der Buddha seinen Schülern den ausdrücklichen Rat, ihren Lebensunterhalt nicht wie gewisse Einsiedler und Brahmanen durch Ausübung »niederer Künste« wie Handlesen, Wahrsagen mit Hilfe von Vorzeichen, durch Vogel- oder Tierrufe, Vorahnungen und himmlische Zeichen, durch Traumdeutung, die Anwendung von Zauberformeln und Mantras usw. zu verdienen.[22]

Gerade diese Aussage deutet jedoch darauf hin, daß eben solche niederen Künste von frühester Zeit an von nicht-buddhistischen Heiligen ausgeübt wurden; es war nur eine Frage der Zeit, bis sie in den Dharma Eingang finden würden. — Ohne sie wäre die tibetische Religion um vieles ärmer.

In der Mahāyāna-Überlieferung ist nicht nur der spirituelle Fortschritt des einzelnen wichtig, sondern auch die Verpflichtung des Bodhisattva, anderen zu helfen. Er führt sie zum ›Erwachen‹ (skr. bodhi) und geht auch auf ihre mehr unmittelbaren Bedürfnisse ein. Die weltlichen Künste und Wissenschaften werden für diese beiden Ziele als legitime Mittel angesehen. Zu den ergänzenden Vidyās in der Vielfalt seiner Mittel zählt auch, gemeinsam mit der Medizin und Dichtkunst, die Astrologie; im Kanon sind Abhandlungen über Astrologie jedoch nicht enthalten, da sie für die Zielsetzung des religiösen Systems als zweitrangig gilt.

Als der Buddhismus später übermäßig gelehrsam wurde und sich in seinen Interessen von der Gemeinschaft seiner Laienanhänger entfernte, wurde er durch die Vermischung mit tantrischen und anderen volkstümlichen Einflüssen wieder erneuert. Die buddhistische Form des Tantrismus entstand aus zwei hauptsächlichen Quellen: der Ausarbeitung von Meditationstechniken, wie sie in den früheren Schulen üblich waren, und aus der Erneuerung magischer Praktiken. Hierbei werden die Mittel zum Ziel; das »Niedere« und das »Göttliche« vermischen sich miteinander, eines stützt dabei das andere. Das Verlockende des Tantra lag darin, daß es das Verlangen nach Vorauswissen und Macht nicht als zusätzliches Hilfsmittel für die Verwandlung gebraucht, sondern als ein Potential, das dieses Verlangen selbst durch die yogische Transformation zum Ziel werden läßt.

Die letzte Epoche des Buddhismus in Indien erlebte — in der Praxis, wenn nicht auch in der Theorie — eine teilweise Annäherung an die tantrischen Texte des schivaitischen Hinduismus. Hier nun gewannen Weissagung und magische Praktiken zunehmend an Bedeutung. Ungefähr im zehnten Jahrhundert erschien das ›Rad der Zeit-Tantra‹ (skr. kālacakratantra), das bald darauf Eingang nach Tibet fand. Das Kālacakra ist für Tibet der bedeutsamste tantrische Zyklus und steht an der Spitze der tantrischen Abteilung des heiligen Kanon.[23] Wie sein Name schon sagt, beschäftigt es sich hauptsächlich mit Astrologie. Dieses Fach wird auch heute noch im zweiten Ausbildungsjahr des tibetischen Medizinstudiums gelehrt; in der tantrischen Weltauffassung spiegelt der Aufbau des Mikrokosmos — die individuelle Persönlichkeit — den Makrokosmos, das Universum wider.

Ein weiteres Tantra, das Tibet zu dieser Zeit erreichte, ist eine der Quellen für das Kālacakra, das sogenannte ›Aufstrebende Lied-Tantra‹ (skr. svarodayatantra), das auch den Namen das ›im Krieg siegreiche‹ trägt.[24]

Diese Texte spiegeln die Besorgnis wider, welche Buddhisten und andere Gruppen in Süd- und Zentralasien in bezug auf die Zukunftsperspektiven ihrer Zivilisation hegten. Das Kālacakra sagt das Erscheinen eines großen Königs aus dem mythischen Lande Schambala voraus, der die turkstämmigen Muslime überwinden und dem Buddhismus seine Vorrangstellung wiedergeben wird.[25] Es werden darin mitlitärische Taktiken wie Bombardierung, magische Pfeile und Feuerwaffen sowie Erzeugung von Wirbelstürmen abgehandelt; viele davon sind, mit offensichtlichem Mißerfolg, in diesem Jahrhundert in Tibet gegen britische und chinesische Eindringlinge eingesetzt worden.[26]

Die Tibeter haben zusätzlich ihre eigene, weitverbreitete und sehr alte Überlieferung wahrsagerischer und magischer Techniken, die schon vor der Einführung des Buddhismus bestanden. Es gibt Texte aus dem neunten Jahrhundert, welche das Wahrsagen durch Blitz und Vogelrufe beschreiben. Einige astrologische Systeme, von welchen die frühesten im siebenten Jahrhundert aus China kamen, sind mittlerweile in die komplizierten Systeme eingeflossen, nach deren Formeln die staatlichen Astrologen den Kalender und das Jahrbuch gestalten. Wahrsagetechniken reichen von vielschichtigen Ritualen, die von berufsmäßigen und staatlichen Orakeln angewandt werden, bis hin zu so einfachen Praktiken wie dem Werfen einer Münze. Die Zahlenkunde ist weit verbreitet: Es werden beispielsweise numerierte Pfeile in einem Köcher so lange geschüttelt, bis einer oder mehrere herausfallen; deren Nummern werden dann für die Entscheidung herangezogen. Beim Würfeln wird ein Buch über die Bedeutung der erhaltenen Zahlen befragt. Würfelspiele werden dazu verwandt, Antwort auf praktische Lebensfragen zu geben.[27]

In diesem Zusammenhang taucht das Spiel vom Karma auf. Es wurde jedoch weit und breit selbst in den strengsten Klöstern gespielt, wo keinerlei Gebrauch von Magie und Wahrsagerei gemacht wurde. Es könnte wohl eingewandt werden, daß das Spiel aufgrund seines Wesens mit diesen niederen Künsten in Verbindung steht und daß es stillschweigend die Vorstellung bestärkt, ein ›Selbst‹ sei vom Schicksal dazu bestimmt, in den verschiedenen dargestellten Zuständen wiedergeboren zu werden — beides Kritikpunkte, die ein gebildeter Tibeter durchaus für angebracht halten könnte. Man sollte sich aber daran erinnern, daß es letztlich ein Spiel ist, ein pädagogischer Kunstgriff, der uns auf die möglichen Früchte unserer Handlungen aufmerksam machen will.

Karma und Wiedergeburt — Die philosophischen Grundlagen

Das Spiel, welches wir »Karma« nennen, trägt den Originaltitel ›Bestimmung des Aufstieges in Stufen‹.[28] Durch Würfeln zeichnet man den Verlauf künftiger Wiedergeburten oder — optimistischer ausgedrückt — die Stufen der eigenen Entwicklung zur Erleuchtung vor.

Das Spielfeld hat eine bestimmte Anzahl geographischer Orte halb-mythischer Natur, wie die vier Kontinente, die den großen Weltenberg ›Meru‹ umgeben, sowie magische Landschaften, die an unterschiedlichen Stellen der Erde gelegen sein können, und auch »hinduistische« und »barbarische« Gebiete, die Indien und Zentralasien zugeordnet werden.

Die Tibeter zeigen eine auffallende Wertschätzung für die Geographie, nur verstehen sie darunter etwas völlig anderes als wir in Europa. Auf der volkstümlichen Ebene betrachten sie ihr eigenes Land — wie es auch andere Völker getan haben — als Mittelpunkt der Welt. Die Legende erzählt, daß Tibet früher einmal ein riesiges Meer war. Später war es mit Seen und Wäldern bedeckt, und als diese an Größe abnahmen, entwickelten sich die Affenbewohner zu menschlichen Wesen. Das tibetische Volk ging aus der Vereinigung des männlichen Bodhisattva Avalokiteśvara mit dem weiblichen Bodhisattva Tārā in der Gestalt eines Affen und einer Felsendämonin hervor. Ihre Nachkommenschaft begründete das erste Dorf. In geschichtlicher Zeit (vom siebenten Jahrhundert an) sah man Tibet als im Osten von China, im Süden von Indien, im Westen von Persien und Rom-Byzanz und im Norden von Turkstämmen umgeben an. Diesen vier Gebieten werden in der gleichen Reihenfolge Wahrsagekunst und Technologie, Philosophie, Reichtum, und Pferde mit Kriegsgerät zugeordnet. Einige Tibeter hielten ihr eigenes Land für den wilden Norden und Indien für das Zentrum der Welt. Moderne Tibeter haben eine wissenschaftliche Geographie erarbeitet, welche die Erde von China bis hin zu Nord- und Südamerika einschließt, wobei die meisten Informationen aus China kommen; diese legt jedoch besonderen Nachdruck auf Pilgerwege in Asien.[29]

Dieses Spiel ist sicherlich weder im wissenschaftlichen, noch im volkstümlichen Sinn eine Geographie. Bestimmte Spielfelder könnten zwar ungefähr mit Landschaften des Ostens oder selbst des Westens gleichgesetzt werden; es bleibt jedoch zu betonen, daß sich das Spiel mit Bewußtseinszuständen und geistigen Vorgängen befaßt. Die abgebildeten »Orte« entstammen weitgehend den kosmologischen Vorstellungen des indischen Buddhismus.

»Karma« ist seinem Aufbau nach sehr vielschichtig. Im Verlauf der fünfzehnhundertjährigen Geschichte des Buddhismus in Indien entwickelten sich mehrere kosmologische Systeme, von denen eins das andere überlagerte. In einigen Punkten sind auch tibetische Abwandlungen erkennbar.

Tafel 5 — Das „Rad des Lebens“

Das Rad des Lebens

Die grundlegenden Vorstellungen der indisch-tibetischen Weltsicht sind im Bild des Lebensrades (Tafel 5) zusammengefaßt; es wird dazu verwandt, die Wirkungsweise des Karma und den Vorgang fortgesetzter Wiedergeburt darzustellen. Das Lebensrad illustriert die Daseinsformen des Saṃsāra, der Welt von Geburt und Tod. Die zahllosen fühlenden Wesen werden darin in fünf Gruppen eingeteilt. Jede steht für einen Bewußtseinszustand, welcher diesen besonderen Typus hervorgebracht hat. Die zwölf symbolischen Bilder im äußeren Ring stellen die ständige Erneuerung der Existenz nach den Gesetzen des ›bedingten Entstehens‹ dar.

Der Kreislauf von Geburt und Tod, Saṃsāra, ist zwischen den Klauen von Māra dargestellt; als Herrscher über diesen Bereich steht er hier symbolisch für die Vergänglichkeit. Zwischen den Speichen des Rades sind die fünf hauptsächlichen Orte karmischer Bestimmung zu erkennen, zwei davon im oberen, drei im unteren Teil. Die höheren Bestimmungen sind die der Götter, Asuras und menschlichen Wesen. Im glücklichsten Zustand leben die Devas, die Gottheiten der Welt sinnlichen Verlangens. Ihr Leben ständiger Freude und Sinnesvergnügens wird allein durch die Tatsache überschattet, daß auch sie irgendwann einmal sterben und in einen anderen Zustand übergehen müssen. Ihre hohe Stellung ist die Belohnung für Freigebigkeit und tugendhaftes Verhalten.

Zu diesen Gottheiten gehören auch die Asuras, die »Eifersüchtigen Götter«. Ihre Macht ist groß, und sie könnten ebenso glücklich wie die Götter sein. Sie verzehren sich jedoch vor Zorn und Neid und werden aus diesem Grunde manchmal unter den Dämonen eingestuft. Den griechischen Titanen vergleichbar, sind sie aus dem Himmel vertrieben worden. Die Geschichte erzählt, daß die Götter sie zuerst betrunken machten und dann überwältigten. Das Streitobjekt dieser beiden Gruppen ist der wunscherfüllende Baum (skr. kalpataru), in dessen Früchten sich alles Begehrenswerte manifestiert. Der Baum hat seine Wurzeln im Bereich der Asuras (Feld Nr. 15 auf dem Spielplan), er erblüht jedoch im Himmel der Dreiunddreißig Götter (Feld Nr. 28). Die Asuras unternehmen in regelmäßigen Abständen den Versuch, die Früchte für sich zu gewinnen, und werden ebensooft zurückgeschlagen, denn die Götter sind aufgrund ihres karmischen Erbes aus Freigebigkeit und sittlich reinem Verhalten viel stärker. Der Zustand der Asuras ist die karmische Frucht von Großzügigkeit, die jedoch mit Streitsucht und Neigung zur Gewalt durchsetzt war.

Rechts von der Götterwelt ist der menschliche Daseinsbereich mit all seinen Höhen und Tiefen abgebildet. Männer und Frauen werden bei ihrer täglichen Arbeit gezeigt: sie führen den Haushalt, ziehen Kinder auf und üben ihre Religion aus. Im Hinblick auf spirituelle Möglichkeiten ist dies die günstigste Form der Wiedergeburt. Die Wesen der niederen Zustände sind allzusehr von Schmerz und Überlebensangst betroffen, als daß sie an die Erleuchtung denken könnten. Den Asuras steht ihr Zorn im Weg, und die Götter sind einfach zu selbstzufrieden. Der menschliche Daseinsbereich wird durch das Streben nach weltlichen oder spirituellen Zielen bestimmt.

Im unteren Teil des Rades liegen die drei unglückseligen Bestimmungen: Tiere, Hungergeister und Höllenwesen. Zuunterst befinden sich die Höllenwelten; sie sind das karmische Ergebnis fortgesetzt boshafter Aktivität. Wie in Dantes *Inferno* gibt es je nach Art des Vergehens unterschiedliche Höllen. Der grundlegende Unterschied zur christlichen Vorstellung besteht darin, daß die Höllen nicht weniger vergänglich sind als alles andere in der Welt. Höllenwesen warten darauf, daß sich ihr Karma erschöpft, nicht auf einen von außen kommenden Erlöser. Ihr Zustand erinnert an das christliche Fegefeuer, in dem sündhafte Gewohnheiten verbrennen. Rechts oberhalb der Höllen sind die Hungergeister dargestellt. Diese Geschöpfe leiden unter großem Hunger und Durst. Sie haben riesige Bäuche, aber nur stecknadeldürre Hälse, und jegliche Nahrung wird in ihrem Mund zu Feuer. Ihre Sinneswahrnehmungen sind durch Gier völlig entstellt. Ihnen gegenüber befinden sich die Tiere des Meeres, der Erde und der Luft, die Insekten eingeschlossen. Ihr Unglück liegt darin, daß sie als Folge vorsetzlicher Unwissenheit besonders dumm wiedergeboren sind; im allgemeinen haben sie kein Lebensziel, als ihren Körperinstinkten zu folgen oder sich von anderen zähmen und ausnützen zu lassen.

Ein großer, mitfühlender Bodhisattva gewährt jeder Gruppe dieser Geschöpfe seine Hilfe. Dabei nimmt er diejenige Gestalt an, welche am ehesten eine Kontaktmöglichkeit schafft.

Am Eingangstor zu den Höllenwelten ist der Sitz Yamas, des Herrschers über die Toten. Eine Flammenaureole umgibt ihn. Er ist das Symbol für den Mechanismus von karmischem Gericht und Wiedergeburt. Jenen, die ihm nach dem Tode gegenübertreten müssen, hält er den Spiegel des Karma vor, zeigt ihnen, was sie aus sich gemacht haben, und schickt sie auf ihren Weg. In diesem Zwischenzustand kreisen die Geschöpfe dann durch die verschiedenen Bestimmungsorte auf der Suche nach einer für sie angemessenen Wiedergeburt. Haben sie sich mit einer spirituellen Praxis beschäftigt, so steigen sie auf der hellen Seite hoch, sonst wandern sie in das Dunkel der Hölle hinab.

Als Ausweg aus Saṃsāra weist der Buddha seinen Schüler auf die Inschrift links oben hin. Die Verse lauten:

Du solltest endlich beginnen, alles abzustreifen
Und dich mit Buddhas Lehre beschäftigen!
Überwinde die Legionen des Herrschers der Toten
Wie ein Elefant, der eine Schilfhütte zerstört!

Ein jeder, der wachsam genug ist,
Und der sich im Dharma schult,
Wird den Kreislauf der Wiedergeburten verlassen
Und allem Leiden ein Ende bereiten.

In der Radnabe sind drei Tiere abgebildet, welche die Antriebskräfte darstellen: der Hahn steht für ›Begierde‹, die Schlange für ›Haß‹, das Schwein für ›Unwissenheit‹. Dies sind die drei Wurzelursachen für Saṃsāra.

Entlang des äußeren Ringes ist der Mechanismus von Karma und Wiedergeburt durch die zwölf Glieder der Kette abhängiger Entstehung (skr. pratītyasaṃutpāda) symbolisch verschlüsselt dargestellt. Die kreisförmige Kette steht für Saṃsāra; sie hat keinen Anfang, und nur, wenn man sie durchbricht, kann man ihr ein Ende setzen. Sie zu durchschauen bedeutet, zu erwachen und von der Notwendigkeit, in einer endlosen Folge wiedergeboren zu werden, befreit zu sein.

Die Wurzelursache der *Unwissenheit,* am oberen Ende als ein Blinder, der auf einen Abgrund zusteuert, dargestellt (das erste Glied in der Kette des Entstehens in Abhängigkeit), und *karmische Neigungen,* im Sinnbild eines Töpfers, der Gefäße formt, sind die Bedingungen, welche zum jetzigen Leben geführt haben. ›Unwissenheit‹ oder ›Verblendung‹, was die wahre Natur der Wirklichkeit angeht, besonders die allgemeinverbreitete Ansicht von einem ›Selbst‹ (skr. ātman), das als Gegenpol zu einer getrennten äußeren Wirklichkeit aufrechterhalten werden muß, hat zur Entstehung von Karma geführt; damit sind Taten in Körper, Rede und Geist gemeint. Wir und unsere Lebensbedingungen werden, wie das Tongefäß, von gewohnheitsmäßigen Handlungen geformt. Sie hinterlassen mentale Prägungen als ›Samen‹ (skr. vāsana), die sich zu künftigen Seinszuständen entwickeln.

Karmische Möglichkeiten lassen *Bewußtsein* entstehen, welches durch einen ruhelos im Hause umherturnenden Affen dargestellt wird (drittes Glied). Das Bewußtsein, das die Neigungen der Vergangenheit in sich trägt, wird wiedergeboren. Die Buddhisten sprechen eher von Wiedergeburt als von Wiederverkörperung (Reinkarnation), um den falschen Eindruck zu vermeiden, daß irgendeine Wesenheit in einen Körper eingeht und dort zu neuem Dasein gelangt. Der Körper wird vielmehr durch eine karmische Antriebskraft aus der Vergangenheit erschaffen. Das Bewußtsein, welches wiedergeboren wird, läßt sich ebensowenig als ein gesondertes »Ding« bestimmen, wie ein Feuer, das sich von Baum zu Baum verbreitet. Das Feuer braucht Hitze, Luft und Brennstoff; das gewöhnliche Bewußtsein ist ein Ergebnis aus Ursachen und Bedingungen, welche in vergangenen Leben durch unwissendes Handeln geschaffen worden sind. Auf diese Weise entspricht unser gegenwärtiges Leben den vorangegangenen Gedanken und Taten.

Die geistigen Samenkörner, die das vergangene Karma ausgesät hat, wirken auf das gegenwärtige Bewußtsein ein und lassen *Name* und *Form* entstehen. Geistige und körperliche Elemente bilden den psychophysischen Organismus, der die Persönlichkeit ausmacht. Sie werden durch zwei Menschen in einem Boot dargestellt (viertes Glied).

Auf Name und Form beruhen die *Sechs Sinne,* zu denen auch der Geist gerechnet wird (fünftes Glied). — Ihr Bild ist ein Haus mit sechs geöffneten Fenstern. Es ist leer, denn bisher ist noch nichts von außen eingedrungen. Die fünf Sinnesorgane können Objekte der Außenwelt wahrnehmen. Der Geist als sechster Sinn hat die Funktion, geistige Phänomene (beispielsweise Erinnerungen) wahrzunehmen und die Mitteilungen der fünf Sinne auszuwerten, um sie dann in Wahrnehmung umzuformen. Mit diesen Mitteln kann die Außenwelt erfaßt werden.

Ohne die sechs Sinne gäbe es keinen *Kontakt* mit den Sinnesobjekten, dargestellt durch ein menschliches Paar, das sich umarmt (sechstes Glied). Ohne Kontakt gäbe es keine *Sinneswahrnehmung:* ein Pfeil steckt im Auge (siebentes Glied). Auf diese Weise kommen vergangenes Karma und Unwissenheit in diesem Leben zur Auswirkung. Es folgen darauf die gegenwärtigen Ursachen für künftige Wiedergeburt.

Die Sinneswahrnehmung bedingt ›Durst‹ oder *Begierde:* ein Mensch, der trinkt (achtes Glied). Auf das Begehren folgt *Ergreifen:* eine Frucht wird vom Baum gepflückt (neuntes Glied). Aus dem Ergreifen entsteht das *Werden,* welches durch eine Schwangerschaft versinnbildlicht wird (zehntes Glied). Diese Ursachen im gegenwärtigen Leben bestimmen die Art der *Wiedergeburt:* eine Frau bringt ein Kind zur Welt (elftes Glied). Ohne Geburt würde es natürlich keine Anhäufung von *Schmerz, Alter, Krankheit* und *Tod* geben: eine Leiche wird zum Verbrennungsplatz geschafft (zwölftes Glied).

Diese zwölf Glieder schließen sich zu einer kreisförmigen Kette zusammen, die vergangene, gegenwärtige und zukünftige Leben umfaßt — vergangene Leben (die ersten beiden Glieder), gegenwärtige Ergebnisse (die Glieder drei bis sieben), gegenwärtige Ursachen (die Glieder acht bis zehn) und das nächste Leben (die letzten beiden Glieder). Dieser Kreislauf von Geburt, Tod und Wiedergeburt ist anfangslos. Er erklärt unsere Existenz und unser Leiden als das Ergebnis aus einer Folge von zwölf Ursachen und Bedingungen. Versteht sich das Individuum als das Produkt dieser karmischen Ursachen und Bedingungen, so erkennt es, daß es kein ›Selbst‹, keine geschlossene, dauerhafte und unveränderliche Wirklichkeit besitzt.

Trotz der sexuellen Darstellungen innerhalb dieses Schemas wird die Sexualität nicht als eine Wurzelursache für das Leiden angesehen. Sie ist im Buddhismus nicht unbedingt an den Vorgang der Fortpflanzung gebunden. Es werden andere Arten von Geburt anerkannt, wie etwa die »übernatürliche« Erschaffung von Göttern. Für die Götter gehört die Freude an der Sexualität zum hauptsächlichen Zeitvertreib. Sie pflanzen sich jedoch nicht durch Geschlechtsverkehr fort und erlangen viel rascher, leichter und häufiger wiederholbar Befriedigung als menschliche Wesen. Nach der buddhistischen Weltanschauung bringt das Vergnügen keinen Schaden. Die Vorbedingungen für weiteres Leiden werden geschaffen, wenn wir verblendet um Dinge kämpfen und nach ihnen greifen wollen. Die Sexualität wird als eine Begleiterscheinung des Lebens angesehen. Verbindet sie sich mit falschen Ansichten, Suche nach Dauer im Vergänglichen, so trägt sie mit zu den Umständen des menschlichen Elends bei. Die einzig sichere Zuflucht vor dem Leiden findet man nur in der direkten Auseinandersetzung mit den Realitäten des Lebens und dem im Grunde leeren Wesen des menschlichen Organismus. Wenn man die Tatsache von Geburt und Tod als eine Kette aus abhängigen Ursachen völlig begreift, kann man diesen Vorgang überwinden und die Bereiche karmischer Notwendigkeit verlassen, um erst dann wirklich die Erfahrung der Fülle des Lebens zu machen.[30]

Diese Erklärung, wie ein lebendiger Organismus hervorgebracht wird, steht in klarem Widerspruch zu materialistischen Theorien, die das Bewußtsein ausschließlich als eine Funktion materiellen Ursprunges ansehen. Die buddhistische Sichtweise geht davon aus, daß Bewußtsein oder Geist, während er sich von einem zum nächsten Leben bewegt, unabhängig von einem Körper existieren kann. Der Geist, so lautet die traditionelle Behauptung, kann nicht aus materiellem Ursprung entstehen, weil beide ihrem Wesen nach verschieden sind. Wissen, bespielsweise das Gedächtnis, entsteht in Abhängigkeit von dem Kontinuum vorhergegangener Geisteszustände. Vorangehende Erfahrung bewirkt späteres Wissen. Auf diese Weise setzt sich das Leben aus einer Aufeinanderfolge von Geisteszuständen zusammen. Wäre der Geist vom Körper abhängig, so würde er außerdem mit dem Wachstum und Verfall des Körpers zunehmen bzw. abnehmen, und er könnte selbst in einem Leichnam existieren, da ja auch dort immer noch eine körperliche Basis vorhanden ist.

Es wird zugestanden, daß der Körper eine mit-wirkende Ursache für das Funktionieren des Denkens ist. Die Vereinigung von Sperma und Eizelle reicht jedoch nicht aus, um die späteren Verhaltensweisen und geistigen Fähigkeiten eines Kindes zu erklären. Wäre dem so, dann könnten geistig beschränkte Eltern niemals ein intelligentes Kind bekommen. Angeborenes Wissen und natürliche Fähigkeiten können nur als Früchte aus karmischer Veranlagung angemessen erklärt werden. Schließlich ist auch die fehlende Wahrnehmung von etwas — in diesem Fall die mangelnde Erinnerung an vergangene Leben — noch kein Beweis dafür, daß es nicht existiert. Dies erweist sich um so mehr, wenn wir Vergleiche mit den Berichten von Menschen anstellen, die in geistiger Konzentration geübt sind und sich ihrer vergangenen Leben erinnern, sowie auch durch das zufällige Auftreten dieser Erinnerung bei kleinen Kindern.[31]

Für diese zentrale Behauptung des Buddhismus spielt die Existenz der materiellen Welt im Verhältnis zum Geist keine wesentliche Rolle. Das ›Fahrzeug der Hörer‹ (skr. śrāvakayāna), das der vergleichsweise einfachen buddhistischen Weltsicht entspricht, reduziert die Welt auf ihre Bestandteile, die Dharmas, die als wirklich angesehen werden. Die Liste der weltlichen Dharmas weicht von Schule zu Schule ein wenig voneinander ab; im allgemeinen setzen sie sich aus den physischen Bezugspunkten der Sinneseindrücke sowie aus Gedanken, Gefühlen, Wahrnehmungen und karmischen Antriebskräften zusammen.

Wenn es um die Lehre vom Karma geht, ist die Außenwelt für alle Schulen von zweitrangiger Bedeutung. Entsteht Karma auch aus den Handlungen von Körper, Rede und Geist, so geht es dabei doch im wesentlichen um folgende Absicht: der geistige Vorgang, der mit einer Handlung in Verbindung gebracht wird, verursacht einen Eindruck in den tiefen Schichten des Bewußtseins, welcher dann die Zukunft bedingt. Darüber hinaus ist es immer der Gedanke, der karmisch wirksames Handeln motiviert. Tötet man unabsichtlich, so wird diese Tat nicht als Mord angesehen; das Anwerben eines Mörders, auch wenn es sich dabei nur um eine verbale

Tat handelt, hat jedoch die gleiche oder eine noch schlimmere karmische Wirkung, als wenn man selbst das Messer führt, weil sich darin eine Absicht manifestiert. Die eigene karmische Bestimmung ist das Ergebnis aus einer einzigen heftigen Tat, die in die Zukunft hinübergetragen wird, wie ein Samenkorn, das in tiefe Bewußtseinsschichten eingepflanzt ist, oder von gewohnheitsmäßigen und festverwurzelten Einstellungen gegenüber der Welt. Schlimmstenfalls führen die mit Begierde, Haß und Verblendung verbundenen Geisteshaltungen zu den drei qualvollen Zuständen der Bestimmung als Hungergeist, Höllenwesen und Tier. Die Hinwendung zum Dharma schafft Verdienst und bewirkt eine Wiedergeburt unter vorteilhaften Bedingungen, die es erlauben, dem Pfad zu folgen. Die Verbindung von gutem und schlechtem Karma führt zu gemischten Ergebnissen.

Die möglichen karmischen Folgen sind von unendlicher Vielfalt. Die Schriften geben eine Beschreibung von der relativen Lebenskraft der äußeren Welt, von der Lebensdauer, von Bereichen für gemeinsame Handlungsformen wie Kriegführung usw. Die Reduktion der Vielfalt des Lebens auf sechs Bestimmungen wird nur aus Gründen der Verdeutlichung vorgenommen. Genau diese Theorie des Karma und die Reduzierung von Leben und Welt auf überprüfbare Bestandteile (skr. dharmāḥ)[32] unterscheidet den Buddhismus von anderen religiösen Überlieferungen. Der lebendige Organismus entsteht also in Abhängigkeit von unserem Karma aus der Vergangenheit und aus den Grundstoffen der Welt.

> Das, was fühlenden Wesen zustößt, ist allein die Frucht aus ihren nützlichen und schädlichen Handlungen, die sie selbst in Körper, Rede und Geist ausführen. Es gibt keinen anderen Schöpfer.[33]

Innerhalb des Mahāyāna, des sogenannten ›Großen Fahrzeuges‹, das die fortgeschritteneren philosophischen Stufen buddhistischen Gedankengutes vertritt, werden die weltlichen Dharmas als bedeutungsloser und weniger »wirklich« angesehen, weil sie selbst in Abhängigkeit entstanden sind. Dementsprechend wird festgestellt, daß alle Erscheinungen — nicht bloß der lebende Mensch — in Abhängigkeit voneinander entstehen und keinen Wesenskern oder ein ›Selbst‹ haben. Es gibt keine Substanz von Feuer, nur eine Reihe von Bedingungen — Hitze, Luft und Brennstoff. Doch selbst bei dieser Sicht wird die Welt nicht als ›Māyā‹, als ›Illusion‹ aufgefaßt. Im herkömmlichen Sinn des Begriffs sind unsere Erfahrungen — Felsen, Bäume, Flüsse, Straßen und Gebäude, Freude und Schmerz — wirklich. Es sind die Früchte vergangener Handlungen, und wir nehmen an ihrem gegenwärtigen Erleben mit unserem ganzen Wesen Anteil. Für die Sichtweise des Erwachten ist unsere Erfahrung der Welt der Erscheinungsformen ›wie eine Illusion, wie ein Traum, wie ein magisches Spiel‹ — oder, modern ausgedrückt, wie ein Film, mit dem wir uns identifizieren mögen, der jedoch in Wirklichkeit nichts weiter ist als ein Zelluloidband mit Tonstreifen.

Lassen wir das herkömmliche Verständnis von dem, was »wirklich« ist — unsere bloße Erfahrung —, hinter uns, dann lernen wir, daß Dinge und Ereignisse, Wahrnehmungen und Reaktionen, ja selbst Gedanken, denen wir an sich eine gewisse Bedeutung, ein eigenes Wesen zuschreiben, in Wahrheit nichts von alledem haben. Diese mentalen oder physischen Dharmas, die selbständige Erscheinungsformen zu sein vorgeben, jeweils mit eigener Wirklichkeit und unveränderlichen Merkmalen, erhalten nur durch ihre wechselseitige Abhängigkeit Sinn und Wert. Ein Film bringt auch nur dann Vergnügen, wenn eine Wechselwirkung zwischen ihm und den Sinnesorganen sowie dem Bewußtsein des Zuschauers vorliegt.

In der Regel erleben wir die Erscheinungsformen durch den Schleier von Zuneigung, Abneigung und Unschlüssigkeit. Das soll nicht heißen, daß ihre Erfahrung nicht wirklich ist. Wenn jedoch »wirklich« heißen soll, sie seien »aus sich selbst (immanent) existierend« oder »an sich bedeutungsvoll«, dann sind sie, was diese »Wirklichkeit« angeht, leer, denn *nur im Zusammenhang* können sie ihre Bedeutung entfalten. Kein Ding tritt unabhängig von einem Gefüge aus Ursachen und Bedingungen in die Existenz ein — und kein Ding bleibt ewig erhalten. Daher ist nichts aus sich selbst wirklich, und auf nichts auf der Welt sollte man als beständig vertrauen.

Innerhalb des Großen Fahrzeuges zieht die ›Nur-Geist-Schule‹ (skr. cittamātra) aus der Beobachtung, daß Karma ein im wesentlichen geistiger Prozeß ist, die logische Schlußfolgerung. Ihre Sichtweise besagt im Grunde, daß alle Erscheinungsformen die Früchte aus ›Samenkörnern‹ (skr. vāsana) sind, die durch vergangene Handlungen in den unbewußten Geist gesät wurden. Der Geist ist daher die einzige Wirklichkeit. Ob diese Sichtweise von großem Nutzen für die Befreiung ist oder nicht, sie ist eine logische Weiterführung der Lehre karmischer Verursachung. Aber auch sie verleugnet nicht die *relative* Wirklichkeit der äußeren Welt, denn innere und äußere Ereignisse spielen sich auf der gleichen Realitätsebene ab. Beide sind im wesentlichen leer. Die Nur-Geist-Schule lehrt drei Stufen der Wahrheit:

1. Als Produkte des Geistes sind alle Dinge *unwirklich.*
2. *Relativ,* im Verhältnis zueinander, sind sie *wirklich.* Ebenso ist der Vorgang der Wiedergeburt, wobei sich der Geist als Speicher karmischer Samenkörner auswirkt, *relativ wirklich.*
3. Leerheit (skr. śūnyatā), als das absolute Prinzip und die eigentliche Natur aller Erscheinungsformen, ist *absolut wirklich.*

Die Buddhaschaft selbst wird von der Nur-Geist-Schule als ein Keim angesehen, der schlafend im Geist verborgen liegt oder sich bereits in Entwicklung befindet. Entfaltet er sich, dann verstehen wir allmählich das relative Wesen von ›Selbst‹ und ›Welt‹. Treten wir schließlich aus unserer Täuschung in das klare Morgenlicht des Erwachens aus dem Leiden (skr. bodhi), dann werden die Elemente von Selbst und Welt immer noch da sein — ›wie eine Illusion, wie ein Traum‹.

Die Schriften und Abhandlungen über die Wirkungsweise von Karma, auf denen die Kommentare zu den Spielfeldern beruhen, legen ihr Schwergewicht auf die Handlungen innerhalb des menschlichen Bereiches und auf die verschiedenen Formen der Wiedergeburt, die daraus hervorgehen.[34] Die buddhistischen Lehren sind aber auch am Wohlergehen der anderen Gruppen fühlender Wesen interessiert. Häufig stößt man in den Schriften (skr. sūtra) auf Berichte über nicht-menschliche Geschöpfe, wozu auch Beschreibungen ihrer künftigen Wiedergeburt gehören. So wird allgemein behauptet, daß die Devas und höheren Gottheiten ein langes Leben haben; gemäß dem Karma, das aus früheren Leben heranreift, können sie jedoch der schließlichen Auflösung — dem »Fall« eines Gottes — und einer anderen Form der Wiedergeburt nicht entgehen. Die berühmten Jātaka-Geschichten erzählen von vergangenen Leben des Buddha Śākyamuni und enthalten viele Beispiele, in denen Tiere die Hauptperson sind. Die Abhandlungen über Karma, eine wichtige Gattung innerhalb der buddhistischen Literatur, wenden sich natürlich an Menschen; von allen fühlenden Wesen haben sie allein die Muße, zu lesen und zu studieren, und nur sie verspüren aufgrund der ungewöhnlichen Vermischung von angenehmen und schmerzlichen Erfahrungen den Antrieb, ihren gegenwärtigen Zustand zu überwinden.

Das Spiel »Karma« ist nach dem Vorbild dieser Abhandlungen über Karma entworfen. Es beginnt mit den Höllenwelten und geht von dort aufwärts. Das Ergebnis eines jeden Wurfes versteht man in der Regel als Spiegelung einer bestimmten menschlichen Handlungsweise, selbst wenn man sich von einem nicht-menschlichen Zustand zu einem anderen fortbewegt.

Das Spiel könnte stark vereinfacht als »moralisierend« bezeichnet werden, denn die Arten der moralischen Beziehungen zwischen uns selbst und der Welt, so wie sie im ethischen Kodex des Buddhismus festgehalten sind — die zehn nützlichen und die zehn schädlichen Handlungsweisen —, sind hier die Hauptursachen für gutes und schlechtes karmisches Geschick. Es sind dies jedoch nicht die einzigen Ursachen, die das Spiel wiedergibt. Wir finden auch höhere Himmelswelten von ätherischer Stofflichkeit, die das Ergebnis meditativer Versenkungszustände sind, sowie die Pfade der verschiedenen religiösen Überlieferungen, die moralisches Verhalten, Meditation und Studium miteinander verbinden.

Das Spielfeld zeigt daher die Möglichkeiten auf, die unserem gegenwärtigen menschlichen Zustande innewohnen, und es stellt die traditionellen Wege vor, die zu einer günstigen Entwicklung führen. Karma als ›Handlung‹ umfaßt alle Taten, die von fühlenden Wesen begangen werden können. Unser Interesse gilt jedoch den Handlungen menschlicher Wesen, denn die Götter geraten kaum in Versuchung, von rechtschaffenem Verhalten abzukommen, noch streben sie danach, ihr Los zu verbessern; dagegen werden die niederen Arten der Geschöpfe durch die Umstände und ihre Wesensart zu instinktmäßigen Reaktionen und zum Überlebenskampf gezwungen. Menschliche Wesen sind am ehesten dazu fähig, ihre Handlungen vorsätzlich und zielbewußt für gute und schlechte Zwecke einzusetzen. Sowohl Abhandlungen als auch dieses Spiel lenken unsere Aufmerksamkeit auf diesen Punkt.

Das Gesetz des Karma wird in der buddhistischen Literatur durch eine Anzahl von Gleichnissen illustriert. Der karmische Ablauf — Taten und ihre Konsequenzen — wird mit einem Affen verglichen, der in alle Ecken und Winkel des Urwaldes klettert und sich immerfort im Kreise dreht. Er gleicht einem Schauspieler mit vielen Rollen, einem Fisch in der Flut des Begehrens und am meisten einem Maler, der Formen und Farbtöne erschafft.[35] Die karmische Bestimmung von Gegenwart und Zukunft wird in höchstem Grade als Werk der Vorstellungskraft angesehen. Einzeln und als Kollektiv malen wir auf die Leinwand der Zukunft.

Die Verbindung von Bewußtseinsformen mit verschiedenen Farben geht als Motiv in der Literatur und Kunst der bekannten Ausformung, wie sie sich in den Tantras etablierte, voran. Für die tantrischen Visualisationsübungen werden sie jedoch verbindlich festgelegt: Weiß für die Götter, Rot für die Asuras, Blau für die Menschen, Grün für die Tiere, Gelb für die Hungergeister und Rauchgrau für die Höllenwesen.[36]

Die Annäherung an den Zustand der Erleuchtung bringt uns mit dem wahren Wesen des Denkens in Verbindung. Dieses ist von karmischer Prägung und Tönung gereinigt und befreit von den Einbildungen und falschen Erfindungen eines Geistes, der das Selbst und die Welt zu einem dualistischen Irrgarten aus Subjekt und Objekt, Angst und Verlangen, zu einem Prozeß von Binden und Lösen macht. Das gereinigte Denken wird als eine Erfahrung der Klarheit und des strahlenden Glanzes umschrieben. Dieses eigentliche Wesen des Geistes — Klarheit und Glanz — ist allen fühlenden Wesen gemein, vom niedrigsten bis zum spirituell höchst entwikkelten. Der Pfad zur Verwirklichung bedeutet, nach und nach die Schleier der Täuschung zu lüften, welche durch von Unwissenheit geprägte Taten geschaffen worden sind.

Der theoretische Hintergrund für die buddhistische Ethik ist die Lehre vom Karma. Der durchschnittliche Mensch wird sich richtig verhalten, wenn er um die Folgen seines Tuns weiß. Auch der religiös Praktizierende denkt an die karmischen Folgen, doch bei ihm kommt noch ein weiteres Motiv hinzu: standfestes und nützliches moralisches Verhalten sich selbst und anderen gegenüber ist eine notwendige Voraussetzung für die Meditationspraxis; diese wiederum ist die Grundlage für die aus dem Studium gewonnene Erkenntnis. In dieser Form unterstützen sich die drei Aspekte spiritueller Schulung — moralisches Verhalten, Meditation und Studium — gegenseitig, so wie ein Haus von seinen Grundmauern getragen wird.

Da Karma im wesentlichen eine Sache der Absicht ist, steht moralisches Verhalten am Anfang der Meditation. Am Beginn des religiösen Pfades erlernt man daher die Disziplinierung des Geistes.

Wenn du den Wunsch hast, deine Übung zu fördern,
Dann schütze deinen Geist mit festem Willen;
Denn wenn du dein rastloses Denken nicht hütest,
Kann sich deine Übung nicht entwickeln.

Der Schaden, der hier angerichtet wird,
Von einem wilden, verrückten Elefanten,
Ist längst nicht zu vergleichen mit dem Schaden, den
Der umherschweifende Stier des Geistes
In den Höllenwelten anrichtet.

Bindest du den Stier des Geistes
Mit dem Seil ungeteilter Achtsamkeit,
Dann gibt es nichts mehr, das du fürchten müßtest,
Und alles Heilsame wird sich von selbst einstellen.[37]

Die moralischen Gesichtspunkte sind, wie die meisten der übrigen Gesichtspunkte des Buddhismus, in einer Aufstellung zusammengefaßt, damit sie besser vergegenwärtigt werden können. Es gibt zehn schädliche Handlungen: Mord, Diebstahl und unzulässige Sexualität sind die drei schädlichen Handlungen des Körpers; Lüge, grobe Worte, Verleumdung und Geschwätz sind die vier schädlichen Handlungen, die zur Rede gehören; Habsucht, Böswilligkeit und falsche Ansichten sind die drei schädlichen Handlungen des Geistes. Um die zehn nützlichen Handlungen vollbringen zu können, muß man die schädlichen aufgeben und sie entsprechend positiv ersetzen. Die karmische Vergeltung wird im gleichen, nächsten oder in einem späteren Leben wirksam.

Einige Handlungen sollen noch etwas ausführlicher abgehandelt werden. Mord wird beispielsweise definiert als ›diejenige Tat, die Lebenskraft eines anderen fühlenden Wesens vorsätzlich und im Bewußtsein der Tatsache zu vertilgen, daß das Opfer lebendig ist‹. Es gibt dabei drei Grade: Mord an einem Arhat oder einem anderen spirituell hochentwickelten Wesen; Ermordung eines religiös Praktizierenden (diese beiden Formen nehmen nicht nur einem anderen das Leben, sondern beeinträchtigen in der Regel auch die Möglichkeit der spirituellen Entwicklung von weiteren Menschen) sowie die gewöhnliche Tötung von Mensch oder Tier.

Drei *Mordmotive* werden gesehen: Gier (beispielsweise bei der Jagd), Zorn (Affekthandlung aufgrund eines schlechten Charakters) und geistiger Irrtum (wie beim Töten von Tieren für religiöse Opferhandlungen). Es wird als Mord betrachtet, egal, ob man die Tat selbst begeht oder von jemand anderem ausführen läßt.

Mildernde Umstände: Ist keine Tötungsabsicht vorhanden, dann sind folgende Taten kein Mord: Ameisen während des Gehens zu töten; das Ableben eines Patienten während ärztlicher Behandlung; Insekten durch ein Feuer zu töten. — In diesem Punkt weicht der Buddhismus vom Jainismus ab, der Karma nicht als Absicht, sondern als konkrete Eigenschaft des Lebewesens annimmt, die es zu tilgen gilt. Es wird daher versucht, fühlenden Wesen keinerlei Schaden zuzufügen; man kehrt den Weg, der vor einem liegt, beim Gehen, und atmet durch einen Filter.

Erschwerende Umstände: Beteiligung an einer Verschwörung, die sich zusammenfindet, um jemanden zu töten; bei erfolgreicher Tötung darüber Genugtuung zu empfinden (bei der Jagd oder nach einem Kampf); die Herstellung von Waffen; den Akt des Tötens zu verherrlichen (die Verdienste von Opferungen an die Götter zu verkünden, Kriegsruhm und soldatische Tapferkeit als Vorbild hinzustellen). Diese Haltungen stellen eine sogar noch schlimmere Form des Mordes dar, weil sie andere zum Töten anstiften und auf diese Weise ihrer spirituellen Entwicklung schaden.

Karmische Vergeltung für Mord: Man fällt in die drei niederen Bereiche. Wird man als Mensch geboren, so hat man nur ein kurzes Leben zu erwarten. In den Himmeln oder bei den Asuras ist man den Gefahren des Krieges ausgesetzt und wird wahrscheinlich getötet.

Das *positive Gegenstück* des Tötens ist die Abwesenheit von Haß und das Schenken und Schützen von Leben. Eine Reihe von Meditationen steht damit in Verbindung. Sie werden die vier ›Verweilungen im Göttlichen‹ (skr. brahmavihāra) genannt. Es sind dies: liebevolle Zuwendung (skr. māitrī), Mitgefühl (skr. karunā), Mitfreude (skr. muditā) und Gleichmut (skr. upekṣā). Als Belohnung dafür erfreut man sich in diesem Leben der Schönheit, des Reichtums und kommt aus guter Familie. Man hat ein langes, erfülltes Leben und steht unter dem Schutz der Gottheiten. Im nächsten Leben kann man als Weltenherrscher (skr. cakravartin), als ein großer und mächtiger König der Asuras oder sogar als Herr der Götter — Indra, Brahmā oder Māra — wiedergeboren werden. Schlägt man einen religiösen Pfad ein, dann bringt er rasche und sichere Ergebnisse.

Unzulässige Sexualität bedeutet im allgemeinen Ehebruch. Hält man sich davon zurück, so heißt das, daß man Anerkennung und Vertrauen von allen gewinnt und Gefährten hat, die treu und nicht eifersüchtig sind. Im nächsten Leben kann man in einem der Himmel sinnlichen Vergnügens wiedergeboren werden, ohne daß man — wie es bei anderen Göttern der Fall ist — von seinen Gefährten plötzlich verlassen wird, wenn die Zeit des Falls herannaht.[38]

Um die Achtsamkeit gegenüber moralischem Verhalten zu stützen, legt man Gelübde ab. Der Laie legt Gelübde ab, um die zehn schädlichen Handlungen zu vermeiden. Der Mönch oder die Nonne legen — zuerst als Novize, dann voll ordiniert — umfangreichere Gelübde ab, die die gesamte Lebensführung regeln. Der Bodhisattva entscheidet sich dafür, allen anderen fühlenden Wesen auf dem Pfad zum Erwachen zu helfen, und er erkennt den Sittenkodex an, welcher diesen Weg begleitet. Der tantrische Yogi, dessen Gelübde denen eines Bodhisattva ähneln, folgt einer genau festgelegten Reihe von Verpflichtungen, die verbales und körperliches Verhalten sowie die geistige Einstellung betreffen. Alle diese Gelübde werden als Hilfsmittel dafür betrachtet, den Geist unter Kontrolle zu halten. Folgt man dem Pfad, so befähigen sie auch zum allmählichen Fortschritt in höhere und spirituelle Zustände hinein, so wie es im Verlauf dieses Spieles der Fall ist.

DER AUFBAU DES SPIELFELDES

Die Ansicht des tibetischen Buddhismus vom Universum, die Saṃsāra wie Nirvāṇa einschließt, wird umrißhaft durch die Spielfelder dargestellt. Tatsächlich stellt der Grundriß des Spiels eine Verbindung aus mehreren sich überschneidenden Systemen dar. Fängt man von unten an, so sind dort zunächst die Gegenden der Welt mit ihrer jeweiligen karmischen Bestimmung zu finden. Von der fünften Reihe an aufwärts führen die Pfade zur Buddhaschaft. Ziel des Spiels ist nun, sich von dem erniedrigenden Kreislauf der Wiedergeburt in den niederen Zuständen, der von den Höllenwelten zu den Göttern und wieder zurückführen kann, zu einem der Pfade des Großen Fahrzeugs — dem reinen Mahāyāna oder seiner tantrischen Unterabteilung — zu begeben; hat man die Stufe hinter sich gelassen, von der aus man nicht mehr zurückfallen kann, so setzt man den Weg bis zum ›Dharma-Körper‹ des Buddha fort. Von da an erfüllt man die Aufgaben eines voll Erwachten und bewegt sich allmählich auf Nirvāṇa zu, das letzte Spielfeld links oben.

Am oberen Ende des Spielbretts wachen drei Verkörperungen des Erleuchtungsprinzips über den Fortgang des Spiels. Links sitzt Amitābha, der Buddha des ›grenzenlosen Lichts‹, in Meditationshaltung. Rechts ist Padmasaṃbhava, der ›Lotusgeborene‹, der kostbare Guru Tibets, welcher Dreizack, Schädelschale und Vajra des tantrischen Yogi hält. In der Mitte ist ein Stūpa, Aufbewahrungsort für die unzerstörbaren Reliquien eines Buddha, der Nirvāṇa erreicht und die Welt hinter sich gelassen hat.

Werden die verschiedenen kosmologischen Systeme und spirituellen Pfade aus dem Spielzusammenhang herausgenommen, so lassen sie sich wie in Tafel 6 darstellen.

Die Drei Bereiche

Die Progression der Reihen verläuft von rechts nach links und steigt nach oben hin auf. Folglich stehen die höheren Stufen für die zunehmende Läuterung von den grobstofflichen Elementen der Existenz — Anhaftung, Ablehnung und Verwirrung —, für die Freiheit von schädlichem Verhalten und Gewalt sowie für eine große Offenheit im Lebensstil. Nähert man sich der Befreiung, so werden die Möglichkeiten für die Gestalt und Wirkungsweise des Körpers, die aus den in der Meditation erworbenen Kräften erwachsen, geradezu unbegrenzt.

Die sechs karmischen Bestimmungen sind in den unteren vier Reihen des Spielfeldes dargestellt. Davon nehmen die Höllenwelten die unterste Reihe ein, Hungergeister, Tiere und verschiedenartige Dämonen die zweite. Die dritte Reihe umfaßt Daseinsbereiche, die von menschlichen Wesen bevölkert werden. Eine Ausnahme stellt dabei das Spielfeld Nr. 26 dar, das zum ›Weltenherrscher‹ (skr. cakravartin) gehört und bei den Deva-Gottheiten der vierten Reihe einzustufen ist.

Diese vier ersten Reihen repräsentieren den ›Bereich sinnlichen Begehrens‹ (skr. kāmadhātu). Die Geschöpfe dieses Bereiches haben sehr unterschiedliche Gestalt, und ihre Sinnesorgane werden vom Interesse an materiellen Objekten in Beschlag genommen. Ihr Lebenszweck, ihre Freude und ihr Schmerz liegen im Bereich von Sinnesreizen und grober Körperlichkeit.[39] Darüber hinaus gibt es die beiden weiteren Bereiche ›Reine Form‹ (skr. rūpadhātu) und ›Formlosigkeit‹ (skr. arūpadhātu). Sie sind in der fünften Reihe dargestellt (siehe 35—37).

Diese höheren Bereiche stellen göttliche Ebenen dar, die jenseits des Bereiches der Devas aus dem Lebensrad liegen. Man erreicht diese Orte nicht aufgrund von Freigebigkeit und moralisch reinem Verhalten, die beide die Herrschaft über den Bereich des Sinnesverlangens verleihen, sondern durch fortgeschrittene Versenkungspraxis: durch die vier Formen der ›Versenkung‹ (skr. dhyāna) und die vier Formen der ›Gleichwerdung‹ (skr. samāpatti)[40]. Diese Stufen entsprechen einem beträchtlich erweiterten Bewußtsein und dessen Überschreitung.

Der Bereich der Reinen Form (siehe Spielfelder 35 und 37) hat siebzehn Ebenen. Die ersten drei entsprechen dem ersten Versenkungszustand, wo man Ausgerichtetheit auf einen Punkt oder die Sammlung des Geistes erlangt. Die Götter dieses Bereiches unterscheiden sich durch ihre äußere Form, nicht jedoch in ihrem Trachten. In ihrem Glauben sind sie auf einen Schöpfergott ausgerichtet. Der ›Große Brahmā‹ (skr. mahābrahmā) ist die höchste Gottheit unter ihnen. Er entspricht der Gottesvorstellung, welche von den Anhängern anderer religiöser Überlieferungen vertreten wird: Gott, der Allwissende, der Schöpfer, der Herrscher und Vater aller.

Diese Vorstellung, von Mahābrahmā und seinen Anhängern aufrechterhalten, wird als schlichte Täuschung erklärt: Am Ende des vorangegangenen Zeitalters wurde die Welt bis hinauf zur Stufe der höheren Gottheiten des Bereiches der Reinen Form durch Wind und Wasser zerstört. Danach fiel ein Gott in den Zustand des Großen Brahmā. Da er dort allein war, hielt er sich selbst für das einzige Lebewesen in der Welt; unterhalb von ihm befand sich nichts, und selbst Wesen dieser Stufe können nicht über ihren eigenen Horizont schauen. Als auch andere Wesen diese Existenzform annahmen, betrachtete er sich als ihren Vater und Schöpfer, und weil sie sahen, daß er schon vor ihnen dort gewesen war, nahmen sie diese Einbildung an und erhoben sie zur heiligen Wahrheit. Als einige von ihnen in noch tieferen Existenzzuständen wiedergeboren wurden, setzte sich der Irrtum weiter fort. Schließlich erschienen einige im Bereich der Menschen. Sie hatten sich einige ihrer meditativen Fähigkeiten bewahren können und erinnerten sich daran, daß sie einmal Götter in der Gefolgschaft des Großen Brahmā gewesen waren. Diese Männer wurden zu seinen Priestern, den Brahmanen, und führten die Verehrung eines Gottvaters ein: »Der Schöpfer befindet sich dort oben!« — Wie schon nachgewiesen wurde, ist der Ursprung der materiellen Bestandteile der Welt für die buddhistische Sichtweise unwesentlich. Die Schöpfung wird im Sinne der karmischen Erfahrung ihrer Bewohner verstanden.[41]

Auf den drei Ebenen oberhalb der Brahmā-Gottheiten leben die sogenannten Lichtgötter, deren Körper Glanz ausstrahlen. Wenn die Flammen, welche die Welt am Ende eines Zeitalters zerstören, bis zu dieser Ebene aufsteigen, geraten einige der jüngeren Gottheiten in Verwirrung. Ihnen müssen ältere Götter, welche diese Zerstörung schon früher einmal erlebt haben, versichern, daß nur der Palast des Brahmā unterhalb von ihnen vernichtet wird. Ihre Vorstellungswelt unterscheidet sich von derjenigen der Brahmā-Götter. Sie leben voll und ganz im zweiten Versenkungszustand.

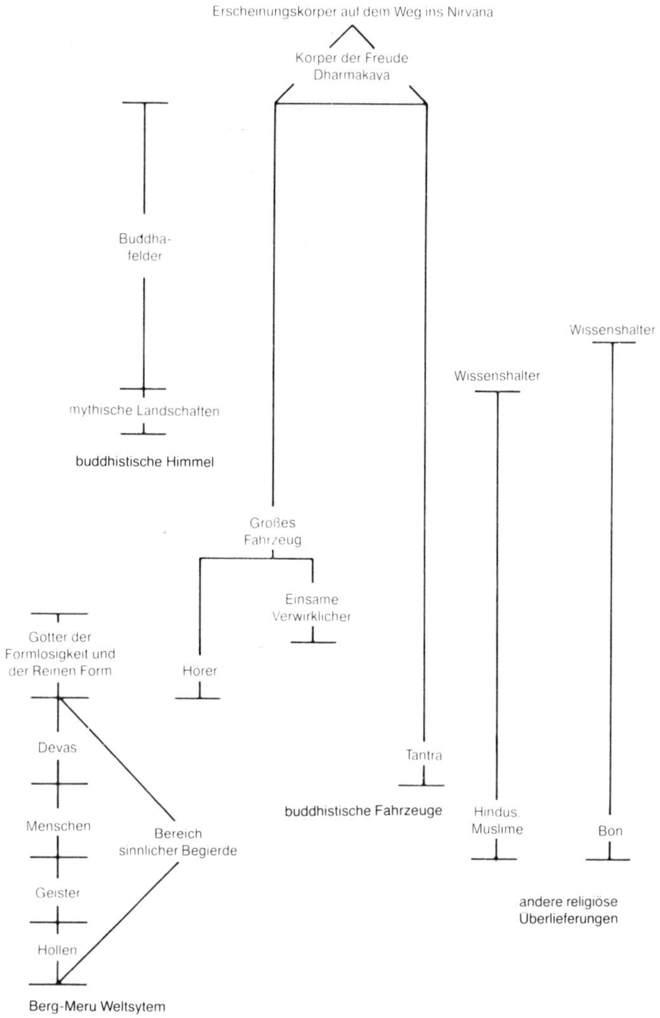

Tafel 6
Der Aufbau des Spielfeldes schematisch dargestellt

Noch höher befinden sich die drei Arten von besonders herrlichen Gottheiten; hier liegt der dritte Versenkungszustand. Sie erfreuen sich allerhöchster weltlicher Glückseligkeit und haben daher eine einheitliche Wahrnehmung.

In den höchsten Sphären des Bereiches Reiner Form, welche den acht Stufen des vierten Versenkungszustandes entsprechen, leben die Götter der ›Reinen Wohnungen‹ (skr. śuddhavāsa). Der höchste Himmel ist der Akaniṣṭha-Himmel, der höchste göttliche Wohnsitz. Er liegt jedoch nicht in der fünften Reihe des Spielfeldes, sondern viel weiter oben — auf Spielfeld Nr. 84 —, denn eine spätere kosmologische Vorstellung verstand ihn als Wohnsitz eines Buddha. Daher ist der oberste Himmel aus dem Bereich Reiner Form auf dem Spielfeld der höchste Punkt göttlicher Bereiche und der Buddhas reiner Länder.[42]

Unter dem Gesichtspunkt meditativer Vervollkommnung liegt oberhalb des Bereichs der Reinen Form der Bereich der Formlosigkeit (siehe Spielfeld 36). Diese Form der Wiedergeburt entsteht aus den vier meditativen Zuständen der ›Gleichwerdung‹ (skr. samāpatti). Mit der ersten Gleichwerdung werden die Wahrnehmung von Form und Stofflichkeit überschritten; man verweilt in reinem und unendlichem Bewußtsein. Auf der zweiten Stufe wird das Bewußtsein überschritten; man verweilt im grenzenlosen Raum. Die dritte Stufe überschreitet den Raum und erreicht die Ebene, wo ›nichts mehr vorhanden ist‹. Die letzte Stufe heißt ›weder Wahrnehmung noch Nicht-Wahrnehmung‹; sie stellt die Grenzlinie des Saṃsāra dar, wo der Yogi ›mit seinem Körper Nirvāṇa berührt‹. Die drei saṃsārischen Bereiche können in Form einer Pyramide graphisch veranschaulicht werden (siehe Tafel 7).

Die Pyramide ist jedoch keine traditionelle Darstellungsform der Drei Bereiche; sie könnte insofern mißverständlich sein, da die Götter der höheren Ebenen tatsächlich mehr Raum mit größerer Bewegungsfreiheit, größere Körper und ein längeres Leben haben als die Götter und anderen Wesen der niederen Bereiche. Das traditionelle Schema, das viele Elemente mit der hinduistischen Kosmologie gemeinsam hat, ordnet sich um den großen Weltenberg Meru als Mittelpunkt. Die drei beschriebenen Bereiche umfassen ein Meru-Weltsystem.

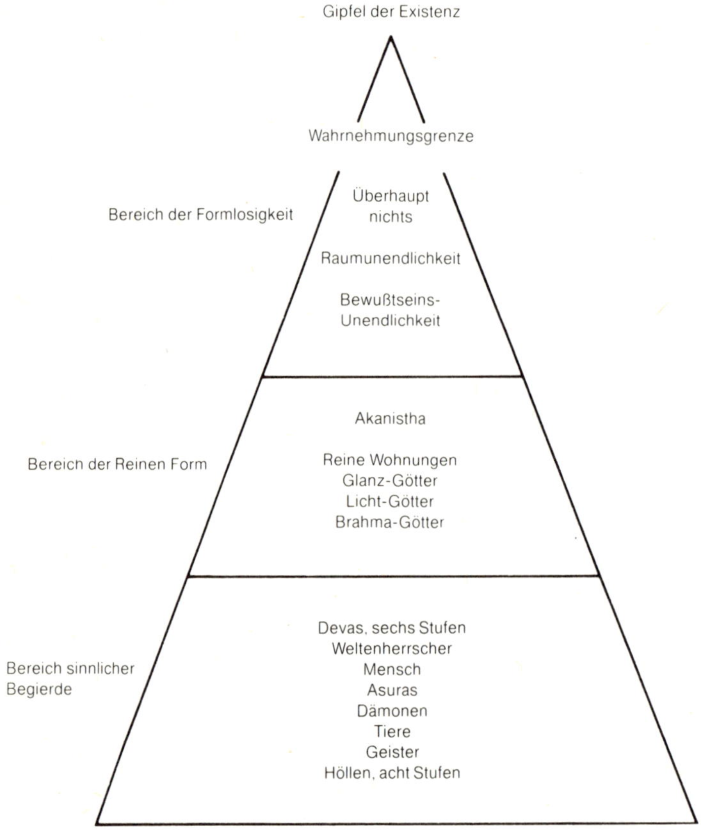

Tafel 7
Die „Drei Bereiche“

Das Weltsystem des Berges Meru

Meru, der große Berg im Mittelpunkt des Universums, ist eine altindische kosmologische Vorstellung. Sie ist hinduistischen und buddhistischen Schulen gemeinsam. Sie liefert für die unteren Bereiche des Spielplanes das Grundmodell.

Im Mittelpunkt des Meru-Weltsystems steht der große Berg, der achtzigtausend Meilen hoch ist und ebenso weit unter die Erde reicht.[43] Er ist von Meeren und Kontinenten umgeben. Es gibt auch unterirdische und über ihm schwebende Bereiche (siehe auch Tafeln 8 und 9). Das, was moderne, wissenschaftliche Kosmologen als die Erde bezeichnen, wird als ein Kontinent angesehen, der in dem Ozean südlich des Zentralberges schwimmt und als ›Insel Jambu‹ (skr. jambudvīpa) bezeichnet wird.

Der große Berg ist viereckig. Gehen wir vom Norden aus im Uhrzeigersinn vor, dann bestehen seine vier Seiten aus Smaragd, Kristall, Lapislazuli und Rubin.[44] Jede Seite färbt den darunterliegenden Kontinent mit der für das widergespiegelte Licht charakteristischen Tönung. Die Insel Jambu im Süden (Spielfeld Nr. 17) erhält den für sie typischen himmelblauen Farbton von der südlichen Wand des Berges Meru, die aus blauem Lapislazuli besteht.

Der große Weltenberg wird von sieben kreisförmigen Bergen aus Gold umgeben. Zwischen diesen sind sieben Seen gelegen, wovon der erste den Berg Meru selbst umspült. Jeder folgende dieser Seen, Sītās genannt, ist kleiner als der vorangegangene. Sie sind kühl, klar und haben Süßwasser. Jenseits des siebenten Goldberges liegt das große äußere Salzmeer. Darin sind vier Kontinente gelegen; jeder von ihnen hat zwei Trabanteninseln in der gleichen, für den Kontinent chrakteristischen Form und wird von menschlichen und tierischen Wesen bewohnt (Siehe Spielfelder 17—20). Unser Südlicher Kontinent, der sogenannte ›Rosenapfelbaumkontinent‹, hat die Form eines Trapezes; seine beiden Trabanteninseln ebenso. Sie werden Ost- und West-Chowrie genannt. Nāgas, große Schlangen, die in prachtvollen Palästen wohnen, bevölkern alle diese Seen und Meere. Der Salzgehalt des äußeren Ozeans wird einer Verschmutzung durch die Erde angelastet.[45]

Außerhalb des Salzmeeres befindet sich ein kreisförmiger Eisenwall. Dadurch erhöht sich die Zahl der wichtigen Weltenberge auf die magische Zahl Neun (eingeschlossen sind der Berg Meru, die sieben Goldberge und der Eisenwall).

Sämtliche Höllenwelten, die in den Texten abgehandelt werden, sind mit der Insel Jambu verbunden. Die ›zeitweiligen‹ liegen an der Erdoberfläche — im Gebirge, in Sand- und Wasserwüsten — und manifestieren sich als Ergebnis bestimmter individueller oder kollektiver Taten (siehe Spielfeld 8). Unter der Erde befindet sich der Hof des Yama, des Herrschers über die Toten (siehe Spielfeld 9). Unterhalb davon liegen die acht Heißen Höllen (siehe Spielfelder 2—6), wovon jede sechzehn Nebenhöllen hat. Daneben sind die Kalten Höllen zu finden (siehe Spielfeld 7); sie sind in der Form eines Speeres derart untereinander angeordnet, daß die mittlere oder vierte Hölle am breitesten und die obere und untere Hölle jeweils am engsten ist.[46] Die unterste Heiße Hölle, die ›unaufhörliche‹ (skr. avīci), verdankt ihren Namen der Tatsache, daß dort die Qualen keinerlei Unterbrechungen kennen. Sie liegt ebenso weit unter dem Meeresspiegel, wie der Gipfel des Meru nach oben reicht (siehe Spielfeld 2).

Yama ist der Herrscher über die Pretas. Diese Geister wandern unter der Erdoberfläche umher und suchen, wenn sie einmal auf der Erde erscheinen, solche Plätze wie Friedhöfe und Höhlen heim. Zu dieser Klasse von Wesen gehören die ›Hungergeister‹ (siehe Spielfeld 10) und andere Dämonen (siehe Spielfeld 14), von denen viele übernatürliche Kräfte haben. Auch die Asuras (Feld 15) werden ihnen manchmal zugeordnet. Sie bewohnen die unteren Abhänge und das Innere des Meru sowie die Gebirgsketten der Goldberge. Über ihnen wohnen vier Arten

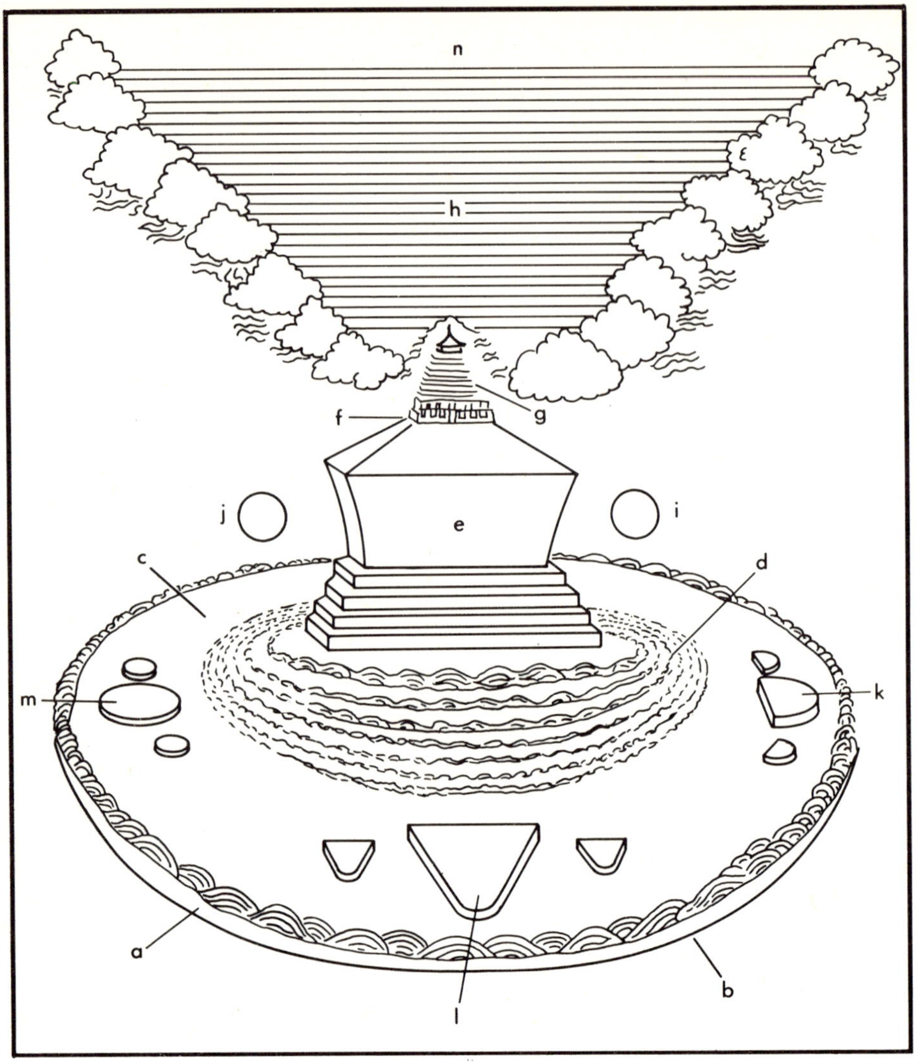

Tafel 8 — Schematische Darstellung des Meru-Weltsystems

a Eisenwall
b Hungergeister, Heiße und Kalte Höllen
c Salzwasser-Meer
d Sieben Seen, Sieben Ringberge
e Berg Meru, Südseite
f Stadt der Dreiunddreißig Götter
g Indras Palast
h Hohe Devas, Götter des Bereichs Reiner Form und der Formlosigkeit
i Sonne
j Mond
k Östlicher Kontinent
l Südlicher Kontinent, Insel Jambu
m Westlicher Kontinent (hinter dem Berg Meru liegt der Nördliche Kontinent)
n Buddhafelder

Tafel 9 — Rollbild mit Darstellung eines Meru-Weltsystems

von Halbgöttern, die von den Königen der Haupt-Himmelsrichtungen befehligt werden (siehe Feld 27). Diese bewohnen die Gipfel der Goldberge, den Berg Meru bis zu seinem höchsten Punkt und die Planeten. Die vier Könige sind ›Weltenbeschützer‹ (skr. lokapāla), die über die Bereiche unter ihnen wachen und als Puffer zwischen Devas und Asuras stehen. Oberhalb von ihnen, auf dem Gipfel des Meru, liegen die Paläste und Gärten der Götter aus dem ›Himmel der Dreiunddreißig‹ (siehe Spielfeld 28). Über dem Gipfel liegen die Wolkenbehausungen der vier höheren Göttergruppen aus dem Bereich sinnlicher Begierden (siehe Spielfelder 29—32) und darüber die entsprechenden Wohnsitze des Bereiches der Reinen Form (siehe Spielfelder 35 und 37). Der formlose Bereich ist an keinen Ort gebunden.

So ist der Grundriß eines einfachen Meru-Weltsystems beschaffen. Ein größeres Weltsystem, welches die unendliche Weite des Universums einnimmt, setzt sich aus einer Vielzahl von Meru-Systemen zusammen. Das Meru-System ist in Übereinstimmung mit der Theorie der karmischen Vergeltung ausgearbeitet. Durch sie ist unsere Stellung innerhalb des Saṃsāra bedingt.

Selbst die Himmelswelten des Bereiches der Reinen Form und des formlosen Bereiches haben noch an Saṃsāra teil. Obwohl ihre göttlichen Bewohner — oder die Meditierenden auf der entsprechenden Stufe — geistig gesammelt und von Sinnesverlangen befreit sind und sich aufgrund geistiger Vorgänge erhalten, bleiben sie doch immer noch dem Gesetz des Karma unterworfen. Schließlich erschöpfen sich die Kräfte, denen sie ihre lange Lebensdauer verdanken; verborgene karmische Impulse fangen erneut an zu wirken, und sie gelangen auf eine angrenzende Stufe oder in eine niedere Bestimmung.

Der Buddhismus kennt drei Arten von Schulung: moralisches Verhalten, Meditation und Studium, welches zur Weisheit führt. Zumindest die beiden ersten sind nicht alleiniges Merkmal buddhistischer Überlieferungen. Jedoch nur die Weisheit des wahren Dharma, die auf den beiden anderen beruht, die Einsicht in das Wesen der Wirklichkeit, führt zur Befreiung aus Saṃsāra. Moralisch einwandfreier Lebenswandel, ob nun innerhalb oder außerhalb des buddhistischen Dharma, führt zu einer Wiedergeburt als Gott im Begierdebereich. Vollendung in der Meditation, die nicht mit Weisheit gepaart ist, führt zum Zustand der Götter der Bereiche Reiner Form und der Formlosigkeit.

Durch moralisches Verhalten erlangst du den Himmel;
Durch Meditation das glückliche Geschick eines Brahmā.
Erkennst du die Dinge, so wie sie sind,
Erreichst du den Zustand des Nirvāṇa.[47]

Von der fünften Reihe an aufwärts beschäftigt sich das Spiel hauptsächlich mit den Stufen der Wege zur Befreiung und weniger mit den Schicksalsfällen in der Welt.

Die religiösen Überlieferungen

Die verschiedenen spirituellen Wege entsprechen den unterschiedlichen Menschentypen. Nach dem von Atīśa entwickelten System sind drei allgemein charakterisierte Gruppen bekannt: 1. diejenigen, welche aufgrund guter Werke eine glückliche Wiedergeburt, in erster Linie einen himmlischen Zustand, anstreben; 2. diejenigen, welche für sich selbst die Befreiung aus Saṃsāra anstreben, und 3. diejenigen, deren Ziel die Befreiung aller Wesen ist.[48] Alle drei Gruppen werden innerhalb des Spiels als verschiedene religiöse Überlieferungen und als Richtungen innerhalb des Buddhismus dargestellt. Man muß die Einstellung des dritten Typus in sich entwickeln, wenn man zu den höchsten Ebenen des Spielfeldes gelangen will.

Wir können die verschiedenen Wege als Darstellungen der kulturellen Vielfalt der Menschheit ansehen. Zusätzlich zu den buddhistischen Pfaden gibt es die Bereiche der Barbaren, Hindus und der Anhänger des Bön (siehe Spielfelder 21—23). Das Barbarentum steht für fanatische Bilderstürmerei, Materialismus und/oder religiöse Verfolgung. Der Hinduismus würde dann der Setzung dauerhafter Prinzipien — wie ›Gott‹ und ›Seele‹ — entsprechen. In der mittelalterlichen Geschichte wurden die Muslime in Asien als Barbaren betrachtet, die durch Zentralasien und quer durch das nördliche Indien fegten und versuchten, die dortige Zivilisation zu zerstören. Deshalb werden die Barbaren innerhalb der Ikonographie als Turkvölker dargestellt. Das Spielfeld 21 ist das Eingangstor zur ›unaufhörlichen‹ Hölle, der allerschlimmsten der heißen Höllenwelten, der Vergeltung für die Zerstörung des Dharma. — Von diesem Spielfeld mag man allerdings auch zur Meisterung der hinduistischen Tradition fortschreiten. Wir dürfen darin eine Anerkennung der Tatsache erblicken, daß sich die Muslime durch indische Einflüsse zivilisieren ließen. Dieser Vorgang führte zum Aufblühen solch verfeinerter Mischkulturen wie der Sufi- und Sikh-Bewegung.

Die Bön-Religion ähnelt dem tibetischen Buddhismus am meisten; man kann dieses Feld auch als das natürliche Erbe des Schamanentums in allen Teilen der Welt verstehen, das sich als Reaktion auf den Missionseifer der überregionalen Religionen weiter differenziert hat. Die Bön-Religion in Tibet wie der Taoismus in China haben beide ihre modernen Formen als Reaktion auf den Buddhismus entwickelt, sowie auch der Peyote-Kult in Nord- und Südamerika eine Antwort auf das Christentum ist.

Es werden vier buddhistische Fahrzeuge dargestellt: diejenigen der ›Hörer‹ und der ›Einsamen Verwirklicher‹ in den Reihen fünf, sechs und sieben, und weiter nach oben ansteigend das Mahāyāna und seine tantrische Ausformung. Im Gegensatz zum Mahāyāna, dem ›Großen Fahrzeug‹, wird auf die beiden ersten manchmal als das »tieferstehende«, ›Kleine Fahrzeug‹ (skr. hīnayāna) Bezug genommen. Das ist ziemlich irreführend, denn wie wir gesehen haben —, werden alle Pfade als mehr oder weniger angemessen für die verschiedenen Charaktere auf jeder möglichen Entwicklungsstufe angesehen.

Im allgemeinen haben die Hörer (skr. śrāvaka) und die Einsamen Verwirklicher (skr. pratyekabuddha) Ziele, die Atīśas zweitem Weg entsprechen; sie streben allein für sich nach Erleuchtung (Hörer siehe Spielfelder 38, 39, 40 und 51; Einsame Verwirklicher siehe Spielfelder 43—47). Hörer sind diejenigen, welche den Unterweisungen des historischen Buddha folgen. Die größte noch bestehende der ursprünglich achtzehn Schulen nennt man ›jene, die der Lehre der Älteren nachfolgt‹ (skr. sthaviravādin; Pāli: Theravādin). ›Ältere‹ bezieht sich auf die älteren Mönche und Nonnen der buddhistischen Gemeinschaft zu jener Zeit, als sie sich in den ersten drei Jahrhunderten nach des Buddha Parinirvāṇa in verschiedene Schulen unterteilte.

Das Ziel der Hörer ist der Zustand des Arhat (siehe Spielfeld 51), die vollkommene ›Befähigung‹ oder — wie der Begriff in tibetischer Etymologie verstanden wird — die ›vollkommene

Überwindung des Feindes‹. Darunter ist die vollkommene Aufhebung karmischer Unreinheiten (skr. kleśa) sowie die Erlangung völliger Souveränität über die eigene karmische Bestimmung zu verstehen. Eine der »Fallen« dieses Spiels kommt durch die Neigung der Hörer und Einsamen Verwirklicher zustande, sich im ›Aufhören‹ (siehe Spielfeld 48) zu verfangen. In Folge des Sieges über die Wiedergeburt tritt man in ein statisches Nirvāṇa ein. Daß dies eine Falle ist, soll darauf hinweisen, daß die Praxis des Kleinen Fahrzeugs keine innere Verpflichtung für das Wohlergehen von anderen aufkommen läßt. Von der Stufe des Aufhörens aus ist es sehr schwierig, wieder zu erwachen und sich wie der Bodhisattva dafür zu entscheiden, alle Wesen zum Nirvāṇa zu führen, ehe man selbst Saṃsāra hinter sich läßt. In diesem vorbereitenden Fahrzeug besteht auch die Neigung zur Selbsttäuschung, aufgrund derer man als Folge von moralisch reinem Verhalten oder Fertigkeit in der Meditation in einen himmlischen Existenzzustand hineingeraten kann.

Die Einsamen Verwirklicher erlangen einen ähnlichen Arhat-Zustand (siehe Spielfeld 47) oder fallen in das gleiche Aufhören hinein. Im Unterschied zu den Hörern haben sie nicht das glückliche Geschick gehabt, während der Lebenszeit eines Buddha geboren zu werden. Zumindest in ihrem letzten Leben mußten sie ohne fremde Hilfe praktizieren und zu einem eigenen Verständnis des leeren Wesens des Selbst gelangen. Als Folge davon bringen sie ihre Einsichten nicht auf die Form fester religiöser Begriffe, wie beispielsweise die ›Vier Edlen Wahrheiten‹, sondern kommen zu einem unabhängigen Verständnis karmischer Gesetzmäßigkeit und der zwölfgliedrigen Kette des Entstehens in Abhängigkeit. Da sie die Einsamkeit gewohnt und nicht mit den gültigen Lehren vertraut sind, finden sie sich selbst nicht willens oder in der Lage, andere in größerem Ausmaß zu belehren — das heißt, die Aufgaben eines Bodhisattva auf sich zu nehmen.

Kurz gesagt ist für diese beiden Fahrzeuge eine Abneigung gegenüber der Existenz charakteristisch, während das Mahāyāna die Überwindung dieser Abneigung beinhaltet. Trotzdem ist es nicht angebracht, Hörer oder Einsame Verwirklicher als »tieferstehend« zu bezeichnen. Die tibetischen Meister räumen ein, daß diese beiden Fahrzeuge für jene Gruppe von Menschen die überlegenen sind, die aufgrund von Veranlagung und günstigen Umständen zu ihnen tendieren. Der Schüler des Mahāyāna, der das Fahrzeug der Hörer gegenüber jemandem herabsetzt, der kein Vertrauen zum Großen Fahrzeug hat, bricht damit sein eigenes Bodhisattva-Gelübde, indem er ein anderes Wesen vom Dharma abbringt.

Es wird tatsächlich gelehrt, daß alle Fahrzeuge verschiedene Aspekte ein und derselben Sache sind. Es heißt, daß die Unterscheidung, die in den wichtigsten Schriften zwischen den drei Formen — Hörer, Einsamer Verwirklicher und Bodhisattva — getroffen wird, rein praktischer Art und nicht in der höchsten Wahrheit begründet ist. Ein Beispiel dafür ist die Geschichte eines Vaters, der nach Hause zurückkehrt und sein Haus in Flammen vorfindet. Er steht auf der Straße und weiß nicht recht, wie er seine drei Kinder retten soll, von denen sich jedes in einem anderen Stockwerk aufhält. Die Kinder sind noch verspielt und unreif, und es bleibt keine Zeit, sie nacheinander ins Freie zu tragen. Der Vater ruft ihnen daher von draußen zu:»Hallo, kommt heraus! Ich habe Spielsachen für euch!« Jedem Kind verspricht er sein Lieblingsspielzeug — einen Wagen, der von einem Hirsch gezogen wird, einen Ziegenwagen und einen prächtigen Ochsenwagen. Als sie herauskommen, finden sie überhaupt keine Spielsachen vor; da werden sie darauf aufmerksam gemacht, daß das Haus um sie herum gebrannt hatte, und zur rechten Zeit erhält jedes den allerbesten Ochsenkarren.[50]

Dieses Gleichnis veranschaulicht die zweckmäßig angewandten Mittel des Buddha, der ein äußerst befähigter Lehrer war: Die höchste Wahrheitsstufe, bei der es um die Leerheit der Wirklichkeit geht, läßt sich nicht in all seinen Belehrungen wiederfinden, oder sie mag als solche nicht für jeden seiner Zuhörer offensichtlich sein. Es gibt, aufgrund ihrer verschiedenen Wahrheitsebenen und ihres verborgenen oder offenkundigen Charakters, eine komplizierte Einteilung der Schriften. Es ist jedoch von überragender Wichtigkeit, dem brennenden Haus von Geburt und Tod überhaupt zu entkommen. Die verschiedenen Fahrzeuge sind Aspekte des einen ›großen Fahrzeugs‹, das die mitfühlenden Lehren des Buddha beinhaltet und dessen Ziel die Befreiung aller fühlenden Wesen ist.

Der Aufbau dieses Spielfeldes beruht jedoch auf der *relativen* Wahrheitsebene. Hier müssen uns die Pfade des Kleinen Fahrzeugs zum Beginn des Mahāyāna führen (siehe Spielfeld 52), damit wir überhaupt einen nennenswerten Aufstieg erreichen können. Auf welche Art und Weise ist das Mahāyāna nun »größer«, und warum führt nur dieser Pfad auf dem Spielfeld ganz nach oben? — Es liegt im großen und ganzen an der Überlegenheit in Lehre und Praxis.

1. Während die Hörer und Einsamen Verwirklicher mit Erfolg die verblendete Ansicht von einem Selbst überwinden und den psychophysischen Organismus in seine Bestandteile (skr. dharmāḥ) zerlegen, zeigt das Mahāyāna auf, daß diese Bestandteile selbst vergänglich, voneinander abhängig und letztlich ohne einen bestimmbaren und festen Wesenskern sind. Sie sind ›leer‹.

2. Was das Mahāyāna unter den anderen Wegen zur Befreiung besonders auszeichnet, ist die Betonung des Bodhisattva-Weges, der durch ein Gelübde zur Rettung aller verpflichtet. Dieser Pfad führt zur Buddhaschaft. Er ist den Schulen der Hörer zwar bekannt, aber sie ließen es zu, daß ihre Praxis mit der Zeit zugunsten des leichter erreichbaren Arhat-Zustandes dieses Ziel aus den Augen verlor.

Aus der Sicht des Bodhisattva

»Ist niemand undankbarer als derjenige,
Welcher nicht beachtet,
Daß seine notleidenden Mitmenschen
Im Meer von Geburt und Tod
Wie in einem rasenden Wirbelsturm
Hinauf- und hinabgerissen werden,
Und nur seine eigene Befreiung verfolgt.«[51]

Ohne diese Einstellung des Bodhisattva gäbe es keine Lehre und keine Missionstätigkeit. Daher kann man auch keine der gegenwärtig existierenden buddhistischen Schulen mit vollem Recht als Kleines Fahrzeug bezeichnen, versuchen sie doch alle, anderen die Lehre zu bringen und ihnen zu helfen. Es ist gefährlich, das ›Fahrzeug der Hörer‹, wie es in diesem Spiel dargestellt wird, anders als sehr allgemein mit den Theravādin in Śrī Laṅka gleichzusetzen. Sie vertreten nur eine der achtzehn alten Schulen des Kleinen Fahrzeuges. Außerdem sind die Tibeter in früheren Jahrhunderten nicht mit den Theravādin in Berührung gekommen. Sa-pan, der indirekt etwas über die Mönche des Kleinen Fahrzeugs in Śrī Laṅka wußte, stellt das Fahrzeug der Hörer als eines dar, das potentiell zur Buddhaschaft führt. Zu seiner Zeit lebten in Indien Mönche verschiedener buddhistischer Schulen in einem Kloster zusammen; offensichtlich war ihr Lebensstil im Grunde genommen identisch.[52] Hätte der gebildete Tibeter zum Zeitpunkt der modernen Fassung von »Karma« das Kleine Fahrzeug mit irgendeiner bestimmten Schule gleichsetzen wollen, dann hätte er die Sarvāstivādin und die Sāutrāntika angeführt. Beide Schulen sind seit langem erloschen; ihre Schriften sind im tibetischen Kanon erhalten geblieben. Die Hörer lassen sich am ehesten mit einer psychologischen Haltung gleichsetzen, die Atīśas zweitem Personentypus entspricht: ein Hörer ist jemand, der geringere Erwartungen an den Pfad zur Befreiung stellt.

Wegweiser auf dem Pfad zur Erleuchtung

Einer alten Vorstellung zufolge, die allen Fahrzeugen gemeinsam ist, läßt sich der Weg zur Befreiung in fünf ›Pfade‹ einteilen:

1. Pfad der Ansammlung (skr. saṃbharamārga)
2. Pfad der Bemühung (skr. prayogamārga)
3. Pfad des Sehens (skr. darśanamārga)
4. Pfad der Meditation (skr. bhāvanāmārga) und
5. das ›Erreichen‹ selbst (skr. siddhi).

Diese Pfade werden auf dem Spielfeld sowohl im Fahrzeug der Hörer (siehe Spielfelder 38—40 und 51) als auch im Fahrzeug der Einsamen Verwirklicher (siehe Spielfelder 43—47) dargestellt. Das Erreichen, das auch ›Pfad des nicht mehr Lernens‹ (skr. aśāikṣamārga) genannt wird, steht hier synonym für den Zustand des Arhat (siehe Spielfelder 47 und 51).

Das Mahāyāna setzt sich aus den Fahrzeugen des Sūtra und Tantra zusammen. Da diese beiden Wege zur Buddhaschaft führen, werden sie auf dem Spielfeld ausführlicher dargestellt. ›Ansammlung‹ und ›Vorbereitung‹ sind in drei beziehungsweise vier Stufen unterteilt (für den Sūtraweg siehe Spielfelder 52—56 und 63—64; für den Tantraweg siehe Spielfelder 33, 41—42, 49—50 und 57—58). Diese beiden einführenden Pfade werden jedoch vom späteren System der ›Bodhisattva-Erden‹ (skr. bodhisattvabhūmi) überlagert. Im Sūtra Fahrzeug rückt man auf der linken Seite des Spielfeldes nach oben, beim Tantra auf der rechten. Die Bodhisattva-Erden zwei bis neun entsprechen dem ›Pfad der Meditation‹, die zehnte ist das ›Erreichen‹. Ist man dort angelangt, wird man ›Großer Bodhisattva-Held‹ genannt und ist nur noch einen Schritt von vollkommener Buddhaschaft entfernt.

Das Tantra fügt noch eine tiefer liegende Stufe hinzu (siehe Spielfeld 25); diese ist nicht nur Menschen, sondern auch Dämonen zugänglich, die von einem tantrischen Bodhisattva gewaltsam dazu bekehrt werden. Auf dem Spielfeld ist dieses die unterste Ebene, auf der man einen buddhistischen Pfad betreten kann; ein Hinweis auf die außerordentliche Wirksamkeit tantrischer Methoden. Andererseits betritt jemand unvermeidlich den Sūtra-Weg, wenn er im Tuṣita-Himmel (siehe Spielfeld 30) wohnt, denn hier hält sich der kommende Buddha Maitreya auf; viele Sūtra-Kommentare gehen auf ihn zurück.

Die Praxis der Sūtra-Abteilung innerhalb des Mahāyāna unterscheidet sich in ihren Anfängen nicht wesentlich von den beiden Kleinen Fahrzeugen. Sie legt jedoch Nachdruck auf die Entwicklung einer aktiveren Form des Mitgefühls, die sich dem Wohlergehen aller fühlenden Wesen verpflichtet fühlt; zudem richten sich ihre höchsten Meditationsformen auf das Erkennen der letztlichen Leerheit aller Erscheinungen. Der Bodhisattva entwickelt sich über zehn Stufen zu einem heldenhaften Retter der Welt und erfüllt damit das Ideal von Atīśas drittem Charaktertypus.

Die Tantra-Abteilung fußt auf den beiden gleichen Grundsätzen von Leerheit und Mitgefühl. Deshalb stellt das Spielfeld auch die fortschreitende tantrische Entwicklung durch die gleichen Pfade und Stufen dar.

Tantra wird auch als ›Fahrzeug des Mantra‹ (skr. mantrayāna) bezeichnet. Die Mantras, magisch wirksame Silbenstrukturen, sind grundlegende Hilfsmittel für das, was man vielleicht als Neugestaltung und Neuordnung der Realität in der Meditation bezeichnen kann. Das Tantra verfolgt die gleichen Ziele wie das Mahāyāna, die Praxis ist jedoch intensiver. Übungen zur Entwicklung von innerer Ruhe und Einsicht, Visualisierung und die Betrachtung der Leerheit aller

Erscheinungen werden in den anderen Fahrzeugen getrennt praktiziert, im Tantra jedoch zu einem einzigen Meditationsritual verbunden. Auf diese Weise wird der Pfad in das Ziel verwandelt. Ist die Meditation erfolgreich, so führt sie den Yogi zu einer tatsächlichen Erfahrung der Buddhaschaft. So ist dies der schnellste, aber auch der gefährlichste Pfad. Die tantrischen Gelübde und Regeln sind außerordentlich streng. Auf diesem Weg liegt die zweite »Falle« des Spielfeldes verborgen, die ›Vajra-Hölle‹ (siehe Spielfeld 1). Sie ist denjenigen bestimmt, die ihre tantrischen Gelübde brechen. Man kann auch auf die Stufe des Rudra (siehe Spielfeld 16) zurückfallen, der die höchste Form des Egoismus und der Verdrehung der Lehre verkörpert. Hier sind jene ansässig, die ihre magischen Fähigkeiten außerhalb der Grenzen moralischen Verhaltens und des Bodhisattva-Gelübdes zur Anwendung bringen. Yama (siehe Feld 9) und Mahākāla (siehe Feld 34) sind ebenfalls als Stationen auf dem tantrischen Pfad möglich; sie sind Verkörperungen der gleichen rasenden Energien, jedoch von Egoismus frei und dem Schutz des Dharma verpflichtet.

Wie auch beim Kleinen Fahrzeug kann die Meditation zu himmlischen Bewußtseinszuständen und/oder der Herrschaft über die Materie führen. Der tantrische Yogi kann die Vervollkommnung aller Wunderkräfte (skr. siddhi) erlangen und zu einem ›Wissenshalter‹ (skr. vidyādhara) werden (siehe neunte Reihe des Spielfeldes).

Vidyā steht für ›Wissen‹, so wie ›Weisheit‹ (prajñā) für die weibliche Form gebraucht wird. Die Wissenshalter sind Gestalten der indischen Mythologie uralter Zeit — eine außerordentliche Gruppe menschlicher Wesen, die im Gebirge lebten und magische Kräfte besaßen, beispielsweise die Fähigkeit zu fliegen. Tibetische Geschichtsschreiber verwenden dies als Hinweis auf die verborgene Existenz der Tantras in früher Zeit.[54] Zusätzlich zu den ›Wissenshaltern des Begierdebereiches‹ (siehe Spielfeld 67) präsentiert das Spiel noch einige weitere Formen, die sich aus dem tantrischen Fahrzeug entwickelt haben (siehe Spielfelder 68, 69 und 72). Auch die Meister aus der Tradition der Bön-pa und der Hindus werden als Wissenshalter betrachtet. Bei gleicher geistiger Entwicklungsstufe sind ihre Möglichkeiten jedoch begrenzter, weil sie durch ihr philosophisches System eingeengt werden (siehe Spielfelder 62 und 65). Im Gegensatz dazu sind die buddhistischen Wissenshalter Bodhisattva-Yogis auf dem Wege zur Buddhaschaft.

Verschiedene mythische und die Welt transzendierende Bereiche sind mit den beiden Mahāyāna-Wegen verknüpft. Drei Orte — in der Mitte der achten Reihe auf dem Spielfeld dargestellt — sollen auf der Erde liegen: Das Königreich Schambala in Zentralasien; der Berg Potāla als Wohnsitz der großen, heldenhaften Bodhisattvas Avalokiteśvara und Tārā auf einer Insel vor der südindischen Küste; und Urgyan, das Land der Ḍākiṇīs und der Geburtsort von Padmasaṃbhava im heutigen Pakistan (siehe Spielfelder 59—61). Innerhalb der drei darüberliegenden Reihen befinden sich die Buddhafelder. Jedes Buddhafeld ist ein Bereich, der von einem Buddha geläutert wurde und wo die höchsten Lehren gelehrt und leicht in die Praxis umgesetzt werden können. Es heißt, daß die Erde zu Śākyamunis Lebzeiten ein Buddhafeld war.[55] Im allgemeinen nimmt man jedoch an, daß die Buddhafelder nicht in den Bereich des Meru-Weltsystems fallen, da sie jenseits von Saṃsāra liegen.

Die in diesem Spiel abgebildeten Felder sind von den fünf Buddhas erschaffen, die im Vajrayāna als die Oberhäupter der tantrischen ›Familien‹ gelten. Von diesen scheinen nur das »Westliche Paradies des Amitābha« und das »Nördliche Reich des Akṣobhya« Gegenstand einer weitverbreiteten kultischen Verehrung gewesen zu sein. Zwei weitere sind ziemlich unbekannt und vielleicht von den Tibetern dazu erfunden, um das Schema zu vervollständigen. Vor der Wiedergeburt hält sich der Gläubige in einem Buddhafeld auf, damit er den Weg zur Erleuchtung abkürzen kann. Diese Praxis ist für unsere Zeit, in der es so viel Ablenkung gibt, angemessen. Innerhalb des Spieles machen die Spieler einen Sprung zu diesen höchsten Stufen (siehe Spielfelder Nr. 70, 76, 77 und 85).

Im fünften Buddhafeld, dem ›Höchsten Reinen Land‹ (skr. akaniṣṭha), erhält der Bodhisattva der zehnten Erde die abschließende Unterweisung durch den Buddha (siehe Spielfeld Nr. 84). Der Buddha verkörpert sich an diesem Ort in der Erscheinungsform des ›Genußkörpers‹ (skr. saṃbhogakāya), dessen wunderbare Merkmale nicht von gewöhnlichen Geschöpfen wahrgenommen werden können. Von dort aus erlangt der Bodhisattva den ›Großen Wahrheitskörper‹ (skr. dharmakāya), welcher dem ungetrübten Wesen des Erwachens entspricht (siehe Spielfeld 93). Dann manifestiert er sich im ›Großen Genußkörper‹ (siehe Spielfeld 92) und schließlich in den Körpern ›physischer Erscheinung‹ (skr. nirmāṇakāya; siehe Spielfeld 97).

Diesen letzten ›Kāya‹ sollte man pluralisch verstehen, denn tatsächlich zeigen unzählige Buddhas in ebenso vielen Weltsystemen den Weg zum Nirvāṇa auf. Die Taten eines historischen Buddha, die entlang der obersten Reihe des Spielfeldes dargestellt sind, orientieren sich an dem Beispiel, das Śākyamuni bei seinem Aufenthalt auf der Erde gegeben hat. Schließlich tritt man in das Nirvāṇa ein (siehe Spielfeld 104).

Das Spielfeld versinnbildlicht eine sehr komplexe und vielschichtige Weltanschauung, die sich in Indien und Tibet im Laufe von Jahrhunderten entwickelt hat. Man könnte dazu noch viel erklären; das würde jedoch die Grenzen dieser Einführung sprengen, denn es würde im wesentlichen das gesamte buddhistische Gedankengut enthalten müssen. Wir sind hier der Meinung, daß die Spielfeldkommentare genügend Material liefern, das es dem Leser ermöglicht, den Geschehnissen während des Spielverlaufes zu folgen und zu einer eigenen fundierten Deutung kommen zu können.[57]

Das Bild

Pema Dorje, der Künstler, der das vorliegende Spielfeld gemalt hat, ist ein junger Tibeter. Er lebt augenblicklich im indischen Exil in dem Himalajadorf Manali und in einem Flüchtlingslager im indischen Bundesstaat Orissa. Er gehört der letzten Generation von Tibetern an, die in ausschließlich überlieferten Formen die Dinge systematisch anordnen und künstlerisch gestalten können. Das Bild wurde sehr sorgfältig mit traditionellen Materialien ausgeführt.

Der tibetische Begriff für ein Gemälde auf Stoff (tibet. thaṅ-ka; sprich: thangka) weist auf ein Rollbild hin.[58] Das Thangka ist ein gemaltes, gesticktes oder appliziertes Bild, das für den Transport von unten nach oben aufgerollt werden kann. In Tibet und Indien war es ein traditioneller Bestandteil in der Ausrüstung von reisenden Lehrern und Geschichtenerzählern. Das Bild des Lebensrades ist in den Höhlen von Ajanta gefunden worden. Es ist ein bleibendes Beispiel für diese Art von Bildern, die zur Illustrierung der Lehren dienen. In ähnlicher Weise berichten biographische Darstellungen vom Leben des Buddha; sie sind aus den Formen der indisch-griechischen Kunst der Gandhāra-Epoche entstanden. Moderne tibetische Darstellungen zur Lebensgeschichte des Buddha oder anderer Heiliger sind hochstilisiert; oberhalb der Zentralgestalt geben sie deren Überlieferungslinie und inspirierende Wesen wieder, entlang des Randes im Uhrzeigersinn Szenen aus ihrem Leben und unterhalb Schüler, Andächtige und Beschützer (skr. iṣṭadevatā; tibet. yi-dam).

Thangkas werden auch über dem Schrein aufgehängt. Sie dienen dann der Verehrung und werden von Yogis als Hilfe für die Visualisierung in ihrer Meditation verwandt. Im tantrischen Bereich hat das Bild — obwohl es fast immer rechteckig ist — den Aufbau eines Maṇḍala, in das die Zentralfigur hineingesetzt ist. Wird das Mandala bei Initiationen verwandt, so wird es häufig mit gefärbtem Sand auf den Boden gemalt; damit wird die schönste tibetische Kunst zu einem Beispiel für die Gesetze der Vergänglichkeit.

Tuccis Feststellung gemäß, wonach das »tibetische Bild vor uns die Symbole spiritueller Ebenen ausbreitet«[59], liegt das Spielfeld vor uns. Auf der Kopfseite sind Symbole jener erhabenen Bereiche dargestellt, mit denen sich die Tibeter besonders gerne identifizieren: Buddhas in ihrer physischen Erscheinungsform. Links ist der Buddha des grenzenlosen Lichts (skr. amitābha), der Herrscher des westlichen Paradieses, dem ›Land der Beseligung‹ (skr. sukhāvatī; siehe Spielfeld 77) dargestellt. In der Mitte befindet sich ein Stūpa, die letzte Ruhestätte eines Buddha oder allgemein ein Reliquienschrein, in dem die physischen Überreste eines Heiligen nach seiner Verbrennung oder Einbalsamierung oder auch heilige Bücher aufbewahrt werden. Stūpa wurde aus dem Sanskrit mit der tibetischen Entsprechung ›Stütze der Verehrung‹ (tibet. mchod-rten; sprich: Tschörten) übersetzt; diese Übersetzung ist eine treffende Beschreibung der Funktion eines solchen Stūpa. Rechts ist Padmasaṃbhava zu sehen, der als der zweite Buddha unseres Zeitalters angesehen wird; er hält Vajra, Schädelschale und Dreizack in seinen Händen. Jede Figur hat einen dunkelblauen Heiligenschein mit goldenen Strahlen; der Stūpa wird noch von einem größeren Heiligenschein aus Flammen umgeben. Die beiden menschlich dargestellten Figuren haben zusätzlich noch einen Strahlenkranz um ihren Kopf. Alle drei sind in den Wolken, außerhalb der Erde dargestellt und befinden sich in Buddhafeldern, wie man aus den prächtigen Bauten, Pavillons und Gartenanlagen ersehen kann. Von den bildlichen Darstellungen solcher Figuren und den Skulpturen von Stūpas sagt man, daß sie die ›Befreiung durch Sehen‹ hervorrufen, wenn man sie mit einer spirituell entwickelten und geläuterten Vorstellungskraft wahrnimmt.

Die Bilder wurden von Werkstätten und Schulen innerhalb der Klöster oder von Künstlern aus Laienfamilien gemalt, die von religiösen Institutionen oder Gönnern beauftragt wurden. Häufig besuchten fahrende Künstler verschiedene Gebiete; sie malten in unterschiedlichen Stilen und wählten ihr Motiv je nach Nachfrage. Die Malerei wird bis heute als eine Fähigkeit des wohl ausgebildeten Mönches angesehen.

Ein Thangka wird gewöhnlich auf Leinwand gemalt; gelegentlich findet auch Seide Verwendung. Der Stoff wird mit Garn auf einen Holzrahmen gespannt. Indische Handbücher führen drei rechteckige Maße auf, die jedoch kaum befolgt werden.[60] Das Tuch wird mit Löschkalk bestrichen, der mit Knochenleim oder Gummiarabikum vermischt worden ist; dieser Vorgang wird mehrere Male auf jeder Seite wiederholt, bis der Stoff gut durchtränkt ist. Ist der Kalk hart geworden, wird er mit einer Muschelschale glattgeschliffen. Auf diese Weise wird die Oberfläche glatt und blank, und der Hintergrund ist kalkweiß.

Die Umrisse werden traditionell mit Kohle gezeichnet; für dieses Thangka wurde jedoch ein Bleistift benutzt. Die ikonographische Größe und die Umrisse sind durch die Anweisungen der entsprechenden Texte genau festgelegt, denn sonst wäre das Bild für Kultus und Meditation unbrauchbar. Die Ikonometrie dieser Bilder ist eine Wissenschaft für sich: die Übung wäre ohne Grundlage, wiche man von den exakten Formen ab. Astrologie mit Rechenfehlern und Medizin ohne Diagnose sind schließlich ebenso unbrauchbar. Die Arbeiten über Ikonometrie handeln jedes Detail ab.[61] Die meisten Maler jedoch sind keine Experten auf diesem Gebiet. Deshalb stellen die Klöster ihnen Umrißzeichnungen zur Verfügung, die von Holz- oder Metall-Druckstöcken abgedruckt wurden.

Die Gestaltung der Linien im Raum spiegelt den Wesenskern der Dinge wider. Die linearen Formen sind Ausdrucksformen der Leerheit, die mit symbolischen Zeichen und Farben ausgefüllt werden. Die Originalität des Künstlers äußert sich nur bei außerkanonischen Darstellungen oder in den Einzelheiten von Form und Farbe von Landschaften und Gebäuden, die den stilisierten Rahmen für die dargestellten Buddhas liefern. Im Idealfall sollte der Maler sich beim Malen aus der Leerheit heraus erschaffen, nachdem er sich meditativ mit dem Gegenstand seines Bildes identifiziert hat. Das Bild sollte sich als Antwort auf eine echte innere Schau und in Einklang mit den rituellen Meditationsformen entfalten. Je gelehrter und in der Meditation fortgeschrittener der Maler selbst ist, desto stärkere spirituelle Wirkung üben seine Bilder aus. Der Arbeitsraum sollte wie ein Meditationsraum hergerichtet werden.

Ist das Tuch vorbereitet, wird die Umrißzeichnung darübergelegt und mit einer Nadel durchstochen; der Umriß wird dann zuerst mit Kohle, anschließend mit roter oder schwarzer Tinte nachgezeichnet. Sich überschneidende Dreiecke garantieren die Genauigkeit der Maße; auch die Rechtecke des Spielfeldes sind auf diese Weise entstanden. Russische Ikonenmaler und byzantinische Künstler gingen bei ihren Arbeiten sehr ähnlich vor; dieses Verfahren scheint mit den mongolischen Eroberungszügen in den Westen gelangt zu sein.

Die Umrisse werden mit Farbe ausgefüllt, was wiederum in Einklang mit den überlieferten Vorschriften geschieht. Diese Arbeit wird häufig von Schülern übernommen. Der Meister führt die Arbeit dann zu Ende und fügt dem Heiligenschein oder den Schmuckstücken der Hauptfiguren die feinen Goldstriche hinzu. Es werden überwiegend Mineralfarben verwandt, einige Farben sind jedoch auf pflanzlicher Basis hergestellt. Die wichtigsten Farben sind Kalkweiß, Rot aus Zinnober, Gelb aus Arsen oder Schwefel, Grün aus Vitriol, Scharlachrot aus Karmin und Blau aus Lapislazuli. Sie werden in einem Mörser zerstoßen und mit Kalk vermischt; damit sie haltbarer werden, wird Leim hinzugemischt. Der Pinselgriff ist entweder aus Bambus oder aus Tamariske, die Spitze ist aus Tierborsten, die mit Leim und einem Seidenfaden zusammengehalten werden. Die Figur sollte an einem glücksverheißenden Tag gezeichnet werden, besonders am fünfzehnten Tag eines Mondmonats, dem Vollmond. Die Augen werden zuletzt eingefärbt; dies wird von einer besonderen Zeremonie begleitet.

Das fertiggestellte Thangka wird in einen Rahmen aus roten, gelben und blauen Seiden- und Brokatstreifen eingenäht; diese entsprechen den Regenbogenfarben, dem Licht des Himmels und dem Glanz der göttlichen Wesen. Die Farben sollten so ausgewählt werden, daß sie das Auge in das Bild hineinführen. Manchmal wird ein Stück Stoff in der Komplementärfarbe auf die untere Umsäumung genäht. Das ist das »Eingangstor« in die Welt des Thangka. An der Unterseite befindet sich ein Stab zum Aufrollen, dessen Enden von Messing- oder Silberknöpfen geziert sind. Von oben hängt ein Seidenschleier über das Bild, der seine Oberfläche vor dem Rauch der Butterlampen schützen soll, die auf dem Altar vor dem Bild brennen. Bei Wind kann man dieses Tuch mit zwei Bändern festbinden.[62]

Das Thangka muß in einer zeremoniellen Weihung mit Leben erfüllt werden. Die Hauptgottheit wird angerufen und ihr Geist mit Hilfe einer Segnung aus Mantras, Blumen und Wasser in das Bild herabgezogen; dabei wird das Wasser auf ein Spiegelbild des Gemäldes und nicht direkt auf den Stoff gesprenkelt.[63]

Das Bild für dieses Spiel entstand 1971, als der Künstler, ein verheirateter Laienanhänger, vierundzwanzig Jahre alt war. Das Originalthangka ist ungefähr 47 x 50 cm groß. Sein Entwurf und seine Ausführung sind eine Glanzleistung — ein Wunder an Kunstfertigkeit, Kenntnis der Tradition und tibetischer Erfindungsgabe. Gemeinsam mit einem charakteristischen Bild oder Symbol ist der Name einer jeden Wiedergeburtsstufe in Druckschrift in die Mitte oder an den unteren Rand des jeweiligen Spielfeldes gedruckt. Die sechs Buchstaben des tibetischen Würfels sind von links nach rechts in den Ecken verzeichnet:

ས་	ཨ་	ག་	ད་	ར་	ཡ་
SA	A	GA	DA	RA	YA

Bei jedem dieser Buchstaben steht in Schreibschrift der Name des Feldes, wohin die entsprechende Würfelzahl führt. In den folgenden Spielanleitungen sind die sechs Buchstaben mit arabischen Zahlen wiedergegeben, wobei »eins« und »zwei« die ersten und besten Würfe sind. Daher kann ein westlicher Würfel Verwendung finden.

Das Spiel wurde von John Weir Hardy, der in Indien lebt, erworben. Jody Kent hat es nach Nordamerika gebracht und große, erleuchtete Anstrengungen unternommen, damit es erscheinen konnte.

Anmerkungen zur Einführung

1. Ein Augenzeuge berichtet, daß jeder dritte chinesische Soldat ein Gewehr trug; die übrigen waren mit Schaufeln bewaffnet. Auch die britische Expedition von 1904 sollte erwähnt werden (siehe Peter Fleming, *Bayonets to Lhasa.* — New York, 1961). Die Briten hatten jedoch nur einen geringen kulturellen Einfluß auf Tibet. Tatsächlich kam es für die Tibeter ziemlich überraschend, daß die Briten nach all der Zeit und dem Aufwand, womit sie die Regierung in Lhasa zur Kapitulation zwingen wollten, im wesenlichen nichts anderes als die Eröffnung einer diplomatischen Mission und einer Handelsniederlassung verlangten. Im Unterschied dazu unterhielten die Chinesen eine große Garnison, was eine immer weiter um sich greifende Inflation der Lebensmittelpreise bewirkte und für die allgemeine Bevölkerung mit großer Not verbunden war. Wenn die Bevölkerung von Lhasa die beiden Besatzungsmächte miteinander verglich, dann sagte sie: »Bekommst du mit einem Skorpion zu tun, dann erscheint dir der Frosch göttlich.« Die beste Einführung in das Land Tibet ist: R. A. Stein, *Tibetan Civilisation,* Stanford, Calif., 1972. — Siehe auch David Snellgrove und Hugh Richardson, *A Cultural History of Tibet,* New York, 1968.

2. Siehe Mircea Eliade, *Schamanismus und archaische Ekstasetechnik,* Zürich und Stuttgart, 1957, S. 406 ff., Neuauflage Frankfurt, 1975; sowie Kommentar und Anmerkung zu den Spielfeldern Nr. 23 und 65.

3. Tsepon W. D. Shakabpa, *Tibet: a Political History,* New Haven, Conn., S. 26—36; Paul Demiéville, *Le Concile du Lhasa,* Bibliothèque de l'Istitute des Hautes Etudes Chinoise, Vol. 7, Paris, Impr. Nat. 1952, besonders S. 167 ff.

4. Über diesen Redewettstreit siehe Demiéville ebd.; G. Tucci, *Minor Buddhist Texts* II, Serie Oriental Roma Vol. 9, Rom, Instituto Italiano per il Medio ed Estremo Oriente, abgekürzt SOR ISMEO 1958; Bu-ston, *History of Buddhism,* Heidelberg, 1931, 1932 Nachdruck von der Suzuki Research Foundation, Reprint Series Vol. 5, Tokio, S. 191 ff. Die Überlieferungslinie des Ch'an Meisters, welchem der tibetische König den Auftrag erteilte, von Tung Huan aus die chinesische Seite zu verteidigen, konnte nicht genau bestimmt werden. Der Meister kann entweder dem nördlichen oder dem südlichen Ch'an angehört haben. Die Unterscheidung mag in seinem zentralasiatischen Heimatland unter Umständen gar nicht existiert haben; dieses wurde in jener Zeit von den Tibetern beherrscht und war von den Ch'an Schulen im China der T'ang Dynastie abgeschnitten. Die Rivalität zwischen den verschiendenen Ch'an Schulen unter chinesischer Kaiserherrschaft scheint, für den Nicht-Sinologen, mehr auf ihrem Existenzkampf aufgrund des beschränkten Spielraumes und mangelnder finanzieller Unterstützung der Buddhisten durch den kaiserlichen Hof zu beruhen als auf irgendwelchen wesentlichen Abweichungen in

Lehre oder Praxis — beispielsweise, ob die Meditation nur im Sitzen oder ständig ausgeführt wird. Die Früchte des Erfolges gingen an Shen-Hui, den Verteidiger der südlichen Schule. Die Tibeter sahen keine Unterschiede zwischen den Ch'an Schulen. Für sie war Ch'an etwas Quietistisches. Während in China die Betonung, die das Ch'an auf die Meditation legte, eine natürliche Reaktion auf die übertriebene Gelehrsamkeit und die politische Verwicklung der miteinander konkurrierenden Schulen war, hatte es in Tibet niemals eine solche Situation gegeben, weil der Vorgang des Übersetzens und wissenschaftlichen Untersuchens gerade erst angelaufen war. Die Sichtweise der chinesischen Gruppe, daß die Wurzel von Saṃsāra der begriffsbildende Geist ist, und daß mit Hilfe der Meditation ein Geisteszustand erlangt werden kann, der — nicht von Vorstellungen erschüttert — zur Befreiung führt, steht nicht im Widerspruch zum indischen Mahāyāna. In tibetischen Geschichten und dramatisierten Tänzen, die sich um die Einführung des Buddhismus drehen, wird der chinesische Mönch jedoch als ein Clown dargestellt, der heiligen Texten, welche gegen ihn angeführt werden, einen Fußtritt versetzt; statt dessen lehrt er, daß der Schlaf oder unbewußte Geisteszustand das Wichtigste ist. Seine Ablehnung von intellektueller Tätigkeit, von Studium und praktischer Moralanwendung war für das Tibet seiner Zeit nicht angebracht. In China wurden die Ch'an Klöster zu Hochburgen für alle buddhistischen Lehren und Praktiken, nachdem das Gelehrtentum später durch eine kaiserliche Verfolgung zerstört war und die meisten Kontrahenten des Ch'an von der Bildfläche verschwunden waren. Die Ch'an-Zen Überlieferung hat wahrscheinlich mehr Literatur als alle anderen Schulen gemeinsam hervorgebracht. Siehe Mark Tatz, *T'ang Influence During the Early Spread of Buddhism in Tibet,* Vancouver, 1975, unveröffentlichte Examensarbeit, Department of Religious Studies, University of British Columbia, S. 20 ff.

5. Li An-Che, *The Bka'-brgyud Sect of Lamaism,* in Journal of the American Oriental Society, Vol. LXIX, 1949, S. 51.

6. Eine Übersetzung dieser Arbeit, mit den Versen und eigenem Kommentar, liegt vor als Doktorarbeit von Fr. R. F. Sherburne, Asian Languages, University of Washington, Seattle.

7. *Biography of Dharmasvamin,* übersetzt von G. N. Roerich, Patna, K. P. Jayaswal Research Institute, 1958.

8. Über Sa-pan und die Geschichte der Sakya-pa siehe sein *A Treasury of Aphoristic Jewels,* aus mongolischen Quellen übersetzt von James Bosson, University of Indiana, 1969, S. 2—7; G. Tucci, *Tibetan Painted Scrolls,* im folgenden abgekürzt TPS, Rom, Libreria dello Stato, 1949, S. 7—17 (darin ist der »Brief an die Tibeter« vollständig übersetzt); Shakabpa, op. cit. S. 61 ff; Stein, op. cit. S. 163; *Sa-skya-pa'i Bka'-'bum,* darin wird Sa-pans Sieg über die Hindus dargestellt, Tokio, 1968, Vol. V; zu Pag-pa siehe Tashi D. Densapa, *'Gro-mgon Chos-rgyal 'phags-pa, Blo-gros Rgyal-mthsan,* University of Washington, 1972, unveröffentlichte Magisterarbeit.

9. Garma C. Chang, Übersetzung, *The Hundred Thousand Songs of Milarepa,* New York, 1962; Neuauflage Boulder und London, 1977, im folgenden abgekürzt *Milarepa*; Rolf Stein, *Vie et chants de 'Brug-pa kun-legs le yogin,* Paris, 1972; John Ardussi, *'Brug-pa kun-legs, the Saintly Tibetan Madman,* Seattle, Washington, University of Washington, unveröffentlichte Magisterarbeit.

10. Mit der Zustimmung des gegenwärtigen Bdag-chen Rinpoche aus der königlichen Sakya-Familie wird Sa-pan von Lamas der Sakya-Überlieferung als der Erfinder des Spiels benannt. Das geht auch aus einem Hinweis von Sarat Chandra Das in *Journey to Lhasa and Central Tibet* hervor, Royal Geographic Society, hrsg. von W. W. Rockhill, London, 1902, S. 260.

11. Über die fünf Pfeile von Mañjuśrī siehe Alex Wayman, *The Buddhist Tantras,* New York, 1973, Kap. 15.

12. Sñigs-ma, kaṣāya, ›verschmutzt‹, ›von fauler Substanz erfüllt‹ siehe *Mahāvyutpatti,* im folgenden abgekürzt MHV, hrsg. von Sakaki Ryōzaburō, Kyoto, 1916, Nachdruck Suzuki Research Found., Nr. 2335.

13. Thubten Jigme Norbu, *Tibet — Verlorene Heimat,* Wien, Berlin und Frankfurt/M., 1960, S. 95.

14. Stewart Culin, *Report of the National Museum,* Washington D. C., Smithsonian Institution, 1893, S. 504—507; 1896, S. 820 f. — Für diese und die nächsten drei Quellenangaben Dank an den beneidenswert gründlichen Gelehrten John W. Hughes von der University of Washington.

15. Ebd. 1893, S. 503.

16. Stewart Culin, *Games of the Orient,* Philadelphia, 1895, S. 76.

17. Zitiert nach H. J. R. Murray, *A History of Chess,* Oxford, 1913, S. 34.

18. Harish Johari, *Līla — Das kosmische Spiel,* Basel, 1977, Nr. 61 und 13.

19. Culin, *Games,* op. cit. S. XVIII.

20. L. Augustine Waddell, *The Buddhism of Tibet or Lamaism,* Cambridge, Mass., 1939, S. 471 ff. Das hier abgebildete Spiel, das wahrscheinlich verstümmelt ist, hat sechsundfünfzig Felder. Der Autor sieht darin eine Absicht der Lamas, Geld aus den Verwandten Verstorbener herauszuholen. Für diesen Zweck gibt es kein Spielbrett; es existieren allerdings Spielfelder für die Voraussagen von unmittelbar bevorstehenden Entscheidungen in diesem Leben. — Siehe Emil Schlagentweit, *Buddhism in Tibet,* Nachdruck von Susil Gupta, London, 1968, Kap. XVII. Nach Waddells Zeit ist der Text ›Das Überqueren des Bardo‹ entdeckt worden, der im Westen unter dem Titel *Das Totenbuch der Tibeter* bekannt wurde. Dieser Text enthält Rituale und Anweisungen, welche für Verstorbene anzuwenden sind. Sarat Chandra Das hat *Karma* im Jahre 1904 richtig als ein Spiel erkannt; loc. cit. siehe Anmerkung 10.

21. *Majjhima-Nikāya, Die Lehrreden der Mittlern Sammlung,* übersetzt von Karl Eugen Neumann, Leipzig, 1892, S. 13 f.; übersetzt von Kurt Schmidt, Hamburg, o. J., s. 17 f.

22. *Dīgha-Nikāya, Die Lehrreden der längeren Sammlung,* übersetzt von Otto Franke, Göttingen, 1913, S. 7—24.

23. In Sanskrit herausgegeben von Raghu Vira und Lokesh Chandra, *Kālacakratantra and Other Texts,* Teil 1 und 2, New Delhi, International Academy of Indian Culture 1966; siehe auch Quellenangaben zum Spielfeld 59; vgl. auch Csoma de Koros, *On the Origin of the Kālacakra*

System, in Journal of the Asiatic Society of Bengal, im folgenden abgekürzt JASB, II, 57; *A Grammar of the Tibetan Language in English,* Calcutta, 1834, Nachdruck Altai Press, S. 192.

24. *Tohoku Catalogue of the Tibetan Buddhist Canon,* Sendai 1934, Nr. 4322; siehe auch im Kommentar von Pad-dkar Yid-bzhin dbaṅ-po, *Dbyaṅs-'char 'grel-pa,* hrsg. mit einer Einführung in englischer Sprache von Sonam Kazi, Gangtok, 1970.

25. siehe Kommentar zu Spielfeld 59.

26. Über militärisch angewandte Magie siehe Sonam Kazi, hrsg. und mit einer Einführung versehen, Encyclopedia Tibetica: *The Collected Works of Bo-doṅ pan-chen Phyogs-las rnam-rgyal,* New Delhi, Tibet House, Vol. 2 und 5.

27. Zu Wahrsagespielen siehe die Quellenangaben zu Anmerkung 20 oben. Die gleichen Quellen gelten auch für andere Hilfsmittel der Zukunftsschau. Waddells Arbeit ist immer noch der beste Bericht über Astrologie. Zu diesem Thema siehe die entsprechenden Kapitel in René de Nebesky-Wojkowitz, *Oracles and Demons of Tibet,* Den Haag, 1956; David Snellgrove, *The Nine Ways of Bön,* London, 1967, vgl. besonders den »ersten Weg«; Sir Charles Bell, *The People of Tibet,* Oxford, 1928; über Zukunftsschau mit Hilfe von Blitzen siehe J. Bacot, *La Table de Présage signifiés par l'éclair* in Journal Asiatique, im folgenden abgekürzt JA, 1913, S. 445 ff. Über Zukunftsschau mit Hilfe von Vögeln, B. Laufer, *Bird Divination among the Tibetans* in T'oung Pao, im folgenden abgekürzt TP, Nr. 15 von 1914, S. 1—100; Nebesky-Wojkowitz (s. o.) bringt andere Quellenangaben, siehe S. 455 Anm.

28. *Sa-gnon rnam-bzhags.* Da ein Paṇḍit das Spiel erdacht hat, können wir den Sanskrit-Namen erschließen: *bhūmyākramaṇa-vyavasthāpana.* Das bhutanesische Spiel ist bekannt unter dem Titel *Sa lam rnam-bzhags, ›Bestimmung der Pfade zu den Stufen‹,* denn sein Ziel ist die Aufeinanderfolge der Bodhisattvastufen am oberen Ende des Spielfeldes.

29. siehe zum Beispiel Alfonsa Ferrai, *mK'yen-brtse's Guide to the Holy Places of Central Tibet,* ergänzt von L. Petech und H. L. Richardson, SOR Vol. 16, Rom, ISMEO, 1958; sowie T. V. Wylies Ausgaben und Übersetzungen von Teilen des *'Dzam-gliṅ rgyas-bshad* ›Extensive Explanation of Jambu Island‹ von Lama Btsan-po: *The Geography of Tibet,* SOR Vol. 15, Rom, ISMEO, 1962; *A Tibetan Religious Geography of Nepal,* SOR, Rom, ISMEO, 1970.

30. Über Entstehen in Abhängigkeiten siehe Lama Anagarika Govinda, *Grundlagen tibetischer Mystik,* Zürich und Stuttgart, 1957, 291 ff.; Taschenbuchausgabe Frankfurt 1976; Geshe Lhündub Söpa und Jeffrey Hopkins, Hrsg., *Der Tibetische Buddhismus,* Düsseldorf/Köln, 1977.

31. Die beiden vorangegangenen Absätze sind wiedergegeben nach S. H. XIV. Dalai Lama, *Das Auge der Weisheit,* Bern, München, Wien, 1975, S. 39 ff.

32. Der buddhistische Begriff *›Karma‹, ›Tat‹,* unterscheidet sich vom Gebrauch des Begriffes *›Karma‹* als *›soziale Verpflichtung‹* innerhalb der Schulen des theistischen Hinduismus, wie etwa in der Bhagavad Gītā.

33. Aus ›The Stanzas of Dhārmika Subhūti‹ hrsg. von Paul Mus, *La lumière sur les Six Voies,* Paris, Université de Paris, Travaux et Mémoires de l'Institute d'Ethnologie XXXV, 1939, S. 216 f.

34. Paul Mus, ebd.; ›The Scripture on Mindfulness of the True Doctrine‹ (saddharma-smṛti-upasthāna-sūtra), in Teilen untersucht von Lin Li-Kouang, *L'Aide-mémoire de la Vraie Loi, Dharma-samuccaya, Compendium de la Loi,* Vol. I, Publication de Musée Giumet Bibliothèque d'Etudes Vol. 53, Paris, 1946; Daigan und Alicia Matsunaga, *The Buddhist Concept of Hell,* New York, 1972; Vasubandhu, *Abhidharmakośa* übersetzt von Louis de la Vallée-Poussain, Société Belge d'Etudes Orientales, Paris, 1923—1931, besonders Kap. 3 und 4.

35. Lin, op. cit. S. 246 ff.

36. Ebd., S. 68 ff.; Govinda, op. cit. Abb. S. 287 und Beschreibung S. 285 ff.

37. Śāntideva, *Bodhicaryāvatāra* Kap. V Vers 1—3, Sanskrit und Tibetisch, hrsg. von V. Bhattacharya, Bibliotheka Indica, Calcutta, The Asiatic Society, 1960; engl. Ausgabe unter dem Titel *Entering the Path of Enlightment,* übersetzt von Marion L. Matics, New York, London, 1970; neue engl. Ausgabe unter dem Titel: *Engaging in the Bodhisattva's Way of Life,* übersetzt von Jampa Tupkay und Geshe Ngawang Dargay, Tibetan Library of Works and Archives, Dharamsala, 1978.

38. Lin, op. cit. S. 246 ff.

39. A. K. Warder, *Indian Buddhism,* Delhi, 1970, S. 127; zu den sieben Bewußtseinsstufen, von denen dies die erste ist, siehe auch *Abhidharmakośa,* III, S. 16 ff.

40. In Sa-Pans Spiel werden der Bereich der Reinen Form und der Bereich der Formlosigkeit nicht so benannt. Es hat statt dessen die acht Stufen der Versenkung und die acht Gleichwerdungen, sowie zusätzlich ein Feld, das die ›langlebigen Götter‹ genannt wird.

41. Zu Brahmā siehe Warder, op. cit. S. 143 f.; *Abhidharmakośa* III S. 17 und VIII S. 188 ff; Etienne Lamotte, *Histoire du Buddhisme Indien,* Bibliothèque du Muséon, Vol. 43, Louvain, 1958, S. 761. — Die buddhistische Literatur scheint das Neutrum *brahman,* das absolute Prinzip des Vedānta, nicht zu kennen. Dieses hier vorliegende Maskulinum *brahmā* ist jedoch nicht mit der vedischen Gottheit gleichen Namens aus dem Himmel der Dreiunddreißig identisch. Es scheint dem absoluten Prinzip der Hinduschulen zu entsprechen, läßt jedoch den Genuswechsel außer acht, weil sonst eine hübsche Geschichte verdorben wäre.

42. In Sa-pans Spiel sind die Buddhafelder und Devabereiche einer Gruppe zugeordnet. Diese Abweichung könnte daher nicht auftreten, auch wenn der Akaniṣṭha dort nicht in dieser Form dargestellt wird.

43. Die Maßeinheit *yojana* schwankt dem Text zufolge zwischen vier und sechzehn Meilen. Siehe M. McGovern, *A Manual of Buddhist Philosophy,* New York, 1923, S. 42 f. Zum Meru-System siehe ebd. Teil I; *Abhidharmakośa,* Kap. III; R. Spence Hardy, *A Manual of Buddhism,* London, 1853; Jamgon Kongtrul, *The Torch of Certainty* übersetzt von Judith Hanson, Boulder und London, 1977, S. 97 ff. In der sich anschließenden Beschreibung sind solche Einzelheiten wie Maße und Entfernungen, die Dauer von Zeitaltern und Lebensspannen auf ein Minimum redu-

ziert worden; sie sind für das Spiel nicht wesentlich und können bei McGovern, Hardy und im *Abhidharmakośa* nachgelesen werden.

44. Diese Aufzählung folgt dem späteren tibetischen System; siehe Hanson loc. cit.; der Abhidharmakośa gibt Gold, Silber, Lapis und Kristall an (III, 142); die Paliquellen nach Hardy op. cit. S. 11 Gold, Silber, Saphir und Koralle.

45. Für den Salzgehalt dieses Ozeans git es drei Erklärungen: Verschmutzung durch einen großen Fisch, durch die Magie eines bösen Ṛṣi aus alter Zeit und durch die Unreinheiten der Erde, die ins Meer gespült werden. Siehe McGovern op. cit. S. 54.

46. Ebd., S. 62; *Abhidharmakośa* III S. 148 ff. über die Höllenwelten.

47. Mus, op. cit. S. 288 Anm. 101; diese Übersetzung folgt der Pāli-Fassung.

48. Atīśa, *Lam-sgron,* S. 48; siehe auch Tsoṅ-kha-pa, *Lam-rim chuṅ-ba,* Lhasa-Blockdruck S. 66; Bu-ston, op. cit. I S. 81 ff.; es gibt auch frühere Theorien über die drei Persönlichkeitstypen, z. B.: *Abhidharmakośa* VI S. 199, Asaṅga, *Mahāyāna-Sūtrālaṃkāra, Exposé de la doctrine du Grand Véhicule,* im folgenden abgekürzt *MSA,* übers. von Sylvain Lévi, Paris, Bibliothèque des Hautes Etudes, fasc. 190, Librairie Honoré Champion, 1911, V, 5.

49. siehe beispielsweise Chögyam Trungpa, *Visual Dharma,* Berkeley, Calif., 1975, Tafel 18.

50. *Lotus Sūtra* Kap. III. Siehe die Übersetzung von H. Kern, *Saddharma-puṇḍarīka or The Lotus of the True Law,* Sacred Books of the East, im folgenden abgekürzt *SBE,* Vol. XXI, Oxford, 1884, S. 72 ff.

51. Candragomin, *Śiṣyalekha,* S. 95, hrsg. von I. P. Minayeff, Leningrad Russkoe Archeologicheskoe Obshchestvo. Vostochnoe Otdielenie, *Zapiski,* Vol. 4, 1889, S. 51; mit dem Tibetischen verglichen und übersetzt von G. N. Roerich, *The Blue Annals,* im folgenden abgekürzt *BA*, Calcutta, Royal Asiatic Society of Bengal, 1949 und 1953, S. 840.

52. Dharmasvāmin, op. cit. S. 73 f. berichtet von einer gewissen Antipathie der Hörer in Bodhgaya gegenüber den Texten des Mahāyāna. Er teilt jedoch mit, daß sie im allgemeinen gastfreundlicher waren als die Mönche des Großen Fahrzeugs, die er an anderen Orten aufsuchte, siehe auch op. cit. S. 87.

53. Beispielsweise Buddhaghosa, *Visuddhi-Magga,* übersetzt vom Ehrw. Bhikkhu Nyanatiloka, Konstanz, S. 201 f.; engl. Ausgabe übers. vom Ehrw. Bhikkhu Nyanamoli unter dem Titel, *The Path of Purification,* Colombo, 1964. S. 182: »Das Feuerkasina ist die Grundlage für solche Kräfte wie zu rauchen und in Flammen zu stehen, Funkenregen zu verursachen, Feuer mit Feuer zu bekämpfen, die Fähigkeit, nur das zu verbrennen, was verbrannt werden soll, Licht hervorzurufen, um sichtbare Gegenstände mit dem göttlichen Auge wahrzunehmen, den Körper mit Hilfe des Feuerelementes in dem Augenblick zu verbrennen, wo man Nibbāna erreicht.«

54. Siehe Quellenangaben in den Anmerkungen zum Spielfeld 67.

55. *Vimalakīrti-nirdeśa-sūtra,* übers. von Etienne Lamotte unter dem Titel *L'Enseignement de Vimalakīrti,* Bibliothèque du Muséon Vol. 51, Louvain, 1962, S. 121 f.

56. Die drei Körper sind abgebildet in W. Y. Evans-Wentz, *Der Geheime Pfad der Großen Befreiung,* Weilheim Obb., 1972, Abb. 7.

57. Die Quellenangaben für den Kommentar sind in der Anmerkung wiedergegeben. Ich habe mich weitgehend auf die Schriften und Abhandlungen gestützt, die während der späteren Verbreitung des Dharma ins Tibetische übersetzt und von einheimischen Gelehrten verwandt wurden. Die Grundtexte sind allen buddhistischen Überlieferungen gemeinsam; ich habe die Kommentare jedoch nur sparsam mit Material aus dem Pāli und Chinesischen ergänzt. Das beste gelehrte Werk in seiner Art über Kosmologie ist die ›Schrift über die Achtsamkeit‹, die von Lin und Matsunaga (op. cit. Anm. 34 oben) untersucht worden ist und im zehnten bis elften Jahrhundert ins Tibetische übersetzt wurde; weitere grundlegende Arbeiten zur Kosmologie sind die älteren Texte, die Paul Mus untersucht hat (op. cit. Anm. 31 oben). Für die Tibeter ist natürlich der *Abhidharmakośa* die maßgebliche Abhandlung zu Psychologie und Welt. Die spirituellen Stufen und Wege werden nach den gleichen Quellen ausgelegt, wie sie auch Gampo-pa in seinem *Rnam-par thar-ba'i rgyan* verwandt hat; übersetzt von H. V. Guenther unter dem Titel *The Jewel Ornament of Liberation,* London, 1970. Die Tantras sind nach dem Gelugpa-Gelehrten Mkhas-grub-rje systematisch angeordnet, dieser Text aus dem fünfzehnten Jahrhundert ist übersetzt von F. D. Lessing und Alex Waymen unter dem Titel *Fundamentals of the Buddhist Tantras,* Den Haag, 1968. Heutige systematische Darstellungen setzen allerdings unterschiedliche Schwerpunkte. Aus zeitlichen und zweckdienlichen Gründen, sowie als Beweis dafür, daß geeignetes Material für die Auslegung des Buddhismus in all seinen Hauptaspekten in den westlichen Sprachen vorhanden ist, habe ich größtenteils keine Originalausgaben herangezogen. Von diesem Verfahren bin ich im wesentlichen dann abgewichen, wenn ich zitierte Textstellen nach den Maßstäben meines eigenen Geschmacks neu übersetzt habe. In einigen Punkten kamen mir jedoch die Ratschläge zugute, die ich — neben anderen — vom Ehrwürdigen Dezhung Rinpoche, einem gelehrten Lama aus der Sakya-Schule, und von dem jungen, aber sehr befähigten Lama Trinlay Drubpa ('phrin-las grub-pa), einem Karma Kagyüpa aus Bhutan, erhalten habe. Es ist nicht möglich, bei einem derartigen Kommentar eine Auswahl aus verschiedenen Quellen zu treffen und praktisch kein eigenes System daraus zu machen. Es sollten hauptsächlich diejenigen Absichten erklärt werden, welchen der Maler auf dem Spielfeld sichtbare Gestalt verlieh; letztlich fällt die Verantwortung für die Auslegung jedoch auf mich zurück.

58. *Thaṅ-ka* ist keine wörtliche Übersetzung des Sanskritwortes *paṭa,* was einfach »Stoff« bedeutet und für Bilder und Fahnen verwandt wird. ›Stoffbild‹ würde im Tibetischen *ras-bris* oder *ras ri-mo* heißen. Daher muß man die feinen Unterschiede des Begriffs innerhalb der tibetischen Sprache suchen. *Thaṅ-ka* ist ein Ausdruck aus der Zeit der späteren Verbreitung. Trungpa leitet ihn von *thaṅ-yig,* ›geschriebene Aufzeichnung‹, ab; *Thaṅ-ka* würde also auf eine ›visualisierte Aufzeichnung‹ hinweisen, siehe auch *Visual Dharma* S. 16. *Yig* ist aber nur derjenige Teil des Kompositums, welcher ›Aufzeichnung‹ bedeutet; *thaṅ-yig* bedeutet ›Aufzeichnung des Bereichs‹. *Thaṅ* gibt ›Aufzeichnung‹ in der Regel nur als Teil eines Kompositums an — z. B. *bka'-thaṅ,* ›herrschaftliche Aufzeichnung‹, Kurzform für *bka'i thaṅ-yig,* ›herrschaftliche Aufzeichnung für den Bereich‹. Es gibt keinen Hinweis, daß Thaṅ-ka eine Abkürzung für *thaṅ-yig-ka* ist — dies wäre in der Tat ein armseliges Tibetisch. *Thaṅ* für sich alleine genommen deutet auf

eine ›Ebene‹ hin, also würde *thaṅ-ka* auf den ersten Blick etwas ›Flaches‹ oder ›weit Ausgedehntes‹ angeben. Es könnte sich aber doch noch in anderer Weise aus *thaṅ-yig* ableiten. Diese letzte Bezeichnung gehört zu einer Begriffsfolge, womit die ältesten tibetischen Schriftstücke aus dem Jahre 655 n. Chr. bezeichnet werden, königliche Anordnungen und niedergeschriebene Gesetzessammlungen: *bka'-khrims,* ›herrschaftliche Gesetze‹, und *thaṅ-khrims gyi yi-ge,* ›Gesetzesaufzeichnungen für den Bereich‹ (Stein, op. cit. S. 59; Bacot et al. *Document des Touen Housang,* Paris, 1940—1946; F. W. Thomas, *Tibetan Literary Texts and Documents Concerning Chinese Turkestan,* Vol. I London, 1935, S. 270, Anm. 2, und S. 287, Anm. 3). Es handelt sich dabei um handgeschriebene Schriftrollen. Vergleichbar dem Wort ›Volumen‹, das von *volumen,* ›Rolle‹ herkommt, ist *thaṅ-ka* aus *thaṅ-yig* in der Bedeutung von ›Schriftrolle‹ entstanden; vgl. *TPS,* S. 267.

59. *TPS,* S. 287.

60. Ebd., S. 267.

61. Ein Überblick über die Texte ebd., S. 291—299.

62. Diese Darstellung nach Georg Roerich, *Tibetan Paintings,* Librairie Orientaliste, Paris, S. 16—20; *TPS,* S. 267—271; Chögyam Trungpa, op. cit. S. 16 f.

63. *TPS,* S. 308—316.

64. Einige geringfügige Textberichtigungen: Für die Spielfelder Nr. 1 und Nr. 48 erhöht sich die Anzahl der zu werfenden Buchstaben im Uhrzeigersinn um das Spielfeld. Wenn man dies wörtlich in unser Würfelsystem überträgt, hieße das: »Nachdem du ›eins‹ einmal, ›zwei‹ zweimal, ›vier‹ dreimal, ›sechs‹ viermal, ›fünf‹ fünfmal und ›drei‹ sechsmal gewürfelt hast, gehe zu . . . «;

Nr. 22 und Nr. 62 lies *mu-stegs* anstatt *mu-rtegs*;
Nr. 23 lies *bon-po* anstatt *bon-bo*;
Nr. 29 lies *'thab* anstatt *thab*;
Nr. 41 und 53 lies *'briṅ* anstatt *'breṅ*;
Nr. 44 »drei« geht zu Feld Nr. 45 und nicht Nr. 43;
Nr. 45 »drei« geht zu Feld Nr. 46 und nicht Nr. 43;
Nr. 49 und Nr. 55 lies *drod* anstatt *grod*;
Nr. 59 lies *Sham-bha-la* anstatt *Sham-bha-lha*;
Nr. 60 lies *Po-tā-la* anstatt *Po-ṭa-la'o*;
Nr. 76 lies *brtsegs* anstatt *rtsegs*;
Nr. 97 lies *bstams-pa* anstatt *stams-ba*;
Nr. 103 lies *bstan-pa* anstatt *rtan-pa.*

65. Zwei inhaltliche Berichtigungen: Die Symbole des östlichen und westlichen Kontinents sind vertauscht zu denken; bei Spielfeld Nr. 33 muß eingefügt werden: »Nachdem du ›fünf‹ gewürfelt hast, begib dich zu Rudra« (Nr. 16).

Für die deutsche Textausgabe wurden sämtliche Berichtigungen schon berücksichtigt; die Anmerkungen Nr. 64 und Nr. 65 beziehen sich nur auf den tibetischen Text auf dem Spielfeld.

SPIELREGELN

Die Zahl der Mitspieler ist nicht beschränkt. Ausgangspunkt ist Spielfeld 24, ›die Große Himmlische Straße‹. Jeder Teilnehmer setzt ein Zeichen auf dieses Feld. Alle Mitspieler würfeln einmal, und derjenige, der die niedrigste Zahl gewürfelt hat, darf beginnen.

Nachdem er gewürfelt hat, begibt sich der erste Teilnehmer zu dem dadurch bestimmten Spielfeld. Hat er zum Beispiel eine »zwei« gewürfelt, so begibt er sich zum Südlichen Kontinent (Spielfeld 17) und gibt den Würfel an den nächsten Teilnehmer zu seiner linken. Wenn jener eine »vier« würfelt, so wird er als Tier wiedergeboren (Spielfeld 11). — Wirft der erste Teilnehmer bei der nächsten Runde wieder eine »zwei«, so beginnt er mit dem tantrischen Pfad (Spielfeld 25), usw.

Zehn »zweien« hintereinander führen über den tantrischen Pfad zum Dharmakāya und zur vollen Buddhaschaft (Spielfeld 93). Würfelt man zehnmal die »eins« hintereinander, so gelangt man über den Mahāyāna-Pfad zum selben Ziel. In einigen Spielfeldern veranlassen nicht alle sechs möglichen Würfe weitere Bewegung. Wirft man auf einem solchen Feld eine nicht aufgeführte Nummer, so bleibt man für eine weitere Spielrunde dort.

Zwei Spielfelder, das ›Aufhören‹ beim Fahrzeug der Hörer (48) und die ›Vajra-Hölle‹ (1) sind Fallen. Hier muß man »eins« einmal, »zwei« zweimal, »drei« dreimal usw. durch alle sechs Nummern würfeln. Man kann jedoch in einer Spielrunde so lange weiterwürfeln, bis eine Nummer fällt, die man nicht mehr braucht. Der Teilnehmer, der in einer solchen Falle gefangen ist, muß also die bereits gefallenen Nummern abhaken und nur dann aufhören zu würfeln, wenn eine Nummer auftritt, die er nicht mehr benötigt. Wirft er zum Beispiel zu Anfang zweimal die »eins« hintereinander, gibt er das Spiel ab und wartet, bis er wieder an der Reihe ist. Würfelt er dann nochmals eine »eins«, so muß er das Spiel wiederum abgeben.

Gewonnen hat derjenige, der zuerst Nirvāṇa (Spielfeld 104) erreicht. Von dort wird sein Zeichen in den Stūpa über dem Spielfeld weitergeleitet und wird zu einem Objekt der Verehrung und der Hingabe.

Sarva Maṅgalam.
Mögen alle Wesen glücklich sein.

Tafel 10 — Namen der Spielfelder und die jeweiligen Spielzüge

104 Nirvana eins oder zwei – Überführe deine Reliquien in die Stupa über dem Spielfeld und diene für den Rest des Zeitalters als Objekt der Verehrung	103 Wirken von Wundern eins oder zwei – 104	102 Drehen des Rades der Lehre eins oder zwei – 103	101 Buddhaschaft eins oder zwei – 102	100 Die Überwindung Maras eins oder zwei – 101	99 Askese eins oder zwei – 100	98 Aufbruch eins oder zwei – 99	97 Annehmen einer Physischen Form eins oder zwei – 98
96 Achte Sutrastufe eins – 94 zwei – 95	95 Neunte Sutrastufe eins – 94 zwei – 84	94 Zehnte Sutrastufe eins – 93 zwei – 84	93 Großer Wahrheitskörper eins – 92	92 Körper der Freude eins – 97	91 Zehnte Tantrastufe eins – 84 zwei – 93	90 Neunte Tantrastufe eins – 84 zwei – 91	89 Achte Tantrastufe eins – 84 zwei – 90
88 Fünfte Sutrastufe eins – 95 zwei – 87	87 Sechste Sutrastufe eins – 96 zwei – 86	86 Siebente Sutrastufe eins – 95 zwei – 96	85 Buddhafeld Höchster Verzückung eins – 71 zwei – 73 drei – 76	84 Höchstes Buddhafeld eins – 93	83 Siebente Tantrastufe eins – 84 zwei – 91	82 Sechste Tantrastufe eins – 89 zwei – 90	81 Fünfte Tantrastufe eins – 83 zwei – 89
80 Zweite Sutrastufe eins – 78 zwei – 79	79 Dritte Sutrastufe eins – 88 zwei – 78	78 Vierte Sutrastufe eins – 87 zwei – 88	77 Buddhafeld der Beseligung eins – 71 zwei – 74	76 Buddhafeld der Juwelengipfel eins – 78 zwei – 74 drei – 73	75 Vierte Tantrastufe eins – 82 zwei – 83 drei – 81	74 Dritte Tantrastufe eins – 75 zwei – 81	73 Zweite Tantrastufe eins – 75 zwei – 81 sechs – 69
72 Wissenshalter der Acht Siddhis eins – 67 zwei – 41 drei – 33	71 Erste Sutrastufe eins – 79 zwei – 80 drei – 74	70 Buddhafeld der Allesvollendenden Tat eins – 86 zwei – 73 vier – 34 fünf – 74 sechs – 71	69 Tantrischer Weltenherrscher eins – 75 zwei – 81	68 Wissenshalter des Bereichs Reiner Form eins – 42 zwei – 49 vier – 59 sechs – 41	67 Wissenshalter der Begierdegötter eins – 41 zwei – 42 drei – 68 vier – 69	66 Erste Tantrastufe eins – 74 zwei – 75 drei – 73	65 Wissenshalter der Bön-Überlieferung eins – 52 zwei – 43 fünf – 15 sechs – 8
64 Mahayana, Pfad der Bemühung: »Höchste Lehren« eins – 71 zwei – 49 fünf – 77	63 Mahayana, Pfad der Bemühung: »Empfänglichkeit« eins – 85 zwei – 42 drei – 64 vier – 77	62 Hindu-Wissenshalter eins – 52 zwei – 38	61 Urgyan eins – 89 zwei – 84 drei – 83	60 Potala eins – 64 zwei – 63 drei – 42	59 Schambala eins – 63 zwei – 50 drei – 60 vier – 49 fünf – 42 sechs – 55	58 Tantra, Pfad der Bemühung: »Höchste Lehren« eins – 73 zwei – 74 drei – 66 vier – 85	57 Tantra, Pfad der Bemühung: »Empfänglichkeit« eins – 66 zwei – 73 drei – 58 vier – 77

56 Mahayana, Pfad der Bemühung: »Höhepunkt« eins – 64 drei – 63	55 Mahayana, Pfad der Bemühung: »Hitze« eins – 63 zwei – 56	54 Mahayana, Großer Pfad der Ansammlung eins – 63 zwei – 55 drei – 60 vier – 59	53 Mahayana, Mittlerer Pfad der Ansammlung eins – 55 zwei – 54 drei – 37 vier – 40 fünf – 15 sechs – 8	52 Mahayana, Kleiner Pfad der Ansammlung eins – 54 zwei – 53 drei – 30 vier – 38 fünf – 11 sechs – 7	51 Hörer, Arhatschaft eins – 52 zwei – 48 drei – 37	50 Tantra, Pfad der Bemühung: »Höhepunkt« eins – 57 zwei – 66	49 Tantra, Pfad der Bemühung: »Hitze« eins – 50 zwei – 57
48 Das Aufhören eins – einmal zwei – zweimal drei – dreimal vier – viermal fünf – fünfmal sechs – sechsmal dann geh' nach 52	47 Einsamer Verwirklicher, Arhatschaft eins – 52 zwei – 48 drei – 30 vier – 37	46 Einsamer Verwirklicher, Pfad der Meditation eins – 30 zwei – 47 drei – 37 vier – 36 fünf – 51 sechs – 29	45 Einsamer Verwirklicher, Pfad des Sehens eins – 52 zwei – 47 drei – 46 vier – 40 fünf – 17 sechs – 28	44 Einsamer Verwirklicher, Pfad der Bemühung eins – 30 zwei – 46 drei – 45 vier – 20 fünf – 39 sechs – 27	43 Einsamer Verwirklicher, Pfad der Ansammlung eins – 52 zwei – 44 drei – 28 vier – 38 fünf – 13 sechs – 6	42 Tantra, Großer Pfad der Ansammlung eins – 49 zwei – 50 sechs – 59	41 Tantra, Mittlerer Pfad der Ansammlung eins – 60 zwei – 42 drei – 59 fünf – 67 sechs – 33
40 Hörer, Pfad des Sehens und der Meditation eins – 30 zwei – 35 drei – 28 vier – 32 fünf – 31 sechs – 29	39 Hörer, Pfad der Bemühung eins – 52 zwei – 43 drei – 40 vier – 52 fünf – 28 sechs – 19	38 Hörer, Pfad der Ansammlung eins – 37 zwei – 40 drei – 39 vier – 52 fünf – 11 sechs – 5	37 Reine Wohnungen eins – 64 zwei – 54 drei – 32 vier – 52 fünf – 12	36 Bereich der Formlosigkeit eins – 38 zwei – 17 drei – 11 sechs – 4	35 Bereich Reiner Form eins – 37 zwei – 52 drei – 36 vier – 30 fünf – 17 sechs – 27	34 Mahakala eins – 61 zwei – 81 drei – 70	33 Tantra, Kleiner Pfad der Ansammlung eins – 41 zwei – 42 fünf – 16 sechs – 1
32 Über die Erscheinungen anderer gebieten eins – 30 zwei – 35 drei – 28 vier – 18 fünf – 10	31 Sich seiner Erscheinungen erfreuen eins – 52 zwei – 30 drei – 43 vier – 32 fünf – 22 sechs – 12	30 Freudvolles Reines Land eins – 64 zwei – 63 drei – 55 vier – 54 fünf – 53 sechs – 52	29 Himmel ohne Kampf eins – 30 zwei – 31 drei – 17 vier – 23 fünf – 12 sechs – 10	28 Himmel der Dreiunddreißig Götter eins – 29 zwei – 17 drei – 20 vier – 22 fünf – 11 sechs – 7	27 Himmel der Vier Großen Könige eins – 28 zwei – 17 drei – 23 vier – 18 fünf – 10 sechs – 6	26 Weltenherrscher eins – 29 zwei – 28 drei – 17 vier – 20 fünf – 13 sechs – 13	25 Betreten des tantrischen Pfades eins – 72 zwei – 33 sechs – 38
24 Große Himmlische Straße SPIELBEGINN eins – 27 zwei – 17 drei – 15 vier – 11 fünf – 10 sechs – 6	23 Bön eins – 52 zwei – 65 drei – 29 vier – 27 fünf – 14 sechs – 44	22 Hinduismus eins – 52 zwei – 62 drei – 13 vier – 15 fünf – 11 sechs – 3	21 Barbarentum eins – 15 zwei – 62 drei – 13 vier – 11 fünf – 10 sechs – 2	20 Nördlicher Kontinent eins – 28 zwei – 27 drei – 17 vier – 19 fünf – 15	19 Östlicher Kontinent eins – 43 zwei – 38 drei – 13 vier – 15 fünf – 13 sechs – 11	18 Westlicher Kontinent eins – 38 zwei – 27 drei – 13 vier – 21 fünf – 11 sechs – 10	17 Südlicher Kontinent eins – 52 zwei – 25 drei – 26 vier – 38 fünf – 22 sechs – 6
16 Rudra, Schwarze Freiheit zwei – 34	15 Bereich der Gegengötter, Asuras eins – 28 zwei – 14 drei – 21 vier – 11 fünf – 10 sechs – 4	14 Die Dämoneninsel eins – 25 zwei – 42 drei – 17 vier – 15 fünf – 5 sechs – 3	13 Welt der Nagas eins – 28 zwei – 27 drei – 15 vier – 21 fünf – 11 sechs – 10	12 Göttliche Tierwelt eins – 28 zwei – 27 drei – 15 vier – 21 fünf – 11 sechs – 10	11 Tiere, Tiryanc eins – 27 zwei – 17 drei – 12 vier – 13 fünf – 10 sechs – 5	10 Hungergeister, Pretas eins – 19 zwei – 13 drei – 14 vier – 11 fünf – 8 sechs – 4	9 Yama, der Herr des Todes eins – 42 zwei – 34
8 Zeitweilige Höllen eins – 27 zwei – 19 drei – 14 vier – 11 fünf – 7 sechs – 6	7 Kalte Höllen eins – 15 zwei – 18 drei – 11 vier – 10 fünf – 6 sechs – 5	6 Wiederbelebende Hölle eins – 17 zwei – 12 drei – 10 vier – 8 fünf – 5 sechs – 4	5 Hölle der Schwarzen Schlinge und Zermalmende Hölle eins – 13 zwei – 11 drei – 10 vier – 7 fünf – 4 sechs – 3	4 Klagehölle und Große Klagehölle eins – 13 zwei – 10 drei – 8 vier – 6 fünf – 5 sechs – 3	3 Heiße und Sehr Heiße Höllen eins – 11 zwei – 10 drei – 8 vier – 7 fünf – 5 sechs – 2	2 Unaufhörliche Hölle eins – 17 zwei – 10 drei – 3	1 Vajra-Hölle eins – einmal zwei – zweimal drei – dreimal vier – viermal fünf – fünfmal sechs – sechsmal dann geh' nach 9

SPIELFELDKOMMENTARE

1

Vajra-Hölle

Zwei gekreuzte Diamantszepter (skr. viśvavajra) versperren den Ausgang aus dieser ganz besonderen Hölle. Sie ist der Bestimmungsort für all jene, die den tantrischen Pfad mißbrauchen und die zu den Übungen gehörenden Gelübde brechen, indem sie sich ablenken lassen oder selbstsüchtige Ziele verfolgen. Die rasenden Beschützer der Lehre (skr. dharmapāla) wenden sich wutentbrannt gegen dich. Es ist eine Hölle voller abgründiger Schreckensbilder, ein Ort unaussprechlicher Furcht, denn dort leidet man mehr an paranoiden Wahnvorstellungen als an tatsächlichem Schmerz. Hilfe von außen kann deshalb schwerlich lindernd eingreifen. Ängste um die eigene Persönlichkeit machen es fast unmöglich, die wahre Natur der Bilder zu durchschauen und dadurch zu entkommen.

Willst du mein Schüler werden,
Mußt du die Gelübde beachten;
Mißachte nicht die Regeln des Vajrayāna,
Vergiß niemals das Große Mitgefühl.
Nie sollen Körper, Rede und Geist von Buddhisten
Durch dich geschädigt werden.
Solltest du jemals diese Regeln brechen,
So kannst du sicher sein,
In die Vajrahölle zu fallen!

Milarepa

WENN DU GEWÜRFELT HAST:
»eins«: einmal
»zwei«: zweimal
»drei«: dreimal
»vier«: viermal
»fünf«: fünfmal
»sechs«: sechsmal, geh' in das Reich Yamas, des Richters der Toten (Nr. 9).

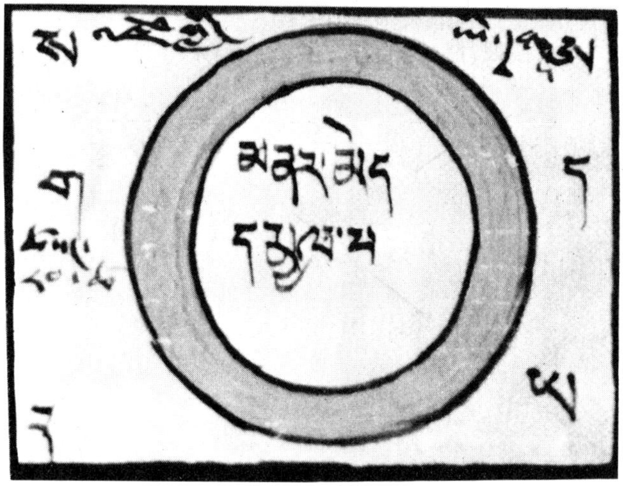

2

Unaufhörliche Hölle
Avīci-Hölle

Nach zweitausendjährigem freien Fall landest du kopfüber in der tiefsten und heißesten aller Höllen. Im Vergleich zu ihr erscheinen alle anderen geradezu idyllisch, denn hier folgt Qual auf Qual, ohne Unterbrechung.

Die Avīci-Hölle ist ein Kerker aus weißglühendem Eisen. Flammen schlagen nach allen Seiten. Die Tore öffnen und schließen sich, um die Gequälten zum Wahnsinn zu treiben. Du wirst in großen Eisenkesseln in flüssiger Bronze gesotten, ›mit dem Kopf nach unten, wie die Zutaten einer Reissuppe‹.

Die unvorstellbarste aller Folterkammern stellt die totale Verschmutzung der Welt durch bösartige Verwirrung und durch verderbte, ichbezogene Triebkräfte dar. Ein derartiger Zustand wird durch Taten herbeigeführt, die die Grundlage gesitteten Lebens erschüttern: Mord an den Eltern; die absichtliche Tötung eines spirituellen Lehrers oder eines Heiligen; die bewußte Verseuchung der Wasservorräte eines ganzen Landes und, besonders, die Mitwirkung an der Zerstörung der Lehre (skr. dharma) oder der buddhistischen Gemeinde (skr. saṇgha), denn damit nimmt man vielen die Möglichkeit geistigen Wachstums. — Das ist das schlimmste aller Vergehen und das genaue Gegenteil des Verhaltens eines Bodhisattva, der für die Erleuchtung aller wirkt.

WENN DU GEWÜRFELT HAST:
»eins«: rücke vor zum Südlichen Kontinent (Nr. 17)
»zwei«: werde zu einem Hungergeist (Nr. 10)
»drei«: geh' in die Heiße Hölle (Nr. 3)

3

Die Heißen und Sehr Heißen Höllen

In diesen benachbarten Folterkammern erleidest du die Qual großer Hitze. Die *gewöhnliche* Heiße Hölle ist die karmische Schöpfung von Wesen, die Verbrechen mit Feuer begangen haben, wie Brandstiftung oder die Tötung von Lebewesen durch Waldbrand. Geschmolzene Bronze wird dir in die Mundöffnung gegossen, so daß die Eingeweide versengen. Mit dem After auf eine dornige Speerspitze gesetzt, wirst du bis zur Schädeldecke durchbohrt.

Die Sehr Heiße Hölle ist die karmische Frucht aus normalen Verfehlungen, die zu milderen Höllenformen führen — wie Töten, Stehlen, sexueller Mißbrauch und Lügen —, wenn jene mit einer absichtlichen Verdrehung der Wahrheit einhergehen. Quacksalber zum Beispiel sind hier zu finden. Besonders jedoch trifft diejenigen hier ihr Schicksal, die sich gegen die spirituelle Praxis vergangen haben, indem sie von Yogis Nahrung gestohlen, eine Nonne oder tugendhafte Laienanhängerin vergewaltigt bzw. Mönche verführt haben, oder wenn sie den Glauben ihrer Mitmenschen an die Gesetze des Karma zu erschüttern trachteten. Dazu gehört auch, wenn man zum Zwecke des Broterwerbes Menschen auf gefährliche und nutzlose Pfade lockt. — In der Haupthalle dieser Hölle ziehen schreckliche, schwarzbäuchige Dämonen mit flammenden Augen und widerhakenartigen Klauen die Missetäter in Feuerseen, deren Grund mit spitzen Eisenstangen besetzt ist.

WENN DU GEWÜRFELT HAST:
»eins«: werde zu einem Tier (Nr. 11)
»zwei«: werde zu einem Hungergeist (Nr. 10)
»drei«: geh' in die Zeitweiligen Höllen (Nr. 8)
»vier«: geh' in die Kalten Höllen (Nr. 7)
»fünf«: geh' in die Hölle des Schwarzen Seils und die Zermalmende Hölle (Nr. 5)
»sechs«: geh' in die Unaufhörliche Hölle (Nr. 2)

4

Die Klagehölle und die Große Klagehölle

Die Vergehen, die dich in diese beiden Höllen führen, beinhalten einen Mißbrauch des Mundes; den unzulässigen Konsum von berauschenden Getränken und das Lügen. Aus diesem Grund wird dir dort flüssiges Kupfer durch die Mundöffnung gegossen, das deine Innereien zerstört.

Trunkenheit selbst ist noch kein Vergehen. Aber es kann geschehen, daß du im Rausch ein weiteres Gelübde (skr. śīla) brichst, indem du tötest, stiehlst oder dich sexuell vergehst. — Es heißt, daß man lachend in die Klagehölle fällt. Besonders der auf Profit zielende Handel mit alkoholischen Getränken bringt dieses schlechte Karma zum Reifen. Auch wenn man Rauschzustände benutzt, um andere den eigenen Zwecken gefügig zu machen, wird man davon getroffen.

Die Große Klagehölle entsteht aus Lügen und roher Rede, wenn eine gehässige Absicht damit verbunden ist: Meineid, Bestechung, Vertrauensbruch, Vorspiegelung falscher Tatsachen, käufliche Regierungsgewalt oder Rechtsprechung. Jemandem, der gelogen hat, um einen Streitfall zu seinen Gunsten zu entscheiden, wächst hier eine sehr lange Zunge. Dämonen ziehen eine tiefe Furche in diese Zunge und füllen sie mit geschmolzenem Kupfer auf; schließlich wird sie von sich rasch vermehrenden Würmern aufgezehrt.

WENN DU GEWÜRFELT HAST:
»eins«: werde zu einem Nāga (Nr. 13)
»zwei«: werde zu einem Hungergeist (Nr. 10)
»drei«: geh' in die Zeitweiligen Höllen (Nr. 8)
»vier«: geh' in die Wiederbelebende Hölle (Nr. 6)
»fünf«: geh' in die Hölle der Schwarzen Schlinge (Nr. 5)
»sechs«: geh' in die Heißen Höllen (Nr. 3)

5

Die Hölle der Schwarzen Schlinge und die Zermalmende Hölle

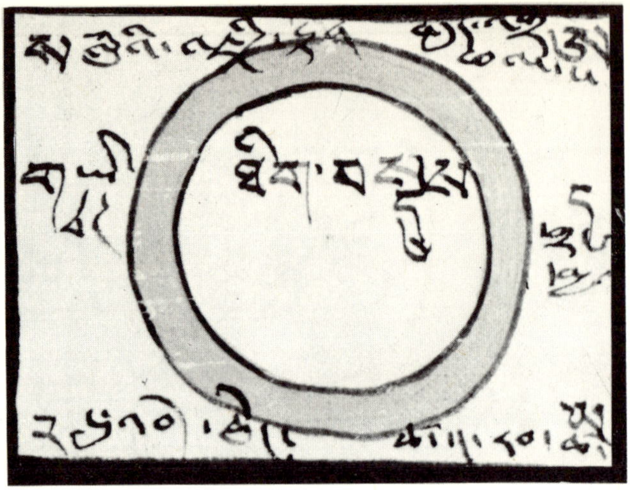

Diese beiden heißen Höllen werden von jenen geschaffen, die die zweite und dritte der Lebensregeln für Laien (skr. pañcaśīla) übertreten: Stehlen und ungehörige Sexualität. Das Vergehen muß mit Tötungsabsichten gemischt sein, denn alle Höllenzustände fußen auf Bosheit, die sich entweder gegen das Leben oder gegen spirituelles Wachstum richtet.

Die Hölle der Schwarzen Schlinge ist Dieben zugedacht, all jenen, die genommen haben, was ihnen nicht gegeben wurde, oder die sich auf Kosten anderer einen größeren als den ihnen zustehenden Teil angeeignet haben. Das Opfer wird von Dämonen ergriffen und mit holzkohlegeschwärzten Stricken an den Boden gebunden. Sein Körper wird dann entlang der schwarz markierten Linien von feurigen Sägen und Äxten zerstückelt, bis nur noch Fetzen übrigbleiben.

Die Zermalmende oder Übervölkerte Hölle ist Missetätern zugedacht, die sich in übler Absicht sexuell vergangen haben. Ihre Marter besteht darin, zwischen Eisenbergen zermalmt zu werden, bis sie wieder zum Leben erwachen; dann beginnt die Prozedur von neuem. In einem Gebiet dieser Hölle wanderst du durch Wälder, deren Bäume messerscharfe Blätter haben. Auf der Spitze eines solchen Baumes entdeckst du einen schönen und verführerischen Liebespartner von früher. Während du auf den Baum kletterst, zerstören die heißen, scharfen Blätter deinen Körper. Erreichst du schließlich den Wipfel, so hörst du die begehrte Person von unten rufen. In diesem Augenblick kehren sich die Spitzen der Blätter nach oben. Nach einem schmerzhaften Abstieg ist die Erscheinung wieder in den Baumwipfel entschwunden. Durch ihr aus ›Unwissenheit‹ entstandenes Verlangen geblendet, hören die Opfer dieser Täuschung nie auf, einem Phantom nachzujagen und zerrissen zu werden.

WENN DU GEWÜRFELT HAST:
»eins«: werde zu einem Nāga (Nr. 13)
»zwei«: werde zu einem Tier (Nr. 11)
»drei«: werde zu einem Hungergeist (Nr. 10)
»vier«: geh' in die Kalten Höllen (Nr. 7)
»fünf«: geh' in die Klagehöllen (Nr. 4)
»sechs«: geh' in die Heißen Höllen (Nr. 3)

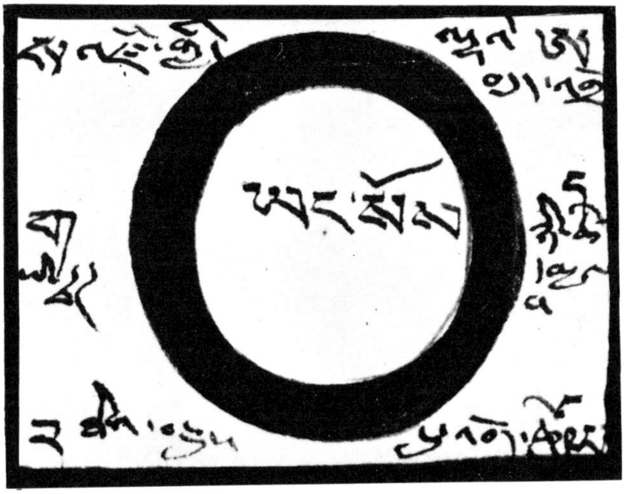

6

Die Wiederbelebende Hölle

Du bist in die erste der acht heißen Höllen gefallen, die Totschlägern vorbehalten ist. Du leidest hier, an andere gebunden, für die absichtliche Tötung lebender Wesen, die du direkt oder indirekt — wie zum Beispiel durch Krieg, indem du das zum Leben Notwendige vernichtest — ausgeführt hast. Eine Kette von Leuten ermorden sich gegenseitig. Dann erweckt ein kühler Wind sie wieder zum Leben, aber nur, um erneut zu töten und getötet zu werden, bis sich ihr Karma schließlich erschöpft hat.

In einer benachbarten Hölle befinden sich Jäger, die erbarmungslos Vögel und Wild zur Nahrungsbeschaffung erlegt haben. Hier, ›am Ort der Exkremente‹, werden sie dazu gezwungen, eine Art Dung zu verschlingen, der Würmer mit diamantharten Mäulern enthält; sie werden dann von innen aufgefressen.

Menschen, die lebende Wesen töten,
Aus Gier, aus Dummheit, Zorn oder Furcht,
Oder sie als Schlachtvieh züchten,
Müssen zur Wiederbelebenden Hölle wandern.

WENN DU GEWÜRFELT HAST:
»eins«: rücke vor zum Südlichen Kontinent (Nr. 17)
»zwei«: werde zu einem Göttlichen Tier (Nr. 12)
»drei«: werde zu einem Hungergeist (Nr. 10)
»vier«: geh' in die Zeitweiligen Höllen (Nr. 8)
»fünf«: geh' in die Hölle des Schwarzen Seils (Nr. 5)
»sechs«: geh' in die Klagehöllen (Nr. 4)

7

Die Kalten Höllen

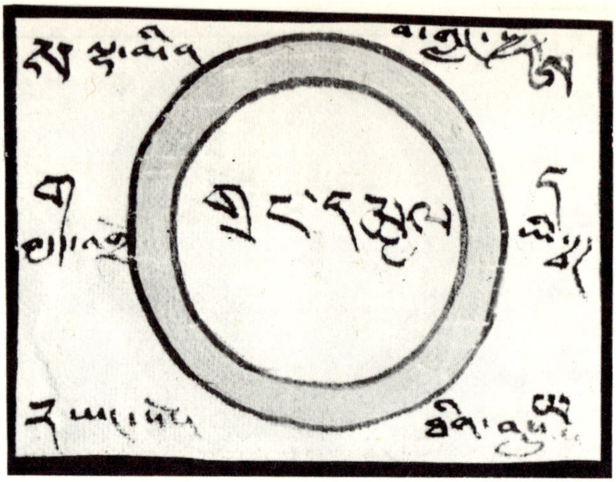

Tief unter der Erde leidest du in den Kalten Höllen ähnlich wie im Inferno der heißen. Wie bei allen Höllenzuständen, so ist auch hier aus Haß genährte Tätigkeit die Ursache; — in diesem Fall besonders Vergehen gegen den Dharma von innen heraus. Es gibt acht kalte Höllen. Ihre Namen sagen genug über die dort vorzufindenden Verhältnisse aus.

arbuda — wo man Blasen hat
nirarbuda — wo die Blasen aufplatzen
atata — wo die Zähne klappern
hahava — wo der Mund zugefroren ist und man nur stöhnen kann
huhuva — wo überhaupt keine Klangartikulation mehr möglich ist
utpala — wie der blaue Lotus; wo man eine blaugrünliche Körperfarbe hat und das Fleisch in sechs »Blütenblätter« zerspringt.
padma — wo man wie ein roter zehnblättriger Lotus aussieht
mahāpadma oder puṇḍarīka — wo man wie ein tausendblättriger Lotus aussieht

WENN DU GEWÜRFELT HAST:
»eins«: werde zu einem Asura (Nr. 15)
»zwei«: rücke vor zum Westlichen Kontinent (Nr. 18)
»drei«: werde zu einem Tier (Nr. 11)
»vier«: werde zu einem Hungergeist (Nr. 10)
»fünf«: geh' in die Wiederbelebende Hölle (Nr. 6)
»sechs«: geh' in die Hölle der Schwarzen Schlinge (Nr. 5)

8

Die Zeitweiligen Höllen oder ›Hölle für einen Tag‹

Dies ist die Hölle auf Erden. — Entlegene Gegenden wie ein einsamer Fluß, ein Berg oder eine Wüste. Während die niederen Höllen durch kollektives Karma aller fühlenden Wesen zustande gekommen sind, sind die zeitweiligen Höllen unzählig und individuell verschieden, je nachdem, wie sie durch persönliches oder Gruppenkarma bedingt wurden.

WENN DU GEWÜRFELT HAST:
»eins«: geh' in den Himmel der Vier Großen Könige (Nr. 27)
»zwei«: rücke vor zum Östlichen Kontinent (Nr. 19)
»drei«: geh' auf die Dämoneninsel (Nr. 14)
»vier«: werde zu einem Tier (Nr. 11)
»fünf«: geh' in die Kalten Höllen (Nr. 7)
»sechs«: geh' in die Wiederbelebende Hölle (Nr. 6)

9

Yama
Der Herr des Todes

Durch Ansammlung überwältigender Macht und Grausamkeit bist du zu Yama, dem Herrn und Richter der Toten, zu seiner Schwester Yamī oder zu einem der Aufsicht führenden Dämonen (skr. yamarākṣasa) geworden. Sein Herrschaftsbereich liegt an der Schwelle zu den Höllen. Gewöhnliche Sterbliche müssen ihm nach ihrem Tod gegenübertreten und in seinen Spiegel des Karma schauen. Yama hat ein Büffelgesicht, und sein Reittier ist ebenfalls ein Büffel. In seiner rechten Hand trägt er eine Keule, bekannt unter dem Namen die ›Strafende‹, deren äußeres Ende aus einer Schädelschale besteht. Seine linke Hand wendet sich mit einer Schlinge bedrohlich gegen dich. Er lodert wie die Flammen, die am Ende eines Zeitalters die Welt verschlingen.

Yamas Reich liegt unter der Erde, wo nie die Sonne scheint und alles unter einer schwärzlich-roten und grünen Wolkendecke verborgen bleibt. Es ist eine dunkle Eisenfestung ohne Tür und Tor, von Seen aus geronnenem Blut umgeben, aus denen sich gespensterhaft Plagegeister erheben und in einer Lohe des Hasses aufflackern.

Zu Füßen Yamas steht ein affenköpfiger Dämon. Er hält eine Balkenwaage, auf deren Schalen jeweils weiße oder schwarze Kiesel liegen. Sie stellen die eigenen guten und schlechten Taten dar und bestimmen je nach ihrer Verteilung das weitere Schicksal. Nach dem Urteilsspruch packen die schrecklichen Aufsichtsdämonen den Angeklagten und führen ihn aufwärts oder abwärts zu seiner nächsten Geburt.

Die häßlichen Dämonen aus der Gefolgschaft Yamas, seien sie nun männlich oder weiblich, sind nur durch Geiz und Eifersucht in diesen Zustand geraten. In ihrem letzten Leben waren sie vielleicht bösartige Könige oder Regierungsbeamte. Die Folterknechte der Hölle selbst, die ebenfalls unter Yamas Befehl stehen, sind jedoch keine lebenden Wesen, denn sonst müßten sie ebenfalls die Qualen — die extremen Temperaturen usw. — der Höllen erleiden. Sie sind eher Bestandteil der karmischen Verwirrung der armen Höllenwesen.

Yama selbst hat einen subjektiven Aspekt, nämlich als die Personifikation des unausweichlichen Gerichts über die Taten einer bestimmten Person, und einen verborgenen oder inneren Aspekt. Als dieser ist er integraler Bestandteil eines Bewußtseins, das durch Begehren (skr. rāga), Haß (skr. dveṣa) und Unwissenheit (skr. avidyā) getrübt ist. Auf diesem Spielfeld wird er ›karmischer Yama‹ genannt, um zu verdeutlichen, daß der personifizierte Aspekt des Herrn des Todes gemeint ist.

WENN DU GEWÜRFELT HAST:
»eins«: rücke vor zu Tantra, Großer Pfad der Ansammlung (Nr. 42)
»zwei«: werde zu Mahākāla (Nr. 34)

10

Hungergeister
Pretas

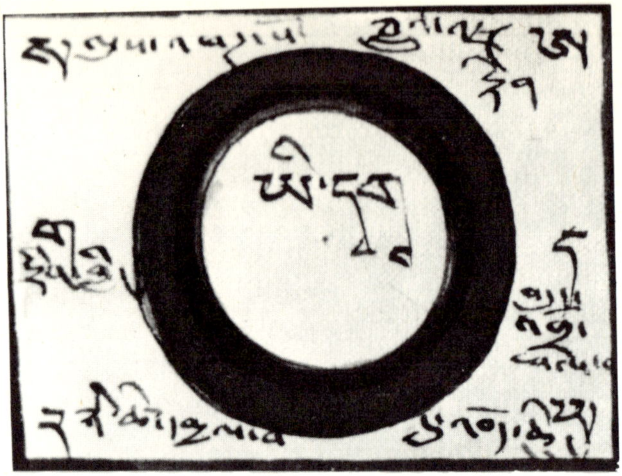

Gleich unter der Erde und rastlos auf ihr umherschweifend leben diese Wesen. Sie werden von ihrer eigenen Habgier geplagt. Ihre Sinne sind verwirrt, und die ganze Welt erscheint ihnen, als gäbe es nirgendwo ausreichend Nahrung. Sie haben Mundöffnungen winzig wie ein Nadelöhr, ihre Bäuche gleichen im Verhältnis dazu einem Berg. In ihren dürren Hälsen verwandelt sich Nahrung in Feuer. Frisches und klares Wasser erscheint vor ihren Augen als Eiter- und Blutstrom. Wollen sie sich auf eine Festtafel stürzen, die sich wie eine Fata Morgana vor ihren Augen erhebt, treten sofort bewaffnete Wächter auf den Plan und jagen sie fort. Obstbäume wenden sich von ihnen ab und zeigen anstatt Früchten nur dornenübersäte Äste. Eine andere Art von Pretas, diejenigen, die früher einmal aus Neid gestohlen oder es bereut haben, irgendwelche Opfer dargebracht zu haben, müssen sich von Erbrochenem und Exkrementen ernähren.

Nur rituell vorbereitete Nahrung kann den Hunger der Pretas stillen; Opfergaben, die während einer religiösen Zeremonie dargebracht und ihnen gewidmet wurden.

WENN DU GEWÜRFELT HAST:
»eins«: rücke vor zum Östlichen Kontinent (Nr. 19)
»zwei«: werde zu einem Nāgā (Nr. 13)
»drei«: geh' auf die Dämoneninsel (Nr. 14)
»vier«: werde zu einem Tier (Nr. 11)
»fünf«: geh' in die Zeitweiligen Höllen (Nr. 8)
»sechs«: geh' in die Klagehöllen (Nr. 4)

11

Tiere
Tiryañc

Tiere treten als Ergebnis früherer Dummheit, durch absichtliches Nicht-wissen-Wollen ins Leben und wohnen größtenteils in den unendlichen Weltmeeren. Da sie durch instinktmäßig bedingte Reaktionen gelenkt werden, verfügen sie fast nie über Unterscheidungsvermögen und freien Willen. Haustiere sind ihren Herren versklavt, und die wilden Tiere sind dazu bestimmt, als Jagdbeute erlegt zu werden. Sie müssen fressen, was in die Nähe ihrer Mäuler kommt.

Nach der Überlieferung entstehen Schlangen aus Zorn und Haß, Löwen aus Stolz, Hunde aus Überheblichkeit, Affen aus Gier und Krähen aus Anmaßung. Giftige Arten haben in einem früheren Leben schon Tiere getötet, fleischfressende waren sehr gierig und zornig, und Pferde haben es in der vorigen Existenz versäumt, ihre Schulden zu begleichen.

WENN DU GEWÜRFELT HAST:
»eins«: geh' in den Himmel der Vier Großen Könige (Nr. 27)
»zwei«: rücke vor zum Südlichen Kontinent (Nr. 17)
»drei«: werde zu einem Göttlichen Tier (Nr. 12)
»vier«: werde zu einem Nāga (Nr. 13)
»fünf«: werde zu einem Hungergeist (Nr. 10)
»sechs«: geh' in die Hölle der Schwarzen Schlinge (Nr. 5)

12

Göttliche Tierwelt

Du bist als eine der vielen mythischen Tiergestalten wiedergeboren und verfügst über übernatürliche Kräfte. Diese Tiere sind »göttlich«, weil sie auf ähnlich wunderbare Weise ins Leben treten wie die Götter und nicht aus einem Ei oder Schoß geboren werden. Einige von ihnen sind Lieblingstiere der Götter — Wildgänse, Pfauen, Bienen und Hirsche —, die die Gärten himmlischer Welten bevölkern. Sie leben in einem Zustand des Glanzes, genießen paradiesische Freuden, aber verfügen über kein ausgeprägtes Unterscheidungsvermögen. Nach der Überlieferung sind unter ihnen besonders frühere Bildhauer, Holzschnitzer und Maler zu finden, die sich in den Dienst der Allgemeinheit gestellt haben. Wiederum andere sind Reittiere der Götter, wie die Nāgas (siehe Spielfeld Nr. 13) und Garudas — große Vögel mit dem Rumpf eines menschlichen Körpers. Sie sind die Todfeinde der Nāgaschlangen. Gandharvas, die ›Duftesser‹, sind himmlische Musikanten, die aus ihrer großen Liebe zu Blumen diese Form der Geburt annahmen. Wiederum andere sind Halbgötter und unterstehen göttlichem Befehl. Halbgötter wohnen auf Bergen oder in Bäumen und sind Gegenstand lokaler Kulte. Im Vergleich zu gewöhnlichen Sterblichen sind sie sehr mächtig, aber ihre Körper sind oft genug unförmig oder mißgestaltet, — das karmische Ergebnis von Freisinnigkeit, die mit einem gewaltsamen Temperament vermischt ist. Diese Yakṣas und Kuṃbhāṇḍas können je nach ihrer eigenen Veranlagung Wohl oder Wehe über die Menschen bringen.

WENN DU GEWÜRFELT HAST:
»eins«: geh' in den Himmel der Dreiunddreißig (Nr. 28)
»zwei«: geh' in den Himmel der Vier Großen Könige (Nr. 27)
»drei«: werde zu einem Asura (Nr. 15)
»vier«: falle ins Barbarentum (Nr. 21)
»fünf«: werde zu einem Tier (Nr. 11)
»sechs«: werde zu einem Hungergeist (Nr. 10)

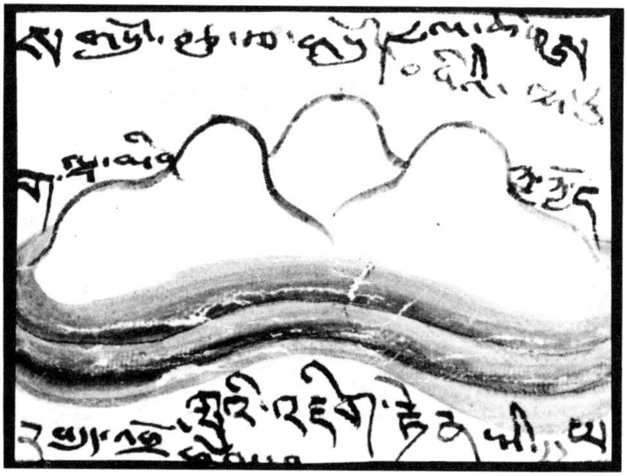

13

Welt der Nāgas

Diese Wasserschlangen haben von der Hüfte an aufwärts menschliche Gestalt und ähneln eher Nymphen. Sie werden zu den Geistern der Unterwelt gezählt und sind an Stellen zu finden, wo sich ihr Bereich mit dem unsrigen überschneidet — wie an Quellen und Flüssen. In ihren Palästen unter dem Wasser horten sie große Schätze an Reichtümern und Edelsteinen und manchmal sogar Bücher geheimer Lehren. Wie andere wohlhabende Wesen sind sie jedoch gefährlich und unzuverlässig. Wohlwollende Nāgas können die freigebigsten Helfer sein, ihre zornigen Artgenossen jedoch sind dafür bekannt, bestimmte Krankheitsarten zu verursachen. In Tibet sieht man sie als Gebieter über den Regen an und versucht, sie freundlich zu stimmen.

Die mächtigen Nāgas waren früher Menschen von besonders freigebigem Charakter, aber gleichzeitig leicht zu erzürnen und grausam. Der mächtigste unter den Vögeln, der Garuda, ist ihr Todfeind.

WENN DU GEWÜRFELT HAST:
»eins«: geh' in den Himmel der Dreiunddreißig (Nr. 28)
»zwei«: geh' in den Himmel der Vier Großen Könige (Nr. 27)
»drei«: werde zu einem Asura (Nr. 15)
»vier«: falle ins Barbarentum (Nr. 21)
»fünf«: werde zu einem Tier (Nr. 11)
»sechs«: werde zu einem Hungergeist (Nr. 10)

14

Die Dämoneninsel

Die hier lebenden, grausamen und kannibalischen Dämonen werden nachts aktiv. Sie suchen Friedhöfe heim, greifen Menschen an und fressen Kinder. Ihre Gesichter sind blutrot. Schnell wie der Wind reiten sie auf einem weißbäuchigen roten Esel, dem Bong-Bu. Mit Hilfe ihrer übernatürlichen Kräfte können sie jede gewünschte Form annehmen. Die Dämoneninsel wird nach der Überlieferung dem südöstlich von Indien gelegenen Śrī Laṅka gleichgesetzt.

Diese Dämonen peinigten Tibet in alter Zeit, bevor sie durch Padmasaṃbhava dem Dharma verpflichtet wurden. Ihr karmisches Erbe hat im mitleidslosen Töten von Tieren zum Nutzen anderer seine Wurzel. Durch das Töten wurde ihre Gestalt unförmig und mißgebildet; indem sie es für andere taten, wuchs ihnen große Macht zu.

WENN DU GEWÜRFELT HAST:
»eins«: beginne mit dem tantrischen Pfad (Nr. 25)
»zwei«: rücke vor zu Tantra, Großer Pfad der Ansammlung (Nr. 42)
»drei«: rücke vor zum Südlichen Kontinent (Nr. 17)
»vier«: werde zu einem Asura (Nr. 15)
»fünf«: geh' in die Hölle der Schwarzen Schlinge (Nr. 5)
»sechs«: geh' in die Heißen Höllen (Nr. 3)

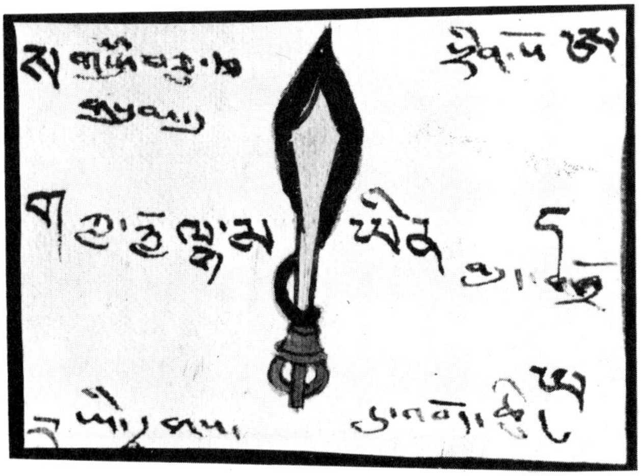

15

Der Bereich der Gegengötter Asuras

Du bist unter Gegengöttern geboren, die für ihre bohrende Eifersucht gegenüber den Göttern im Himmel der Dreiunddreißig (siehe Spielfeld Nr. 28) bekannt sind. Diese nämlich machten die Asuras in früheren Zeiten einmal betrunken und verstießen sie aus dem Paradies. Die Asuras sind stolz, neidisch, zornig und kriegerisch. Sie beneiden die Götter um ihren Reichtum, insbesondere um die Früchte des alle Wünsche erfüllenden Baumes (skr. kalpataru), der seine Wurzeln in ihrem Bereich hat, dessen Krone sich jedoch hoch oben in den Götterwelten des Berges Meru entfaltet. Da sie nicht in der Lage sind, die Götter in offenem Krieg zu besiegen, versuchen sie den Baum zu fällen.

Die Asuras leben in einer ›Stätte des Lichts‹. Ein Asurakönig, Rāhu, ist für die periodisch wiederkehrenden Sonnen- und Mondfinsternisse verantwortlich. Er verschlingt diese beiden Himmelskörper manchmal völlig, und es bleibt dunkel. Die Asuras werden auch mit Stürmen und Erdbeben, sowie mit Kometen, Meteoren und anderen Phänomenen des Sternenhimmels in Verbindung gebracht. Über das Karma, das zu diesem Zustand führt, wird in einem Vers folgendes gesagt:

Wer, immer trügerisch und irreführend,
Trotzdem anderen nicht schadet,
Wer sich am Streit erfreut, aber großzügig bleibt,
Der wird ein Herrscher der Asuras.

WENN DU GEWÜRFELT HAST:
»eins«: geh' in den Himmel der Dreiunddreißig (Nr. 28)
»zwei«: geh' zur Dämoneninsel (Nr. 14)
»drei«: falle ins Barbarentum (Nr. 21)
»vier«: werde zu einem Tier (Nr. 11)
»fünf«: werde zu einem Hungergeist (Nr. 10)
»sechs«: geh' in die Klagehöllen (Nr. 4)

16

Rudra
Schwarze Freiheit

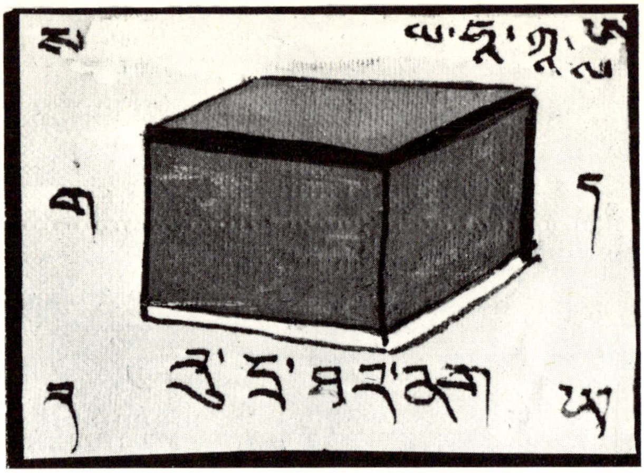

Dies ist der ruchlose Yogi, der aus Machtstreben weltliche okkulte Kräfte (skr. siddhi) erlangt hat und nun nach Gutdünken Befriedung und Erfolg oder Unterdrückung und Zerstörung bewirkt. Es ist der Zustand des Halbgottes Rudra, was auf deutsch soviel wie der ›Heuler‹ bedeutet. Wenn man Tantra übt, ohne sich dabei völlig dem Heil anderer zu widmen, endet man so.

Rudra ist ein Name des Gottes Śiva. Die Entstehungsgeschichte dieses tyrannischen Gottes illustriert gut, was mit dieser ›Schwarzen Freiheit‹ gemeint ist.

Es gab einmal einen tantrischen Bodhisattva, der unter dem Namen ›Prinz Unanfechtbar‹ bekannt war. Zwei Männer baten ihn um Unterweisung. Der erste hieß ›der durch die Kuh Verführte‹. Im Dharma erhielt er den Namen ›Schwarze Freiheit‹ (skr. mokṣakāla). Der zweite war sein Diener Brahmadeva. Der Diener verstand auf Anhieb die Bedeutung der geheimen Lehren und hielt sich an die damit verbundenen Gelübde. Aber der andere nahm die Tantras zum Vorwand für zügellosen Selbstgenuß. Es brach seine Gelübde durch zahlreiche gräßliche Taten und jagte seinen Diener davon. Nach seinem Tod wurde er für viele Zeitalter in die niederen Bereiche geworfen und tauchte schließlich als die rasende, nichtbuddhistische Gottheit Rudra wieder auf. Seine Mutter starb bei seiner Geburt, und die über sein Aussehen entsetzten Bürger seiner Heimatstadt bestatteten ihn mit ihrem Leichnam. Er überlebte, indem er ihr Fleisch fraß, und so erstarkt, erschien er schließlich als Führer eines Dämonenheeres, um die Welt zu unterwerfen. Sein früherer Lehrer und sein ehemaliger Diener, die in der Zwischenzeit im Dharma große Kräfte erlangt hatten, nahmen die Form eines Pferdes — der rasende Buddhaaspekt Hayagrīva — und eines Wildschweines — der Aspekt des Diamantkeilers — an und unterwarfen ihn.

Eine andere Geschichte beschreibt Śiva als »Herrn der Welt«, der durch den rasenden Bodhisattva Vajrapāṇi dazu gebracht wurde, die Form Mahākālas, eines mächtigen Dharmabeschützers, anzunehmen.

Die Gottheit Rudra ist die Bestimmung einer Sorte von Yogis, deren Verwirklichung auf der Befriedigung des Ego (skr. ātmavāda) fußt. Ihre »Befreiung« ist eher eine Art Klaustrophobie — ein Gefangensein im selbstgewählten Sarg des eigenen Ich. Sie bilden sich ein, Schöpfer und Herr des Universums zu sein, sind in Wahrheit aber nichts anderes als Zerrbilder eines eifersüchtigen Gottes, der zwanghaft die gesamte Umwelt unter seiner Gewalt zu halten trachtet. So ist die in Indien als Liṅga-Verehrung bekannte Religion Śivas auf Macht und Angst gegründet.

Über seinen zerstörerischen Stolz gibt es unzählige Geschichten. In der indischen Mythologie erscheint der Liebesgott als körperlos (skr. anaṅga), da Śiva seinen Körper aus Wut über die Störung bei einer Meditation durch einen Strahl seines ›dritten Auges‹ verbrannte. Ein Asurakönig, der ihm nur zögernd geopfert und ihn als eine Gottheit niederen Ranges eingestuft hatte, mußte zusehen, wie sein ganzer Tempel mit allen Opfergaben in Flammen aufging. Śiva war erst besänftigt, als der König ihm seine Tochter Pārvatī zur Frau gab.

In dieses Spiel ist Rudra als rangunterster der Götter eingereiht und steht kaum höher als die weniger mächtigen Asuras. Nur durch die Bekehrung seitens eines tantrischen Bodhisattva kann er sich von sich selbst befreien.

WENN DU GEWÜRFELT HAST:
»zwei«: werde zu Mahākāla (Nr. 34)

17

Der Südliche Kontinent Jambudvīpa — Die Rosenapfelbauminsel

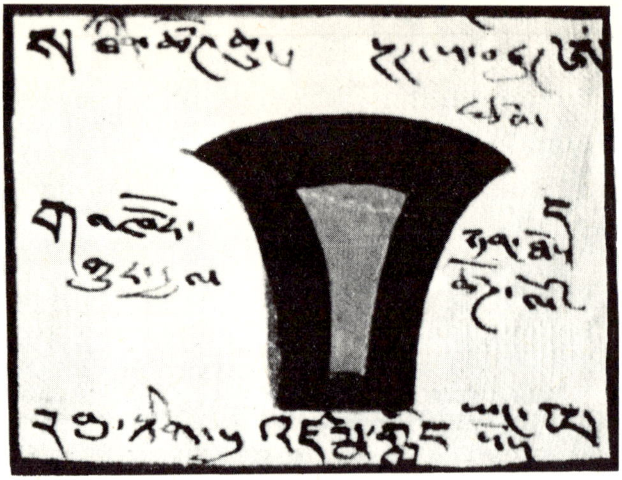

Du hast das große Glück, in menschlicher Gestalt auf der Erde geboren zu sein. Das menschliche Los ist zugegebenermaßen nicht unbedingt ein glückliches, denn auf der Erde gibt es solche Höllen wie Kriege, Krankheiten und Armut. Trotzdem ist die Geburt als Mensch die glücklichste Daseinsform im Bereich der durch Karma bestimmten Existenzen. Nur menschliche Wesen vereinigen in sich die folgenden drei Eigenschaften: das Streben, Befreiung aus dem Kreislauf der Wiedergeburten zu suchen; die Möglichkeit, den Dharma kennenzulernen; und die einmalige Gelegenheit, ihn zu studieren und demgemäß zu üben. Darüber hinaus lehrt die Überlieferung, daß der Südliche Kontinent der einzige ist, auf dem der Buddha den Weg zum Nirvāṇa aufzeigt, ›denn die Bewohner von Jambudvīpa haben ein klares Unterscheidungsvermögen‹.

Dieser Kontinent südlich des Berges Meru ist nach dem mythischen Rosenapfel (skr. jambu) benannt. Er ist trapezförmig ›wie ein Triumphwagen‹. Sein Zentrum ist der ›Diamantsitz‹ (skr. vajrāsana) in Bodhgaya, auf dem Buddha den Weg zum Erwachen demonstrierte.

WENN DU GEWÜRFELT HAST:
»eins«: beginne den Weg des Mahāyāna (Nr. 52)
»zwei«: beginne den Weg des Tantra (Nr. 25)
»drei«: werde zu einem Weltenherrscher (Nr. 26)
»vier«: beginne den Weg der Hörer (Nr. 38)
»fünf«: wende dich dem Hinduismus zu (Nr. 22)
»sechs«: geh' in die Wiederbelebende Hölle (Nr. 6)

18

Der Westliche Kontinent Apara Godānīya — Der Genuß an Rindern

Hier ist die menschliche Existenz durch Überfluß an Land, Seen und Weiden gesegnet. Der Dharma ist gegenwärtig, aber er kann sich nicht entfalten, denn die Bewohner dieses Kontinents sind ungeschliffen und ernähren sich ausschließlich von Fleisch. Bestimmte Überlieferungen berichten, daß die Menschen dort Synästhesie erfahren — ihre Augen vernehmen Klänge und ihre Ohren sehen Farben. Sie sollen während ihres ganzen Lebens angeblich auch nur zehn- bis zwölfmal geschlechtlich verkehren.

Himmel und Wasserläufe haben in Godānīya eine rötliche Tönung, denn dieser Kontinent liegt in dem Licht, das von der aus Rubin bestehenden westlichen Seite des Berges Meru reflektiert wird.

WENN DU GEWÜRFELT HAST:
»eins«: betrete das Fahrzeug der Hörer (Nr. 38)
»zwei«: geh' in den Himmel der Vier Großen Könige (Nr. 27)
»drei«: werde zu einem Nāga (Nr. 13)
»vier«: falle ins Barbarentum (Nr. 21)
»fünf«: werde zu einem Tier (Nr. 11)
»sechs«: werde zu einem Hungergeist (Nr. 10)

19

Der Östliche Kontinent Pūrva Videha — Das edle Antlitz

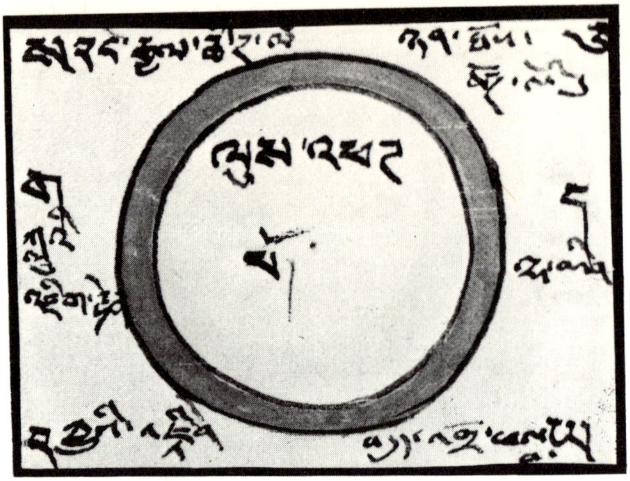

Auf dem Kontinent östlich des Berges Meru zeichnet man sich durch eine besonders feine und edle menschliche Gestalt aus. Das Licht ist dort durch den Kristallabhang des Berges hell und klar, und die Menschen sind ruhig und freundlich.

WENN DU GEWÜRFELT HAST:
»eins«: betrete das Fahrzeug der Einsamen Verwirklicher (Nr. 43)
»zwei«: betrete das Fahrzeug der Hörer (Nr. 38)
»drei«: werde zu einem Nāga (Nr. 13)
»vier«: werde zu einem Asura (Nr. 15)
»fünf«: werde zu einem Nāga (Nr. 13)
»sechs«: werde zu einem Tier (Nr. 11)

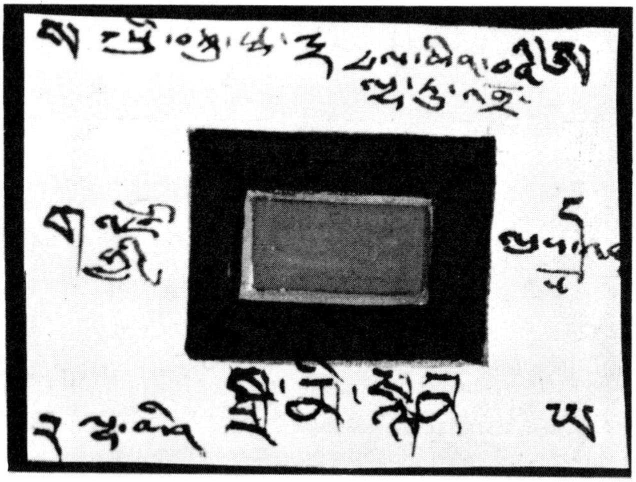

20

Der Nördliche Kontinent Kuru

Dieser Kontinent, auf den vom nördlichen Abhang des Berges Meru smaragdgrünes Licht fällt, ist der sorgenfreieste der vier von Menschen bewohnten Welteninseln. Man pflegt dort ein gesundes Gemeinschaftsleben. Es gibt keinen Privatbesitz und auch keine Heirat. Die Menschen sind nicht durch Wünsche oder Aggressionen verwirrt. Nach alter Überlieferung stillen die Frauen ihre Säuglinge durch die Finger, und alle Kinder werden gemeinsam aufgezogen, die Jungen von Männern, die Mädchen von Frauen.

Die Bestreitung des Lebensunterhaltes erfordert kaum Arbeit. Das Getreide reift ganz von selbst, und immer ist duftender Reis auf heißen Öfen zu finden; die Bäume sind ununterbrochen belaubt und hängen voller Früchte. Da die Menschen dort nicht die Gewohnheit haben, von etwas zu sagen: »Das gehört mir!«, sind sie auch nicht dazu fähig, schlimme Verbrechen zu begehen, und fallen keinem verfrühten Tod zum Opfer, sondern leben bis zum Ende ihrer vollen Lebensspanne von tausend Jahren. Nach dem Tode gehen sie nicht in einen der drei niedersten Bereiche ein.

Trotzdem wird diese idyllische Existenzform nicht als dem Wege zur Befreiung zuträglich angesehen. Wie die Götter, so können auch die Menschen von Kuru keine religiösen Gelübde halten. Es gibt keine Heiligen, denn niemand versteht die Grundlage des Dharma, niemand sieht ein, daß Leben letztlich leidhaft ist.

Ihr Auffassungsvermögen ist durch ihr ereignisloses Leben schwerfällig geworden, und sie sind außerstande, schwierige Meditationen zu üben. Kurz, sie schaffen kein schlechtes Karma, aber sie machen ebenfalls keine Fortschritte auf dem Weg zur Befreiung aus dem Existenzkreislauf (skr. saṃsāra).

WENN DU GEWÜRFELT HAST:
»eins«: geh' in den Himmel der Dreiunddreißig (Nr. 28)
»zwei«: geh' in den Himmel der Vier Großen Könige (Nr. 27)
»drei«: rücke vor zum Südlichen Kontinent (Nr. 17)
»vier«: geh' zum Östlichen Kontinent (Nr. 19)
»fünf«: werde zu einem Asura (Nr. 15)

21
Barbarentum

Du wirst als Mensch geboren, lebst aber in einer unzivilisierten, materialistischen Gesellschaft, in der kriegerische Auseinandersetzungen als legitimes Mittel im zwischenmenschlichen Umgang angesehen werden. Die Berge sind auf der Zeichnung schroff und blutrot dargestellt. Das ist die karmische Frucht von Grausamkeit, Kampf und erbarmungslosem Fleischgenuß.

Geschichtlich bezieht sich die Vorstellung vom Barbarentum auf die muslimischen Turkvölker, die über Zentralasien nach Indien einfielen und, da sie von ihrer Weltanschauung zu Bilderstürmern erzogen waren, bildliche Darstellungen, Bücher und Gemeinden der heiligen Lehre zerstörten. In Lhasa stellten die Einwohner muslimischer Herkunft die Berufsgruppe der Schlachter.

Allgemein ist unter diesem Zustand jede Art von Barbarei zu verstehen, jede Philosophie, die sich dazu hergibt, Intoleranz und Gewalt mit vernünftigen Gründen zu belegen.

Es wird jedoch anerkannt, daß in Indien Hinduismus und Islam teilweise verschmolzen. Deswegen kann man von diesem Feld aus bis zur Spitze des Hinduweges gelangen.

WENN DU GEWÜRFELT HAST:
»eins«: werde zu einem Asura (Nr. 15)
»zwei«: steige auf zum Hinduwissenshalter (Nr. 62)
»drei«: werde zu einem Nāga (Nr. 13)
»vier«: werde zu einem Tier (Nr. 11)
»fünf«: werde zu einem Hungergeist (Nr. 10)
»sechs«: geh' in die Unaufhörliche Hölle (Nr. 2)

22

Hinduismus

Durch mäßig glückliches Geschick wirst du in die brahmanische Kultur Indiens hineingeboren, hier als grünes, fruchtbares Land dargestellt. Diese Kultur ist reich und ausgeprägt, Künste und Wissenschaften blühen, und die metaphysische Spekulation ist weit fortgeschritten. Das Leben ist hier dermaßen intensiv, daß man dazu neigt, eine extreme, sich an der Erscheinungswelt orientierende Anschauung anzunehmen. Hier glaubt man, in Mensch und Welt gäbe es ein fortdauerndes Prinzip. Obwohl Vorstellungen wie die eines »Gottes« oder einer »Seele« der Welt eine oberflächliche Fortdauer zusprechen, eine hochentwickelte Ethik beleben und meditative Verwirklichungen fördern, so sind sie doch letztlich unauffindbar und halten einer logischen Untersuchung nicht stand. Sie werden darüber hinaus zur Ursache für die Bindung an Saṃsāra, weil sie irreleitende und unheilsame Praktiken wie blutige Tieropfer und asketische Selbstverneinung begünstigen.

Trotzdem ist diese reiche Kultur die Wiege des wahren Dharma und das heilige Land des Buddhismus.

WENN DU GEWÜRFELT HAST:
»eins«: beginne mit dem Mahāyāna (Nr. 52)
»zwei«: steige auf zum Hinduwissenshalter (Nr. 62)
»drei«: werde zu einem Nāga (Nr. 13)
»vier«: werde zu einem Asura (Nr. 15)
»fünf«: werde zu einem Tier (Nr. 11)
»sechs«: geh' in die Heißen Höllen (Nr. 3)

23
Bön

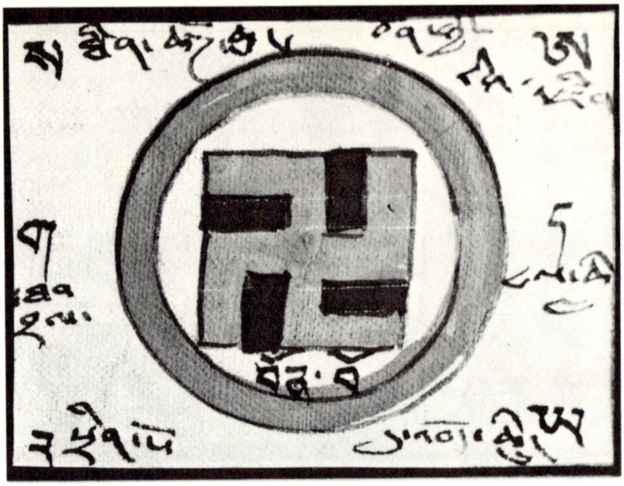

Bön (sprich: Hpön) ist Schamanismus oder Magie in höchstentwickelter Form. In Tibet ist Bön die Alternative zum Buddhismus. Bön ist vor dem Buddhadharma nach Tibet gekommen. Bön-Praktiken wurden in den letzten Jahrhunderten vor der Zeitwende aus Persien nach Tibet überliefert. Sie haben mit anderen schamanistischen Überlieferungen, wie zum Beispiel dem Taoismus, vieles gemein. Die alten Könige Tibets wurden für ›Himmelsgötter‹ (Tibet. btsan po) gehalten. Sie waren Zauberer und vermochten nach Belieben mit Hilfe einer himmlischen Schlinge oder auf einer Trommel reitend durch die drei Bereiche der Unterwelt, der Erde und des Himmels zu reisen. Der Magier ist ein Fachmann im Umgang mit Geistern; zu seinem Geschäft gehört es, Wetter zu machen, wahrzusagen und auch Begräbnisriten auszuführen, denn er ist in der Lage, den Geist nach dem Tode zu führen.

Das moderne Bön hat die buddhistischen Schriften auf sein System zugeschnitten und ist kaum mehr als eine Imitation der ›Alten Schule‹ des tibetischen Buddhismus. Die Bön-po kehren jedoch das glückverheißende buddhistische Zeichen, den Svastika, um und umwandeln auch die heiligen Plätze gegen den Uhrzeigersinn, was unter den übrigen Tibetern immer wieder größte Heiterkeit hervorruft. Im Vergleich mit anderen nicht-buddhistischen Traditionen wird Bön die größte Möglichkeit zu spirituellem Fortschritt zugestanden.

WENN DU GEWÜRFELT HAST:
»eins«: beginne mit dem Mahāyāna (Nr. 52)
»zwei«: steige auf zum Bön-Wissenshalter (Nr. 65)
»drei«: geh' in den Himmel ohne Kampf (Nr. 29)
»vier«: geh' in den Himmel der Vier Großen Könige (Nr. 27)
»fünf«: geh' auf die Dämoneninsel (Nr. 14)
»sechs«: geh' in die Klagehöllen (Nr. 4)

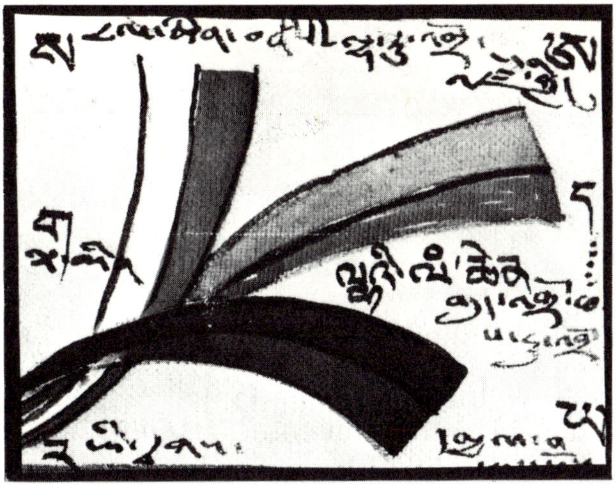

24

Die Große Himmlische Straße

Am Beginn des Spieles, in unserer derzeitigen menschlichen Existenz, stehen wir sechs verschiedenfarbigen Wegen gegenüber. Je nachdem, wie der Würfel fällt, werden wir zu einem der sechs karmischen Bereiche geführt. Weiß steht für die Götter, Blau für die Menschenwelt, Grün für die Tiere, Gelb für die Hungergeister, Rauchgrau für die Höllen und Rot für die eifersüchtigen Asuras. Aber Karma ist nicht gleichbedeutend mit Schicksal. Karma heißt wirkende Tat. – Wirkende Tat des Körpers, der Rede und des Geistes wird über unsere Bestimmung entscheiden.

Die so schwer zu erlangende Gelegenheit ist gekommen!
Ich kann zum Nutzen aller fühlenden Wesen wirken.
Wenn ich daraus jetzt keinen Gewinn ziehe,
Wann werden mir jemals wieder
Solche Möglichkeiten gegeben sein.

WENN DU GEWÜRFELT HAST:
»eins«: geh' in den Himmel der Vier Großen Könige (Nr. 27)
»zwei«: geh' zum Südlichen Kontinent (Nr. 17)
»drei«: werde ein Asura (Nr. 15)
»vier«: werde ein Tier (Nr. 11)
»fünf«: werde ein Hungergeist (Nr. 10)
»sechs«: geh' in die Wiederbelebende Hölle (Nr. 6)

25

Das Betreten des tantrischen Pfades

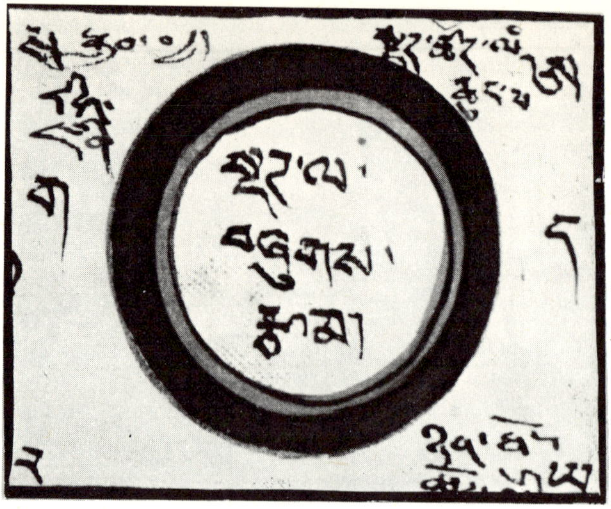

Du strebst über den Weg des Mantra (skr. mantrayāna), den Diamantweg (skr. vajrayāna) — dem »geheimen« Weg der Übung altüberlieferter Formeln (skr. vidyā) — nach Erleuchtung. Es ist ein Weg für besonders Begabte und eine Abkürzung zum Gipfel der Buddhaschaft.

Kamst du als Dämon hierher, so wurdest du durch die Kraft des Mitgefühls eines tantrischen Bodhisattva dem Dharma verpflichtet; kamst du als ein Mensch, so ist ein geeigneter Guru oder Lama das Bindeglied, denn unter den buddhistischen Wegen ist das Tantra der gefährlichste. Es beinhaltet Übungen, die dem Übenden besonders viel abverlangen und deren Form genau eingehalten werden muß.

Ein geeigneter Lehrer zeichnet sich dadurch aus, daß er zumindest die eigenen Gelübde hält. Ohne vollkommene Hingabe führt dieser Weg zum Wahnsinn oder in die Hölle. Zusätzlich zu den drei Mahāyāna-Gelübden — der Zuflucht zu den drei Juwelen (skr. triratna); dem Bodhisattvagelübde, alle fühlenden Wesen aus Saṃsāra zu erretten; und den moralischen Leitregeln für Mönche oder Laien (skr. śīla) — erfordern tantrische Übungen eine Gruppe von vier ›Wurzel-‹ und acht ›Nebenregeln‹, die nicht nur für tatsächlich ausgeführte Handlungen, sondern ebenfalls für Gedanken und sprachliche Äußerungen bindend sind.

Anfangs widmest du dich besonders eindringlich der Befolgung des Bodhisattvaweges, in dem man den Erleuchtungsgedanken (skr. bodhicitta) mit devotionaler Hinwendung und meditativer Läuterung verbindet. Weiterhin führst du die vier gewöhnlichen, zum Mahāyāṇa gehörenden, und die vier besonderen, tantrischen Vorbereitungsübungen aus. Erstere bestehen aus je einer Woche meditativer Bearbeitung der vier grundlegenden Gedanken, die den Geist auf das endgültige Erwachen ausrichten: der Wert menschlicher Geburt; Tod und Vergänglichkeit; das karmische Gesetz von Ursache und Wirkung; und die Schrecken des Saṃsāra.

Wenn du in diesen Betrachtungen Sicherheit gewonnen hast, folgen die speziell tantrischen Vorbereitungsübungen: jeweils einhunderttausend Wiederholungen vier verschiedener ritueller Meditationen, die für die weitere Praxis ein solides Fundament abgeben sollen. Diese sind: Zufluchtnahme und Bodhisattvagelübde; die einhundertsilbige Reinigungs-Dhāraṇī des Vajrasattva; das Maṇḍalaopfer für die Spender der Zuflucht; und die visualisierte Vereinigung mit der Überlieferungslinie der eigenen Gurus.

Auf diese Weise erreichst du in einem Zeitraum von wenigen Monaten oder Jahren ein dem Pfad der Ansammlung des Mahāyāna (skr. saṃbhāra-mārga) entsprechendes Ergebnis. Wie in allen Richtungen des Buddhismus, so wird auch hier Wissen nur in Verbindung mit meditativen Fähigkeiten und Erfahrungen erlangt.

WENN DU GEWÜRFELT HAST:
»eins«: steige auf zum Wissenshalter der acht Siddhis (Nr. 72)
»zwei«: rücke vor zu Tantra, Kleiner Pfad der Ansammlung (Nr. 33)
»sechs«: betrete das Fahrzeug der Hörer (Nr. 38)

26

Weltenherrscher
Cakravartin

Der große Monarch der Menschenwelt vereinigt die gesamte Welt unter seiner gerechten Regierung. Das Rad rechtmäßiger Macht, in dem vielleicht die Vorstellung von den Streitwagenrädern der Eroberer alter Zeiten fortlebt, erscheint wie die Sonne am östlichen Himmel seiner Jugend.

Es gibt vier Arten solcher Räder — in Gold, Silber, Kupfer und Eisen —, die jeweils über vier, drei, zwei oder einen Kontinent herrschen. Unbedeutende Könige bitten den Weltenherrscher, den ein goldenes Rad kennzeichnet, sich ihm unterwerfen zu dürfen, während der Herrscher mit dem silbernen Rad sich seinerseits an sie wendet; der König mit dem kupfernen Rad rüstet für einen Krieg; der mit dem eisernen schwingt bedrohlich die Waffen. In keinem Fall jedoch läßt irgendein Cakravartin tatsächlichen Totschlag zu. Durch die frühere Ansammlung von Verdiensten — Gebefreudigkeit, Wertschätzung anderer und besonders die Abwesenheit der geringsten Neigung zum Zorn — tritt er wie ein künftiger Buddha in vollkommener Bewußtheit der Situation in einen Schoß ein und kommt strahlend zur Welt. Niemand kann ihn töten, noch kann seine Mutter getötet werden, während sie mit ihm schwanger geht.

Sieben Kostbarkeiten fördern die Regierungsgewalt des Cakravartin: die makellose und schöne Königin; das magischen Schutz gewährende Juwel; das Rad der Eroberung; das schnelle Pferd; der Elefant; der gerechte General; und der weise Minister. Auch die sieben folgenden, weniger wichtigen Gegenstände stellen jeweils das beste ihrer Art dar: Schwert, Zelt,

Bett, Gärten, Palast, Kleidung und Stiefel. Der Cakravartin verfügt über enorme Körperkraft und ist auch im Besitz des »göttlichen Auges«, er kann vergangene und zukünftige Leben überschauen.

Die Dynastie der Weltenherrscher tritt gleich nach dem Goldenen Zeitalter in Erscheinung, das eine völlig harmonische Anarchie darstellt, in der keinerlei Regierungsgewalt benötigt wird. Als buddhistische Vorstellung vom idealen Staat hat sie eine gewisse Ähnlichkeit mit Platos *Republik.* Der Herrscher, der durch seine hohen menschlichen Qualitäten in früheren Leben zu diesem Rang aufgestiegen ist, beschützt die Bürger seines Reiches und regt sie zu sinnvollen und heilsamen Tätigkeiten an. Aśoka aus der Māuryadynastie, der Indien im dritten Jahrhundert vor Christus in Übereinstimmung mit dem Dharma regierte, kommt als historische Persönlichkeit der Vorstellung vom Cakravartin am nächsten.

WENN DU GEWÜRFELT HAST:
»eins«: geh' in den Himmel ohne Kampf (Nr. 29)
»zwei«: geh' in den Himmel der Dreiunddreißig (Nr. 28)
»drei«: begib dich zum Südlichen Kontinent (Nr. 17)
»vier«: begib dich zum Nördlichen Kontinent (Nr. 20)
»fünf«: werde ein Nāga (Nr. 13)
»sechs«: werde ein Nāga (Nr. 13)

27

Himmel der Vier Großen Könige

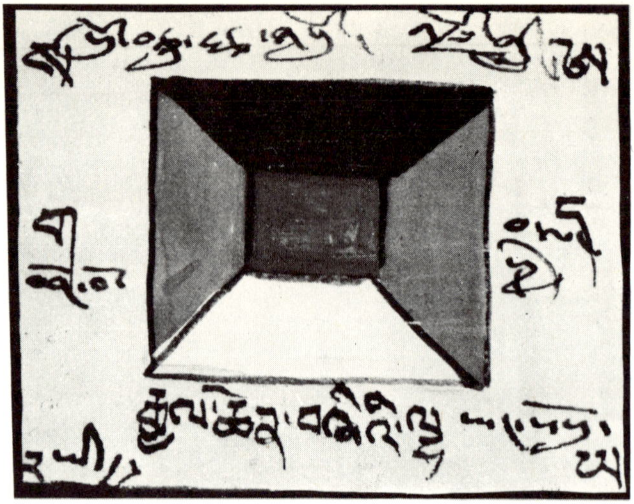

Du wirst in die umfangreiche Klasse verschiedener niederer Götter hineingeboren, die über die unteren Abhänge des Meru, die sieben den Berg Meru umspannenden Gebirgsketten und die Himmel darüber gebieten. Diese Gottheiten regeln die weltlichen Angelegenheiten innerhalb des gesamten Meru-Weltsystems. Die Vier Könige herrschen über je eine Himmelsrichtung, halten von den Abhängen des Berges Meru über die Bereiche unter ihnen Ausschau und schützen die Götter des Himmels der Dreiunddreißig über ihnen vor Angriffen der Asuras.

Die Vier Könige haben im Auftrag höherer Götter Regentenfunktion über die Welt. Die Armeen und Boten dieser vier Könige rekrutieren sich aus Wasser-, Berg- und Baumgeistern. Einige dieser Götter stellt man sich als die Planeten vor, die im astrologischen Sinn das Weltgeschehen bestimmen. Die Vier Könige werden oft auf Fresken in der Eingangshalle von Tempeln bildlich dargestellt und sind so aus Beschützern der Welt (skr. lokapāla) in Beschützer der Lehre (skr. dharmapāla) umgewandelt worden.

Dhṛtarāṣṭra, der Herrscher über die Himmlischen Musikanten (skr. gandhārva), gebietet über das östliche Viertel; Viruḍhaka, Herrscher über die unförmigen Kuṃbhāṇḍas, gebietet über das südliche Viertel; Virūpākṣa, Herrscher über die Nāgas, gebietet über das westliche Viertel; und Vāiśravaṇa, Herrscher über die Yakṣa, gebietet über das nördliche Viertel. Letztgenannter wird vielfach als Kuvera, der Gott des Reichtums, verehrt; unter seinem Arm trägt er den juwelenspeienden Mungo.

Die Göttinnen dieses Bereiches (skr. apsaras) bringen ihre Kinder auf wunderbare Weise zur Welt, ohne Beschwernisse durch Regelblutung, Schwangerschaft, Kindbett und Stillen. Das

Kind ist bei seiner Geburt bereits fünf Jahre alt. Es erscheint auf den Knien oder auf der Hüfte der Mutter, und Götter und Göttinnen denken: »Das ist unser Sohn« oder »Das ist unsere Tochter«. Das Kind seinerseits hat den Gedanken: »Das sind meine Väter« und »Das sind meine Mütter«. So wachsen sie in Gemeinschaft auf und betrachten alle als ihre Eltern. Die Geburt eines Kindes wird nicht mit Sexualität assoziiert. Beim Geschlechtsakt vereinigen sich die Götter dieser Stufe körperlich, aber es kommt zu keiner Ejakulation und damit auch zu keinem Energieverlust. Wie bei allen Deva-Göttern, so ist auch bei ihnen die sexuelle Vereinigung ein beiläufiges und leicht zu wiederholendes Vergnügen.

Die Wesen dieses Bereiches erschufen sich die oben beschriebenen Zustände, indem sie nicht selbstsüchtig nach Glück und Reichtum strebten und angesichts ihrer Besitztümer nicht übermütig wurden.

WENN DU GEWÜRFELT HAST:
»eins«: geh' in den Himmel der Dreiunddreißig (Nr. 28)
»zwei«: begib dich zum Südlichen Kontinent (Nr. 17)
»drei«: werde zu einem Bön-po (Nr. 23)
»vier«: begib dich zum Westlichen Kontinent (Nr. 18)
»fünf«: werde ein Hungergeist (Nr. 10)
»sechs«: geh' in die Wiederbelebende Hölle (Nr. 6)

28

Himmel der Dreiunddreißig Götter Trāyātriṃśa

Du wohnst auf dem Gipfel des Berges Meru in einem Gebiet von dreiunddreißig benachbarten göttlichen Bereichen. Die Devas dieser Stufe sind groß und mächtig; sie verfügen über übernatürliche Sinneskräfte. Ihr Oberhaupt ist Indra, der alte Kriegsgott vedischer Zeiten, der nun zu einem Beschützer des Dharma geworden ist und seine karmische Stellung seiner Verehrung und Gebefreudigkeit gegenüber dem Buddha verdankt. Die Götter dieses Bereiches, wie ihre griechischen Vettern auf dem Olymp, stehen nicht völlig über den Dingen dieser Welt. Sie haben ihr Paradies den Asuras abgewonnen und müssen es immer wieder gegen sie verteidigen. Deswegen ist es von einem goldenen Wall umgeben.

Der Boden dieses Himmels hat die Farben des Regenbogens; er ist weich und paßt sich beim Gehen dem Fuß an. An den vier Ecken des Berges erheben sich kleinere Spitzen, die von den Vajrapāṇi, den Yakṣa mit den Donnerkeil — bewaffneten Händen, bewacht werden. Auf der höchsten Erhebung im Zentrum liegt ›schöne Aussicht‹ (skr. sudarśana), die Stadt Indras. Vier Parks mit magischen Seen zieren ihre Seiten. Um jeden See lädt eine Wiese mit ihrem weichen und angenehmen Grund zum Spiel ein.

Im Nordosten der Stadt Sudarśana steht eine riesige Magnolie, mit Namen ›zu vollem Wachstum gelangt‹ (skr. pārijātaka). Ihr Duft breitet sich überallhin aus, selbst gegen die Richtung des Windes. Ihr Schatten ist der vollkommene Platz für Vergnügungen, Musik und Liebe. Die Gottheiten dieses Bereiches vereinigen sich, indem sie ihre Geschlechtsteile sich leicht berühren lassen. Im Südwesten liegt Sudharma, die Versammlungshalle für alle Angelegenheiten des göttlichen Staatswesens. Im Zentrum befindet sich Indras ›Erobererpalast‹ (skr. vāijayanta).

Obwohl diese Götter Zuflucht zum Buddha nehmen, lassen ihre intensiven Freuden keinerlei religiöse Übung zu. Deswegen können sie sich auch nicht der Wiedergeburt in niederen Zuständen entziehen, wenn sich ihr gutes Karma erschöpft hat. Man sagt, es gäbe kein größeres Elend als das eines sterbenden Gottes oder einer sterbenden Göttin, die ihre zukünftige Existenz vorhersehen können. Das nahende Ende eines göttlichen Schicksals kündigt sich durch fünf Vorzeichen an: das Gewand wird schmutzig, die Blumengewinde verwelken, Schweiß zeigt sich in den Achselhöhlen, es verbreitet sich ein unangenehmer Geruch um den Körper, und der Sitz wird unbehaglich. Beim Erscheinen dieser Zeichen verlassen Gefährten und Liebespartner den davon Befallenen angewidert. Indra wird nachgesagt, er besitze eine Bildersammlung von Porträts vergangener Götterkönige dieses Bereiches, auf denen ihr Ende und ihre Wiedergeburt aufgezeichnet sind. Das Elend, wie es zum Schluß eines so glücklichen Zustandes erlebt wird, ist ein letzter Beweis dafür, daß das Leiden vollständig durch die Aufhebung von Geburt und Tod überwunden werden muß.

WENN DU GEWÜRFELT HAST:
»eins«: geh' in den Himmel ohne Kampf (Nr. 29)
»zwei«: begib dich zum Südlichen Kontinent (Nr. 17)
»drei«: begib dich zum Nördlichen Kontinent (Nr. 20)
»vier«: werde ein Hindu (Nr. 22)
»fünf«: werde ein Tier (Nr. 11)
»sechs«: geh' in die Kalten Höllen (Nr. 7)

29

Himmel ohne Kampf
Yāma

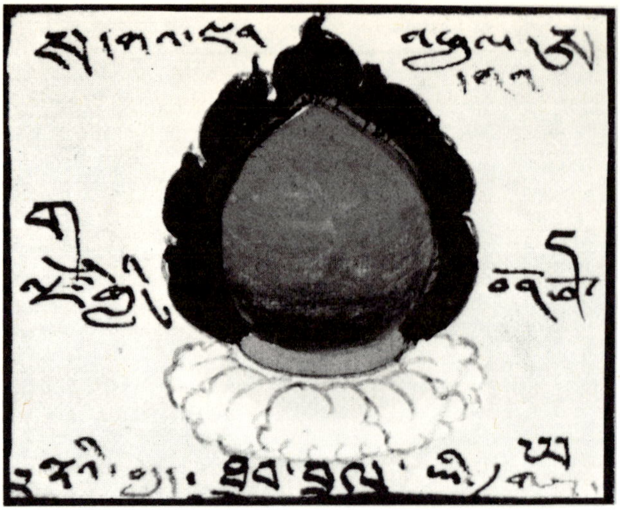

Noch großartiger und mächtiger als die Götter der Dreiunddreißig stehen die Yāma-Devas vollkommen über weltlichem Kampf und sind sich des Besitzes ihres Himmels ganz sicher. Wie eine Wolkenformation hängt ihr Paradies in den Lüften, noch einmal so weit vom Spiegel des Weltenmeeres entfernt wie der Gipfel des Berges Meru. Die Saat ihrer früheren besonders moralischen Lebensweise, ihrer Selbstbeherrschung und Meidung von Konflikten ist nun aufgegangen und erblüht in den Freuden des Bereiches der Begierdegötter (skr. kāmadeva); Gärten mit Seen, Wildgänse und Wasserlilien, sowie sexuelle Freuden, die schon bei bloßer Umarmung erfahren werden. Auf dem Bild ist das wunscherfüllende Juwel (skr. cintamaṇi) als Zeichen dafür abgebildet, daß alles Ersehnte sofort in ihren Besitz gelangt.

Unter den dort lebenden Bodhisattvas ist Suyāma, der König der Wildgänse, zu finden. Er lebt im Inneren eines riesigen Lotus. Es ist seine Aufgabe, die Götter vor Verwirrung zu warnen, damit sie nach ihrem Tod nicht einem der niederen Bereiche anheimfallen. Einmal schickte Māra, der über den Bereich des Begehrens (skr. kāmadhātu) herrscht, drei Sendboten — Genuß, Ablenkung und Verwirrung —, um sich gegen die Bedrohung seiner Hoheitsrechte zu verwahren. Es folgte ein eindringliches Streitgespräch über den Dharma, und die drei Sendboten mußten sich schließlich geschlagen geben. Sie hatten nicht vermocht, die Devas dieses Bereiches zu erschüttern.

WENN DU GEWÜRFELT HAST:
»eins«: steige auf zum Freudvollen Reinen Land (Nr. 30)
»zwei«: geh' in den Himmel Nirmāṇa Rati (Nr. 31)
»drei«: begib dich zum Südlichen Kontinent (Nr. 17)
»vier«: werde ein Bön-po (Nr. 23)
»fünf«: werde ein Göttliches Tier (Nr. 12)
»sechs«: werde ein Hungergeist (Nr. 10)

30

Freudvolles Reines Land
Tuṣita

Obwohl Tuṣita nur der vierte von sechs Himmeln des Bereiches sinnlicher Begierde (skr. kāmadhātu) ist, stellt er trotzdem die vielversprechendste Ausgangsbasis für die eigene Zukunft dar, denn nach der Überlieferung ist er die vorletzte Wohnstätte des Bodhisattva, die Station vor seiner letzten Geburt in menschlicher Form. Der kommende Buddha, der ›Liebende‹ (skr. māitreya), verweilt zur Zeit unter dem Namen ›Erlöser-Gott‹ (skr. nāthadeva) in Tuṣita.

Tuṣita ist der schönste aller Götterbereiche. Ein tibetisches Kind berichtete kurz nach seiner Geburt, daß die Bewohner Tuṣitas Nektar (skr. amṛta) trinken, daß es dort große weiße Blumen gibt, daß Gebäude, ja selbst der Erdboden juwelenübersät sind. Für buddhistische Gelehrte ist dieser herrschaftliche Sitz hoch über dem Berg Meru ein beliebter Versammlungsort.

Gelehrte, Erhalter des Dharma,
Weise, die nach Befreiung streben
Und sich an Gelehrsamkeit erfreuen,
Sie gehen nach Tuṣita

So reiste zum Beispiel der ehrwürdige Asaṅga, Begründer der Yogācāra- oder ›Nur-Geist-Schule‹ hierher, als er die Inspiration Māitreyas suchte.

Für die gewöhnlichen Devas dieses Bereiches, die immer noch an sinnliches Begehren gebunden sind, äußert sich Sexualität nur mehr in der gegenseitigen Berührung der Hände.

WENN DU GEWÜRFELT HAST:
»eins«: geh' zu Mahāyāna, ›Höchste Lehren‹ (Nr. 64)
»zwei«: geh' zu Mahāyāna, ›Empfänglichkeit‹ (Nr. 63)
»drei«: geh' zu Mahāyāna, ›Hitze‹ (Nr. 55)
»vier«: geh' zu Mahāyāna, ›Großer Pfad der Ansammlung‹ (Nr. 54)
»fünf«: geh' zu Mahāyāna, ›Mittlerer Pfad der Ansammlung‹ (Nr. 53)
»sechs«: geh' zu Mahāyāna, ›Kleiner Pfad der Ansammlung‹ (Nr. 52)

31

Sich seiner Erscheinungen erfreuen
Nirmāṇa-Rati

In dieser göttlichen Wohnstätte hoch über dem Berg Meru benötigen die Götter keine vorhandenen Objekte des Begehrens mehr, denn ihr bloßer Wunsch wird sofort Wirklichkeit. Durch den Prozeß zunehmender Verfeinerung, wie er in den verschiedenen Stufen der Göttlichkeit zum Ausdruck kommt, sind sie ihrer Bindungen an die materielle Welt so weit entledigt, daß sie die Erscheinungen ihres eigenen Geistes genießen können. Und so erfreuen sie sich auch ihrer Sexualität, indem sie nur noch zusammen lachen, miteinander sprechen und gegenseitig ihren Duft einatmen.

Die Wesen dieses Himmels verstrahlen ein vibrierendes goldenes Licht. Ihre Wohnstätte ist reich mit Edelsteinen, prächtigen Gärten, wunderschönen Pflanzen, Schlinggewächsen und Bäumen gesegnet. Aus ihren Palästen tönen die Klänge von Tanz und Musik.

Höchste moralische Verfeinerung und große Freigebigkeit sind die karmischen Ursachen, die zu diesem Zustand führen.

Wesen, die aus eigenem Antrieb
Mit großer Willenskraft
Nach Sittlichkeit, Gebefreudigkeit
Und Selbstzucht streben,
Gehen mit Sicherheit nach Nirmāṇa-Rati.

WENN DU GEWÜRFELT HAST:
»eins«: beginne mit dem Mahāyāna (Nr. 52)
»zwei«: begib dich zum Freudvollen Reinen Land (Nr. 30)
»drei«: beginne mit dem Fahrzeug der Einsamen Verwirklicher (Nr. 43)
»vier«: geh' in den Himmel Paranirmita Vaśavartin (Nr. 32)
»fünf«: werde ein Hindu (Nr. 22)
»sechs«: werde ein Göttliches Tier (Nr. 12)

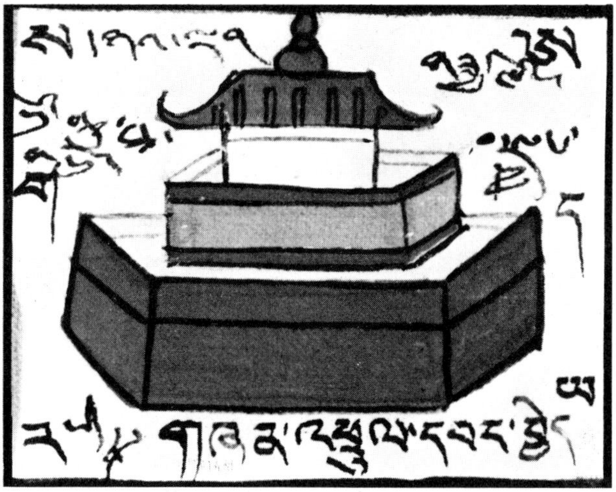

32

Über die Erscheinungen anderer gebieten Paranirmita-Vaśavartin

In dieser ätherischen Wohnstatt, vier Stufen oberhalb der Spitze des Berges Meru, wohnen die höchsten Gottheiten des Bereiches sinnlicher Begierden.

Jene edlen Wesen, die Allerhöchsten,
Deren Eigenschaften die aller anderen übertreffen –
Gebefreudigkeit, Selbstbeherrschung, Selbstbeschränkung
Gehen vertrauensvoll in den Bereich Paranirmita-Vasávartin.

Die herausragende Eigenschaft dieser Götter besteht darin, daß sie kein vorhandenes Sinnesobjekt als Gundlage für ihren Genuß benötigen, ja sie brauchen nicht einmal, wie die Götter im Bereich direkt unter ihnen, ein solches Objekt aus dem eigenen Geist hervorzubringen. Diese hohen Wesen gebieten über die Emanationen anderer. Ihre geistigen Fähigkeiten sind so weit fortgeschritten, daß alles, was sie erstreben könnten, schon von anderen Götterklassen vorweggenommen wird, die es dann auf magische Weise aus ihrem Geist erscheinen lassen, um die Paranirmita-Vaśavartin zufriedenzustellen. – Dieser Sachverhalt wird in den Schriften durch das Beispiel des Koches illustriert, der seinem Herrn die gewünschten Lieblingsgerichte serviert.

In diesem Himmel erlangt man allein durch einen zugeworfenen Blick völlige sexuelle Befriedigung.

Māra ist König dieses Reiches. Als Herrscher über den gesamten Komplex der Begierdebereiche (skr. kāmadhātu) ist er besonders auf all jene eifersüchtig, die versuchen sollten, sich seiner Herrschaft zu entziehen. Er schickt seine Heere angenehmer und furchterregender Zerstreuungen aus, um Heilige und Yogis zu verwirren (siehe Spielfeld Nr. 100). Wer sich dadurch nicht stören läßt und diese Ablenkungen überwindet, erreicht den Bereich ›Reiner Form‹ (skr. rūpadhātu).

WENN DU GEWÜRFELT HAST:
»eins«: begib dich zum Freudvollen Reinen Land (Nr. 30)
»zwei«: steige auf in den Bereich Reiner Form (Nr. 35)
»drei«: begib dich in den Himmel der Dreiunddreißig (Nr. 28)
»vier«: begib dich zum Westlichen Kontinent (Nr. 18)
»fünf«: werde ein Hungergeist (Nr. 10)

33

Tantra
Kleiner Pfad der Ansammlung

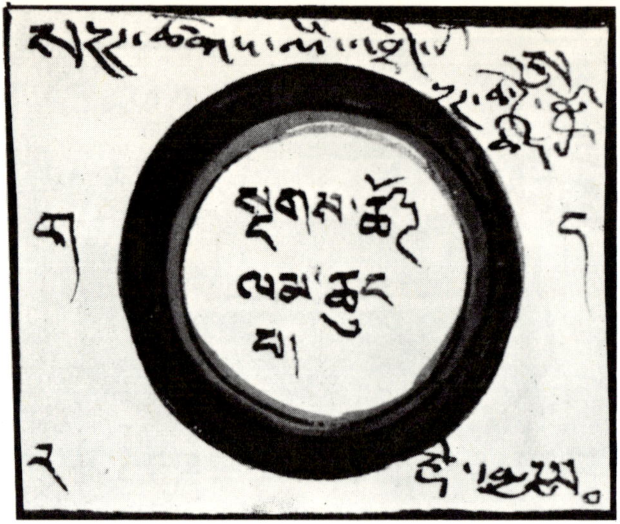

Hier, zu Beginn der eigentlichen Praxis, befaßt du dich mit dem Tantra konkreter Handlungen (skr. kriyatantra). Obwohl das Verständnis der ›Leerheit‹ (skr. śūnyatā) aller Phänomene die höchste Verwirklichung darstellt, die aus allen tantrischen Meditationen erwachsen kann, werden die Tantras in äußere beziehungsweise innere Übungen unterteilt und abgestuft. Das Kriya-Tantra beschäftigt sich hauptsächlich mit der Läuterung aller Elemente der äußeren und inneren Welt. Dabei wirst du selbst zusammen mit den äußeren Erscheinungen verwandelt, indem du dein Ich mit dem Wesen der visualisierten Gottheit, deine Sprache mit ihrem Mantra und deine Umwelt mit ihrem ›reinen Land‹ identifizierst. Auf diese Weise wird die eigene Person zusammen mit den äußeren Erscheinungen während der Meditation in die Schönheit und Reinheit des erwachten Zustandes überführt. Ist ›Wirklichkeit‹ das Spiel der Erscheinungen, die nach karmischen Gesetzmäßigkeiten, aber alle aus der ›Leerheit‹ entstehen, so ist es das erklärte Ziel tantrischer Praxis, sie willentlich umzugestalten.

Nach den Lehren der ›alten Schule‹ (tibet. rñiṅ-ma) stellt man sich im Kriya-Tantra die Gottheit, einen Buddha oder Bodhisattva, als Gegenüber vor. Es herrscht dieselbe Beziehung wie zwischen »Diener« und »Herr«. Dadurch erlangt man selbst Siddhi. Die Verwirklichung dieser Stufe — also, bevor man die Gottheit in sich hereingenommen hat und mit ihr verschmolzen ist — sind gewöhnlicherer Art und reichen nicht an das höchste Ziel der Buddhaschaft heran. Riten wie die der Dienstbarmachung einer Gottheit fußen auf der geistigen Umformung der Wirklichkeit. Wenn du lernst, sie zu vollziehen, ohne dabei fest deinem Wunsch, anderen zu helfen, zu folgen, wird deine eigene Selbstsucht nur noch verstärkt. Auf diese Weise kann dich der Weg des Kriya-Tantra in die qualvollsten Höllenzustände führen.

Dessenungeachtet schafft das Kriya-Tantra, wenn es nach vollzogener Initiation unter fachgerechter Anleitung mit äußeren Ritualhandlungen, Opferungen und Textrezitationen ausgeübt wird, eine große Ansammlung von Verdiensten. Schließlich kannst du auf vollkommene Weise sogar das höchste Opfer darbieten: konzentrierte Verehrung und ungeteilte Aufmerksamkeit.

Wenn ablenkende Gedanken an deinem Geiste zerren,
Dann behaupte nicht, du hieltest die tantrischen Gelübde,
Sonst fällst du in die Vajra-Hölle.

WENN DU GEWÜRFELT HAST:
»eins«: geh' zu Tantra, Mittlerer Pfad der Ansammlung (Nr. 41)
»zwei«: geh' zu Tantra, Großer Pfad der Ansammlung (Nr. 42)
»fünf«: werde zu Rudra (Nr. 16)
»sechs«: falle in die Vajra-Hölle (Nr. 1)

34

Mahākāla

Du bist der ›Große Schwarze‹ geworden, dessen aggressive und rasende Energien in Schutzkräfte des Dharma umgewandelt worden sind. Mahākāla ist ein überweltlicher Beschützer, der nicht durch äußere Umstände in seine Rolle gepreßt wurde, sondern er hat sich ihr aus eigener Einsicht zugewandt; sein »Drittes Auge« zeigt, daß er ein Herr der Weisheit ist. Er ist Oberhaupt jener fürchterlichen Hilfsgeister, die jedes Meditationshindernis und jede Bedrohung für den Dharma einfach niedertrampeln. In den heiligen Tänzen sorgt er für die ›Befreiung‹ der Dämonen; d. h., er verpflichtet sie dem Dharma. Die Kräfte Mahākālas können von einem Eingeweihten rituell dazu angerufen werden, einen Feind niederzustrecken.

Mahākāla wird von jeder Schule des tibetischen Buddhismus in verschiedenen Formen anerkannt; im ganzen gibt es über fünfundsiebzig Formen. Er wird im ›geheimen Haus der Schutzgottheit‹ hinter dem Altar des Klosters ständig um Hilfe angerufen. Von einer Flammenaureole umgeben, trägt er eine Elefantenhaut auf dem Rücken und einen Kranz frisch abgeschlagener Köpfe um seinen Hals. Er ist vielleicht Yama, der Herr des Todes in neuer Gestalt, oder der große Yogi Rudra-Śiva, nachdem er dem wahren Dharma verpflichtet worden ist; Dreizack und Schädelschale deuten darauf hin. Seine schrecklichen und leidenschaftlichen Kräfte arbeiten nun daran, das durch Aggression bedingte Karma zu läutern.

WENN DU GEWÜRFELT HAST:
»eins«: steige auf nach Urgyan (Nr. 61)
»zwei«: steige auf zur fünften Tantrastufe (Nr. 81)
»drei«: steige auf zum Buddhafeld der ›Allesvollendenden Tat‹ (Nr. 70)

35

Der Bereich der Reinen Form Rūpadhātu

Diese Bereiche verfeinerten Bewußtseins, die hoch über dem Berg Meru und jenseits des Bereiches sinnlicher Begierden schweben, sind das Ergebnis ›unbeweglichen‹ Karmas (skr. aniñja), das jenseits von Gut und Böse steht. Tatsächlich stimmen die siebzehn Stufen dieses Bereiches mit sehr feinen Fortschritten in der Versenkungspraxis überein. Mit der Aufhebung der Bindung an den Bereich sinnlicher Objekte und der erfolgreichen Ausübung der Ruhemeditation (skr. śamatha) erlangst du einen durchscheinenden Ätherleib, dem weder körperliches noch geistiges Leid anhaften kann.

Die ersten drei Stufen, die Welten der Brahmāgötter, beziehen sich auf das erste Stadium meditativer Versenkung, in dem der Geist auf einen einzigen Gedanken gerichtet ist. Diese Götter haben die Neigung, den Gott Brahmā für den Schöpfer des Universums zu halten.

Die zweite Versenkung verursacht Wiedergeburt in den drei Bereichen von Lichtgöttern (skr. ābha). Das körperliche Wohlgefühl bei der Meditation tritt in den Hintergrund und gibt den Weg frei für Freude (skr. prīti) und Gleichmut (skr. upekṣā). Die Wiedergeburt als Glanzgott entwächst der dritten Versenkung; auch dabei gibt es drei Stufen — eine der schwächeren, mittleren und tiefen Versenkung. Diese Götter erfahren Beseligung (skr. sukha) und Gleichmut.

Von den Göttern der vierten Versenkung, die sich allein durch Gleichmut auszeichnen, sind drei von insgesamt acht in diesem Feld zu finden (siehe auch Spielfeld Nr. 37). Sie heißen ›Unumwölkt‹, ›Verdienstgeboren‹ und ›Große Reifung‹.

An der Spitze dieser letzten Sorte steht eine Gruppe von Wesen, die frei von allen Gedanken sind (skr. asaṃjñisattva). Sie mißverstehen ihren Zustand als Nirvāṇa, aber in Wahrheit befinden sie sich nur in einer tiefen Entrückung, der es an wirklichem Wissen über die Welt mangelt. Entsteht aufgrund früheren Karmas schließlich doch ein Gedanke, so fallen die Götter dieses Bereiches in die Welten sinnlicher Begierden zurück.

WENN DU GEWÜRFELT HAST:
»eins«: geh' in die Reinen Wohnungen (Nr. 37)
»zwei«: beginne mit dem Mahāyāna (Nr. 52)
»drei«: rücke vor zum Formlosen Bereich (Nr. 36)
»vier«: begib dich ins Freudvolle Reine Land (Nr. 30)
»fünf«: begib dich zum Südlichen Kontinent (Nr. 17)
»sechs«: geh' in den Himmel der Vier Großen Könige (Nr. 27)

36

**Der Bereich der Formlosigkeit
Arūpadhātu**

Indem du über sinnliches Begehren und danach über jegliche Materie hinausgehst, wird dein geistiger Horizont so weit, daß er unendliche ferne Räume umfaßt und schließlich sogar das Bewußtsein überschreitet.

Es gibt vier Meditationen, die sogenannten Samāpatti, die Wiedergeburt im Bereich der Formlosigkeit bewirken. Diese vier werden in einer bestimmten Reihenfolge angegeben. Da sie jedoch immateriell sind, können sie keinen genau zu definierenden »Raum« ausfüllen. Wiedergeburt in diesem Bereich wird durch ein Karma, das weder gut noch schlecht ist, bewirkt. Es ist ein rein geistiger Zustand ohne Bindung an materielle Elemente. Diese Bereiche sind dort zu finden, wo sich auch der letzte Aufenthaltsort des Meditierenden auf Erden befand — am Fuße eines Baumes, in einer Meditationshalle oder im Bereich der ›Reinen Form‹. Die Namen der ersten drei Samāpatti sind von Yogapraktiken abgeleitet.

1. In der Betrachtung des Meditationsobjektes überschreitet der Yogi alle Vorstellungen von Materie. Hinderliche Verbegrifflichung verschwindet wie die untergehende Sonne und, indem er der Vielheit keine weitere Beachtung schenkt (indem er aufhört, zwischen Gegenständen und ihrer Umgebung zu unterscheiden), verweilt er in dem Gedanken »der Raum ist unendlich« und erlangt den Zustand der *Raumunendlichkeit* (skr. ākāśānantyāyatana).

2. Indem er völlig über den Zustand der *Raumunendlichkeit* hinausgeht, denkt er »das Bewußtsein ist unendlich« und erreicht den Zustand der *Bewußtseinsunendlichkeit* (skr. vijñānānantyāyatana).

3. Indem er den Zustand der *Bewußtseinsunendlichkeit* völlig überschreitet, denkt er »es gibt überhaupt nichts« und verweilt im Zustand des *Nicht-Etwas* (skr. akiṃcanyāyatana).

4. Das vierte Stadium benötigt überhaupt keine Gedanken mehr. Indem er den Zustand des *Nicht-Etwas* überwindet, erreicht er den Punkt der *Wahrnehmungsgrenze* (skr. nāivasaṃjñā-saṃjñāyatana, ›Weder-Vorstellung-noch-Nicht-Vorstellung). Dieser Zustand wird Gipfel der Existenz genannt. Wie der Name besagt, handelt es sich dabei um die Entmachtung der Vorstellungskraft (skr. samjñā) und nicht um deren völlige Beseitigung.

Von hier ist es allerdings nur noch ein kleiner Schritt zur *Nichtvorstellung* und zu jener Art von Samāpatti, die als das ›Aufhören‹ (skr. nirodha) bezeichnet wird und in der der Strom der Geistfaktoren für eine geraume Weile aufgehalten ist. Dieser Zustand wird manchmal mit Nirvāṇa verwechselt (siehe Spielfeld Nr. 48). Wenn in diesen Bereichen auch die Bindung an die Sinnesobjekte überwunden wurde, so bleibt doch ein Anhaften an der Existenz erhalten. Nach einem bestimmten Zeitraum beginnt vergangenes Karma erneut zu wirken, und du wirst in einer niederen Form wiedergeboren.

WENN DU GEWÜRFELT HAST:
»eins«: beginne mit dem Fahrzeug der Hörer (Nr. 38)
»zwei«: begib dich zum Südlichen Kontinent (Nr. 17)
»drei«: werde ein Tier (Nr. 11)
»sechs«: geh' in die Klagehöllen (Nr. 4)

37

Reine Wohnungen
Śuddhāvāsa

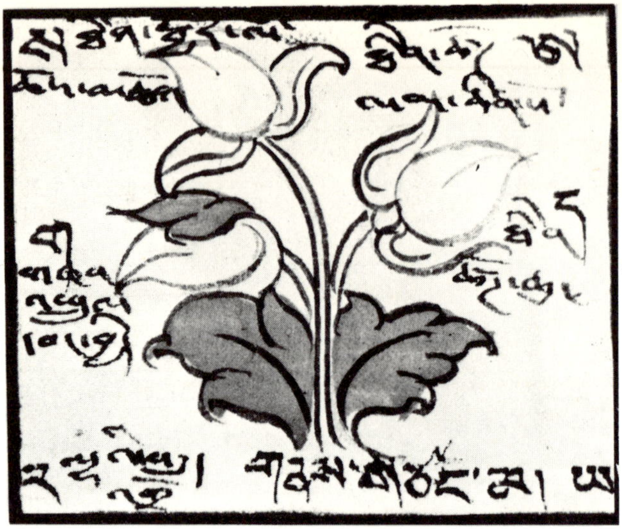

Du erreichst die Höhen des Bereiches ›Reiner Form‹ mit Hilfe der intensivsten und gesammeltsten Übung der vierten Versenkungsstufe. Fünf verschiedene Klassen von Göttern wohnen dort in herrschaftlichen Unterkünften, hoch über dem Berg Meru schwebend. Sie werden aufgrund ihrer Betonung einer der fünf Grundtugenden in verschiedene Klassen unterteilt, je nachdem, ob bei ihnen Vertrauen, Tatkraft, Aufmerksamkeit, Versenkung oder Weisheit besonders entwikkelt sind. Die letzte Reine Wohnung, die ›unübertreffliche‹ (skr. akaniṣṭha), betont Weisheits- oder Klarblicksmeditation (skr. vipaśyanā). Da dieser höchste Akaniṣṭha-Bereich somit am Wesen der Erleuchtung teilhat, ist er nicht hier, sondern im oberen Teil des Spielfeldes (siehe Spielfeld Nr. 84) aufgeführt.

Die Götter der ›Reinen Wohnungen‹ sind »tugendhaft, mächtig, langlebig, schön und erfreuen sich größten Wohlergehens. Sie sind lichterfüllt, können durch die Luft fliegen, ernähren sich von angenehmen Speisen, sind glücklich und gehen, wohin auch immer sie wollen. Sie sind frei von Leidenschaften«. Da Vertrauen und andere Tugenden neben der Meditation zu diesem Bereich gehören, steht er nur jenen offen, die sich dem Dharma gewidmet haben.

WENN DU GEWÜRFELT HAST:
»eins«: rücke vor zu Mahāyāna, Höchste Lehren (Nr. 64)
»zwei«: rücke vor zu Mahāyāna, Großer Pfad der Ansammlung (Nr. 54)
»drei«: begib dich in den Himmel Paranirmita-Vaśavartin (Nr. 32)
»vier«: beginne mit dem Mahāyāna (Nr. 52)
»fünf«: werde ein Göttliches Tier (Nr. 12)

38

Hörer
Śrāvaka
Pfad der Ansammlung
Saṃbhāra Mārga

Du vertraust dich dem Fahrzeug der Hörer (skr. śrāvakayāna) an und beginnst heilsame Ursachen für die spätere Befreiung zu schaffen, da du dich vom Kreislauf der Wiedergeburten abgestoßen fühlst. Je nachdem, ob als Mönch oder Laie, fängst du an, den Dharma zu hören, und trittst in die edle Familie der buddhistischen Gemeinschaft ein.

Du meditierst über die Widerwärtigkeit des Körpers (falls du ein leidenschaftliches Wesen hast), über Entstehen in Abhängigkeit (als Gegenmittel gegen Unwissenheit), über freundliche Hinwendung (als Gegenmittel gegen alle bösen Absichten), über den Atem (um diskursives Denken zur Ruhe zu bringen) oder über die Betrachtung des Buddha (um allen vieren entgegenzuwirken). Das heißt, du unternimmst die ersten Schritte, um die vier grundlegenden falschen Ansichten, die gewöhnlich tief im Menschen verwurzelt sind, abzubauen. Diese vier sind: Beständiges im Vergänglichen zu suchen; Befriedigung im Leidhaften zu wünschen; ein ›Selbst‹ zu sehen, wo es keines gibt; Schönes im Abstoßenden zu erstreben. Auf diese Weise werden große Fortschritte in der Meditation erzielt. Erklärte Absicht ist es, geistige Sammlung zu gewinnen und die gröbsten Hindernisse – Anhaften, Ablehnung und Verwirrung –, die den Weg zur Befreiung versperren, zu überwinden.

WENN DU GEWÜRFELT HAST:
»eins«: begib dich zu den Reinen Wohnungen (Nr. 37)
»zwei«: schreite mit dem Fahrzeug der Hörer zum Pfad des Sehens fort (Nr. 40)
»drei«: schreite mit dem Fahrzeug der Hörer zum Pfad der Bemühung fort (Nr. 39)
»vier«: beginne mit dem Mahāyāna (Nr. 52)
»fünf«: werde ein Tier (Nr. 11)
»sechs«: geh' in die Hölle der Schwarzen Schlinge (Nr. 5)

39

Hörer
Śrāvaka
Pfad der Bemühung
Prayoga Mārga

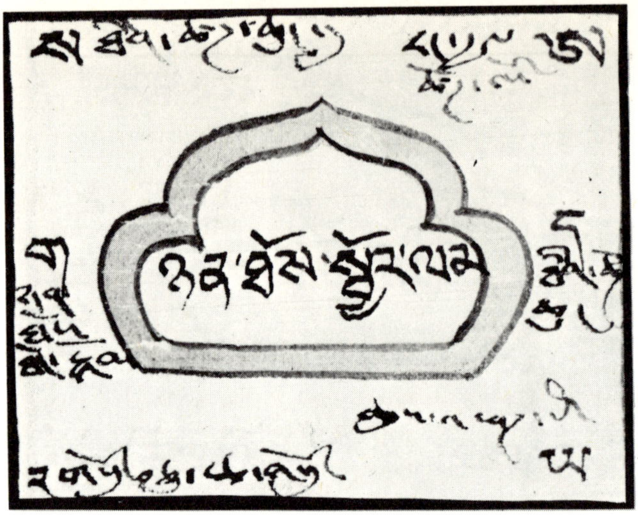

Du hast Verdienste angesammelt und gewisse meditative Fähigkeiten ausgebildet, und nun errichtest du ein Fundament, auf dem sich tiefere Einsicht in das Wesen der Wirklichkeit entwickeln kann; das heißt, du verwendest das durch frühere Übung erlangte Verdienst zum Verständnis des Dharma. Du praktizierst eine höhere Form der Achtsamkeitsübung, indem du die Vier Edlen Wahrheiten (siehe auch Kommentar zu Spielfeld Nr. 40) als Meditationsobjekt nimmst. So erlangst du auf der Basis der Stille in der Meditation Einsicht in die aus Abhängigkeiten entstandene und dem Wandel unterworfene Form des Selbst. Du erlangst höchste weltliche Geistfaktoren wie zum Beispiel die fünf Arten höherer Bewußtheit (skr. abhijñā): die Macht, Wunder zu wirken; das göttliche Ohr; Kenntnis der Gedanken anderer; Erinnerung an eigene vergangene Leben; Kenntnis der vergangenen Leben anderer. Die sechste Art höherer Bewußtheit, das Wissen, daß die eigenen Körperausflüsse erloschen sind, wird am Ende des Weges hinzukommen.

Wenn dieser Pfad gemeistert wurde, steigst du zu den weltüberwindenden Pfaden auf.

WENN DU GEWÜRFELT HAST:
»eins«: beginne mit dem Mahāyāna (Nr. 52)
»zwei«: beginne mit dem Fahrzeug der Einsamen Verwirklicher (Nr. 43)
»drei«: schreite mit dem Fahrzeug der Hörer zum Pfad des Sehens fort (Nr. 40)
»vier«: beginne mit dem Mahāyāna (Nr. 52)
»fünf«: geh' in den Himmel der Dreiunddreißig (Nr. 28)
»sechs«: begib dich zum Östlichen Kontinent (Nr. 19)

40

Hörer
Śrāvaka
Pfad des Sehens und der Meditation
Darśana und Bhāvanā Mārga

Im Laufe moralischer Läuterung und geistiger Sammlung erschaust du die Vier Edlen Wahrheiten, so wie sie vom Buddha gelehrt wurden, in ihrer weitverzweigten Bedeutung. Du siehst: daß der Kreislauf der Wiedergeburten leidhaft ist; daß Verlangen die Ursache des Leidens ist; daß das Leiden mit der Aufgabe alles Anhaftens endet; daß es einen zur Beendigung des Leidens führenden Pfad gibt. Du entledigst dich aller Leidenschaften, die durch Zweifel und die Ansicht, Körper und Geist unterständen der Gewalt eines zentralen Selbst, verursacht sind. Schließlich streifst du auch noch die letzten emotionalen Bindungen an einen festen Moralkodex und Rituale ab. — Das ist der Pfad des Sehens.

Auf dem Pfad der Meditation werden jene letzten Täuschungen ausgeräumt, die nur durch intensive Versenkungspraxis aufgelöst werden können. Der Pfad des Sehens hat die Vorstellung von einem Selbst zerstört; der Pfad der Meditation vernichtet das Haften an angenehmen Empfindungen, an die man sich noch klammert, auch wenn das Selbst schon verschwunden ist. Bei richtigem Verständnis und vollkommener Sammlung bist du dazu in der Lage, dem Achtfachen Pfad in der richtigen Weise zu folgen: mit vollkommener Anschauung, vollkommenem Streben, vollkommener Rede, Tat, Lebensführung, Anstrengung, Vergegenwärtigung und Sammlung. Ist darin Sicherheit gewonnen, dann erfährst du die ›diamantgleiche Sammlung‹ (skr. vajropamasamādhi).

WENN DU GEWÜRFELT HAST:
»eins«: begib dich zum Freudvollen Reinen Land (Nr. 30)
»zwei«: begib dich in den Bereich Reiner Form (Nr. 35)
»drei«: geh' in den Himmel der Dreiunddreißig (Nr. 28)
»vier«: geh' in den Himmel Paranirmita-Vaśavartin (Nr. 32)
»fünf«: geh' in den Himmel Nirmāṇa-Rati (Nr. 31)
»sechs«: geh' in den Himmel ohne Kampf (Nr. 29)

41

Tantra
Mittlerer Pfad der Ansammlung

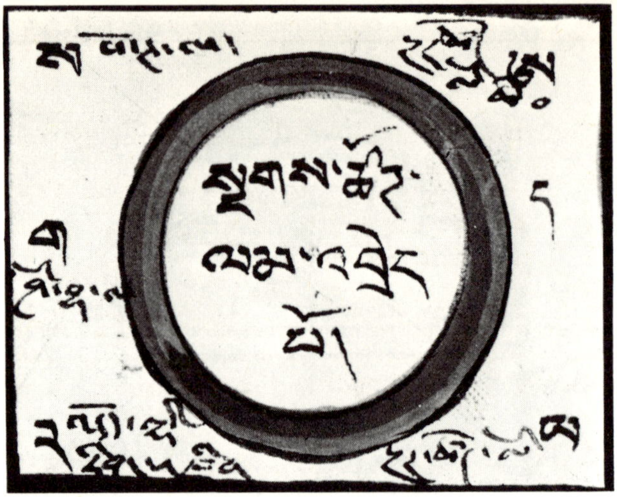

Die zweite Klasse von Tantras ist unter dem Namen ›die Übung beider‹ (skr. ubhayacaryātantra) bekannt, denn innere und äußerliche Yogapraktiken werden dabei kombiniert. Wiederum erzeugst du die Gottheit als Gegenüber, aber diesmal herrscht die Beziehung ›eines Bruders oder eines Freundes‹. Dieser Yoga beruht hauptsächlich auf dem Singen von Mantras. Er unterteilt sich in Yoga mit Visualisierung — wobei du mit der visualisierten Gottheit verschmilzt — und Yoga ohne Visualisierung — wobei du mit der Leerheit der Gottheit verschmilzt. Im ersten Fall läßt der Yogi beim Singen des Mantra seinen Geist ganz im Herzen der Gottheit ruhen. Er übt sich in Bewußtheit des Atems — der das Reittier der Gottheit genannt wird —, um das geschaute Bild zu festigen und diskursives Denken auszuschalten; dadurch vertieft er seine Stille. Im Yoga ohne Visualisierung konzentrierst du dich auf die ›Leerheit‹ und gewinnst dadurch an Einsicht.

Andere meditative Rituale dieser Tantraklasse schenken mit Hilfe magischer Manipulation äußere Objekte, wie zum Beispiel eines Schwertes, geheime Kräfte, so wie man es auch aus der Überlieferung des Pālibuddhismus kennt. Dort werden magische Kräfte durch Meditation über eines der vier großen Elemente (skr. mahābhūta) — Erde, Wasser, Feuer, Luft — erlangt, sobald deren grundlegende Eigenschaft erkannt wurde.

Die Klasse der Caryā-Tantras wird in Tibet kaum geübt. Yogis ziehen es vor, vom Kriya-Tantra direkt zur höchsten Tantraform überzugehen. Der Haupttext dieser Tantraklasse ist das *Mahāvāirocanatantra,* das in China und Japan die Grundlage tantrischer Praxis bildet.

Befaß' dich nicht mit dir selbst
Und halte nicht den Atem an;
Pfui, Yogi, starre nicht auf deine Nasenspitze.
Du Narr, verweile fest im Wahren-Wesen
Und streife ab die Fesseln der Existenz.
Vereinige in deinem Geist
Die rastlosen Wogen des Atems.
Dann lernst du kennen, was das Wahre Wesen ist,
Und dies wird ganz von selbst zur Stille.

WENN DU GEWÜRFELT HAST:
»eins«: steige auf nach Potāla (Nr. 60)
»zwei«: schreite fort zu Tantra, Großer Pfad der Ansammlung (Nr. 42)
»drei«: geh' nach Schambala (Nr. 59)
»fünf«: werde ein Wissenshalter der Begierdegötter (Nr. 67)
»sechs«: geh' zurück zu Tantra, Kleiner Pfad der Ansammlung (Nr. 33)

42

Tantra
Großer Pfad der Ansammlung

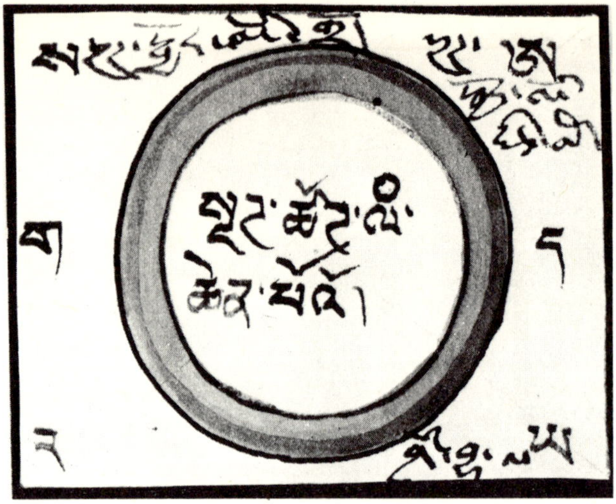

Im Yoga-Tantra wird die Übung völlig nach innen verlegt. Der Yogi erschafft Maṇḍalas und komplexe Visualisierungen der Buddhas aller fünf tantrischen Familien. Indem du die Gottheit in allen Einzelheiten vor dir entwickelst, wird dein Wesen durch ihre Strahlen lichterfüllt. Die wirkliche Gottheit, das ›Wissenswesen‹ (skr. jñānasattva) steigt dann in das bereitete Gefäß deines Körpers herab. Während der Meditation verschmilzt du ganz mit der Gottheit, die mit fünf ›Siegeln‹ versehen wurde. Nachdem du also alle »gewöhnlich für wahr gehaltenen Elemente und Erscheinungen in den Zustand absoluter Wahrheit, der Wahrheit von der Leere, geläutert hast, entfaltest du das göttliche Maṇḍala der fünf Buddhas. Dann ersuchst du das heraufbeschworene Wissenswesen, in dich selbst, der du das symbolische Wesen (skr. samayasattva) darstellst, herabzusteigen.«

Die Vier Siegel — das ›Große Siegel‹ (skr. mahāmudrā), das ›Symbolische Siegel‹ (skr. samayamudrā), das ›Dharmasiegel‹ (skr. dharmamudrā) und das ›Siegel konkreter Tat‹ (skr. karmamudrā) — werden durch eine bestimmte Visualisierung und eine bestimmte Handgeste wirksam. Das fünfte, das ›Wissenssiegel‹ (skr. jñānamudrā), ist das Sein selbst. Diese Siegel reinigen jeweils Körper, Geist, Rede und Tat des Yogi. Der Begriff ›Siegel‹ (skr. mudrā) ist aus der Sanskritverbwurzel ›mud‹ — sich freuen — abgeleitet. Mit Mudrā wird freudvoll die eigene Verwirklichung besiegelt. Du kannst nun nicht mehr auf abwärts führende Wege geraten oder einem unglücklichen Schicksal verfallen. Da du in Körper, Rede, Geist und Tat vollkommen mit den Buddhas übereinstimmst, kann es keinen Mißbrauch magischer Kräfte und kein Nachlassen spiritueller Entwicklung auf dem Bodhisattvapfad mehr geben.

Bei der Übung von Mahāmudrā
Gibt es keinen Raum für ein Denken mit haftendem Geist.
Stellt sich Verwirklichung dieses Zustandes ein,
Der über Wortspiele erhaben ist,
Dann mußt du nicht mehr rezitieren oder dich an Regeln halten.

WENN DU GEWÜRFELT HAST:
»eins«: schreite fort zu Tantra, Pfad der Bemühung: ›Hitze‹ (Nr. 49)
»zwei«: schreite fort zu Tantra, Pfad der Bemühung: ›Höhepunkt‹ (Nr. 50)
»sechs«: geh' nach Schambala (Nr. 59)

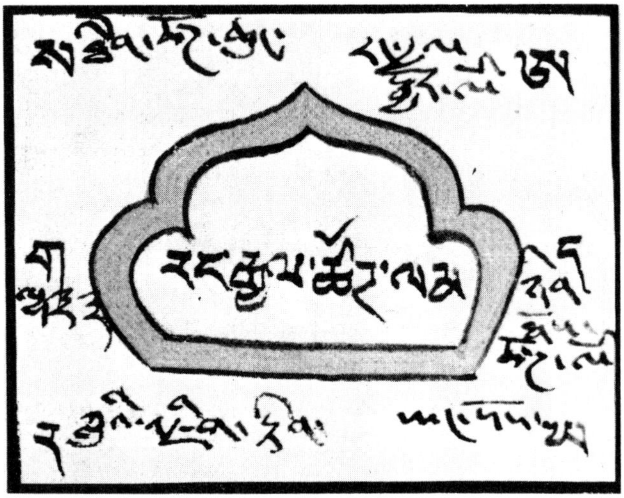

43

Einsamer Verwirklicher
Pratyekabuddha
Pfad der Ansammlung
Saṃbhāra Mārga

Du betrittst das Fahrzeug der Einsamen Verwirklicher. Ein Pratyekabuddha erlangt zu einer Zeit Erleuchtung, da kein Buddha in der Welt lebt, um den Dharma zu lehren. Er wird als ein Wesen beschrieben, das sich in vergangenen Leben früheren Buddhas zugewandt hatte, dem es aber nicht gelang, unter ihrer Anleitung Erleuchtung zu erlangen. Er war einfach zu träge. Nicht einmal das Leiden menschlicher Existenz oder die Gewißheit des Todes brachten ihn zur Besinnung. Deswegen wurde er als Gott wiedergeboren, ohne den Antrieb zu weiterer Übung. Da er jedoch weiterhin gegen Saṃsāra Abneigung hegt, sammelt er immerfort, auch ohne nochmals vom Buddhadharma zu hören, durch sittliche Lebensführung und einsame Meditation Verdienste, bis schließlich das große Erwachen kommt.

WENN DU GEWÜRFELT HAST:
»eins«: beginne mit dem Mahāyāna (Nr. 52)
»zwei«: schreite fort zu Einsamer Verwirklicher, Pfad der Bemühung (Nr. 44)
»drei«: geh' in den Himmel der Dreiunddreißig (Nr. 28)
»vier«: beginne mit dem Fahrzeug der Hörer (Nr. 38)
»fünf«: werde ein Nāga (Nr. 13)
»sechs«: geh' in die Wiederbelebende Hölle (Nr. 6)

44

Einsamer Verwirklicher
Pratyekabuddha
Pfad der Bemühung
Prayoga Mārga

»Sind keine Buddhas gegenwärtig, so erscheinen Pratyekabuddhas in der Welt. In ihrer Stille unübertroffen, sehr mächtig, auf einsamen Wegen wie das Einhorn, schulen sie sich selbst ... «

Über lange Zeiträume verweilst du in tiefen Wäldern und übst Meditation. Du befaßt dich insbesondere mit den vier Achtsamkeitsübungen des Körpers, der Gefühle, der Gedanken und der Dharmas. Mit der letztgenannten Meditation ziehst du die Merkmale aller Phänomene in Betracht: alles ist dem Wandel unterworfen, nicht anziehend, leer und ohne ihm eigenes Selbst.

Der Einsame Verwirklicher wird mit dem Einhorn verglichen, das die Herde meidet und auf sich selbst gestellt durch die Wälder streift. Er ist die sagenumwobene Gestalt des einsamen Yogi altindischer Überlieferung, ein Ideal, das nie völlig im Buddhismus aufgehen konnte, denn Buddhisten leben hauptsächlich in mönchischen oder Laiengemeinschaften und sind intensiv in das Netz sozialer Beziehungen verwoben. Der Einsame Verwirklicher gilt als Beweis dafür, daß der Dharma, die wahre Seite der Wirklichkeit, zeitlos ist, denn der Pratyekabuddha hat ihn entdeckt und verstanden, als kein völlig Erwachter in der Welt lehrte und keine Gemeinde dem Weg folgte.

Lege die Zuchtrute für alle Wesen beiseite,
Verletze keines von ihnen,
Beachte ihr Wohl mit geneigtem Geist;
Schweife einsam umher wie das Einhorn.

WENN DU GEWÜRFELT HAST:
»eins«: begib dich ins Freudvolle Reine Land (Nr. 30)
»zwei«: schreite fort zu Einsamer Verwirklicher, Pfad der Meditation (Nr. 46)
»drei«: schreite fort zu Einsamer Verwirklicher, Pfad des Sehens (Nr. 45)
»vier«: begib dich zum Nördlichen Kontinent (Nr. 20)
»fünf«: begib dich zum Fahrzeug der Hörer, Pfad der Bemühung (Nr. 39)
»sechs«: geh' in den Himmel der Vier Großen Könige (Nr. 27)

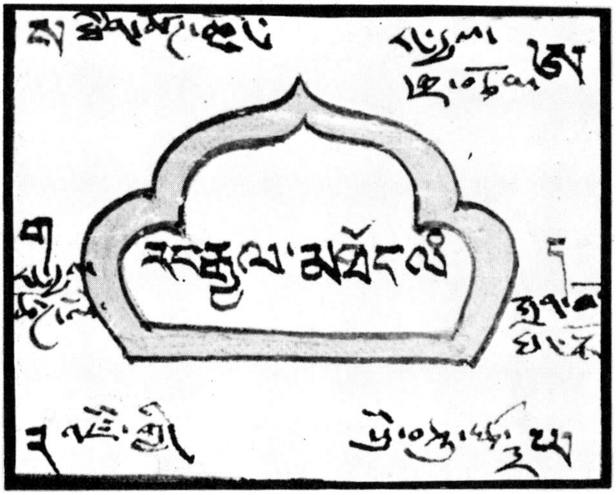

45

Einsamer Verwirklicher
Pratyekabuddha
Pfad des Sehens
Darśana Mārga

»Glücklich sind jene, die allem gleichmütig gegenüberstehen; jene, die in Höhlen wohnen, erfreuen sich asketischer Ertüchtigung; jene, die über nichts gebieten, die kein Eigentum haben, streifen einsam wie das Einhorn durch die Welt; wie der Wind wandern sie durch die Himmel.«

Auf sich selbst gestellt und abseits von der Geschäftigkeit der Welt, widmet der Einsame Verwirklicher der Betrachtung von Geburt und Tod seine Aufmerksamkeit. Er sieht, daß ein einmal gesäter Gedanke zur Tat heranreifen wird; daß eine einmal ausgeführte Tat zur Gewohnheit werden kann; daß eine einmal angenommene Gewohnheit ein Schicksal vorzeichnen wird. Auf diese Weise entdeckt er die Gesetzmäßigkeit bedingten Entstehens (skr. pratītyasamutpāda). Er sieht, daß Tod in Abhängigkeit von Geburt entsteht; Geburt von Werden oder Empfängnis; diese von Ergreifen oder Paarung; diese ihrerseits von sinnlicher Wahrnehmung; diese wiederum von Sinneskontakt; Sinneskontakt von den Sinnen; die Sinne vom psychophysischen Organismus; dieser vom Bewußtsein; das Bewußtsein von karmischen Bildekräften; und diese letztlich von Unwissenheit oder Verblendung. — So sieht er, daß durch die Aufhebung von Verblendung kein Karma mehr geschaffen wird und kein Bewußtsein entstehen kann; Tod und Geburt erlöschen damit. Daraufhin ist der Pratyekabuddha in der Lage, das Auftreten von Täuschungen zu verhindern, denn er unterliegt nicht mehr der Verblendung (skr. mohā), daß das Leben von einem dauerhaften Selbst abhängt. Mit dieser Klärung seiner Sicht der Welt widmet er sich dem Ziel völligen Erwachens durch die Ausübung des Edlen Achtfachen Pfades (skr. ārya aṣṭāṅgika mārga).

WENN DU GEWÜRFELT HAST:
»eins«: beginne mit dem Mahāyāna (Nr. 52)
»zwei«: erreiche als Einsamer Verwirklicher Arhatschaft (Nr. 47)
»drei«: geh' zu Einsamer Verwirklicher, Meditation (Nr. 46)
»vier«: geh' zu Hörer, Pfad des Sehens (Nr. 40)
»fünf«: begib dich zum Südlichen Kontinent (Nr. 17)
»sechs«: geh' in den Himmel der Dreiunddreißig (Nr. 28)

46

Einsamer Verwirklicher
Pratyekabuddha
Pfad der Meditation
Bhāvanā Mārga

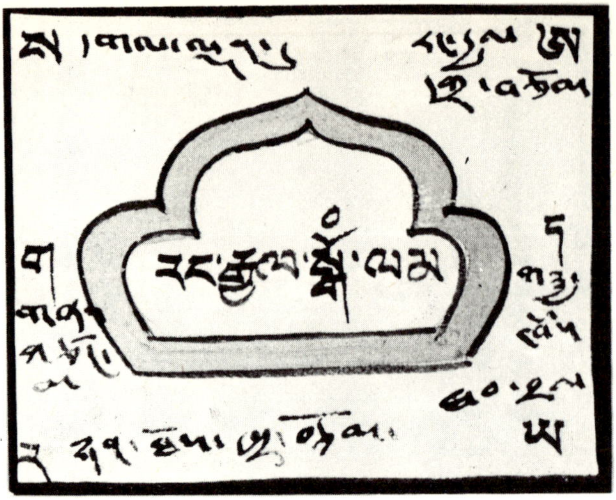

Durch unablässiges Meditieren über seine Sicht der Wirklichkeit zerstört der Pratyekabuddha alle Bindung, die aus Ergreifen, Zurückweisen und unschlüssiger Beziehung zur Welt entstehen kann. Auf dieser Stufe seiner verfeinerten Existenz ist der einzige Rest an Bindung, der an das *Sein* selbst. Ohne Anleitung nähert er sich aus eigener Anstrengung der Befreiung von weiteren Wiedergeburten.

Da er ein auf eigenen Füßen stehender Yogi ist, überschreiten die Kräfte eines Pratyekabuddha bei weitem diejenigen eines Hörers, der zaghaft auf Belehrung durch andere angewiesen ist. Der Einsame Verwirklicher verfügt über Wunderkräfte; er kann seinen Körper teilen und an zwei Orten zugleich auftauchen oder sich in jede beliebige Form verwandeln. Obwohl er gewöhnlich die Verstrickung in die Belange der Welt meidet und besonders sozialen Verpflichtungen aus dem Wege geht, wird er trotzdem, wenn es notwendig ist, seine Bewußtheit zum Nutzen anderer anwenden und einfache Anweisungen über die für einen Yogi angemessene Lebensführung erteilen.

WENN DU GEWÜRFELT HAST:
»eins«: begib dich ins Freudvolle Reine Land (Nr. 30)
»zwei«: erreiche als Einsamer Verwirklicher Arhatschaft (Nr. 47)
»drei«: begib dich zu den Reinen Wohnungen (Nr. 37)
»vier«: geh' in den Bereich Reiner Form (Nr. 35)
»fünf«: erreiche als Hörer Arhatschaft (Nr. 51)
»sechs«: geh' in den Himmel ohne Kampf (Nr. 29)

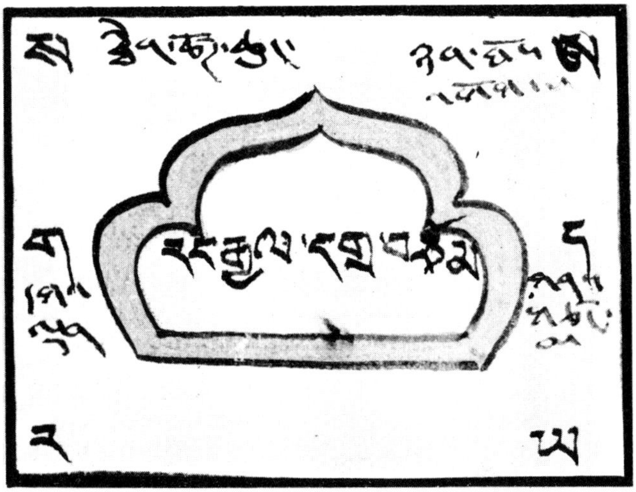

47

Einsamer Verwirklicher
Pratyekabuddha
Stufe des Arhat

Der einsame Yogi erreicht den Zustand des Erwachtseins. Dies ist der ›fünfte Pfad‹; er wird als der Pfad des ›Nicht-mehr-Lernens‹ (skr. aśāikṣamārga) bezeichnet. Der Pratyekabuddha erlangt jenes Nirvāṇa, bei dem bis zur Zeit des Todes noch eine Grundlage für die körperliche Existenz vorhanden ist. In bezug auf sein Wissen und seine Fähigkeiten ist der Einsame Verwirklicher dem Hörer überlegen. Vom Standpunkt des Mahāyāna jedoch, kann auch er in niedere Bereiche zurückfallen, denn vollkommene Buddhaschaft (skr. samyaksaṃbodhi) und Allwissenheit sind damit noch nicht gewonnen.

Da er sich an die Einsamkeit gewöhnt hat, hat er weder den Mut, noch die Fähigkeit, andere über den Weg zum Nirvāṇa zu unterweisen, und kann sich selbst auch nicht mehr an die Lehren erinnern, die er vor langer Zeit einmal darüber erhalten hatte. Kurzum, er ist kein Bodhisattva. Seine Verwirklichung ist jedoch bedeutend, und er ist würdig genug, um von der Welt, die er überwunden hat, verehrt zu werden.

WENN DU GEWÜRFELT HAST:
»eins«: beginne den Weg des Mahāyāna (Nr. 52)
»zwei«: gelange zum Aufhören (Nr. 48)
»drei«: geh' in das Freudvolle Reine Land (Nr. 30)
»vier«: geh' zu den Reinen Wohnungen (Nr. 37)

48

Das Aufhören
Nirodha

Der Arhat hatte bereits während seines Lebens Nirvāṇa erlangt, das ›Nirvāṇa mit Überresten‹, denn obwohl alle trübenden Elemente vernichtet wurden, so blieb doch ein körperliches und geistiges Substrat. Nun, zur Zeit des Todes, geht er in das ›Nirvāṇa ohne Überreste‹ ein. Das ›Nirvāṇa mit Überresten‹ wird grob vereinfacht als die Vertreibung sämtlicher Ganoven aus einer Spelunke umschrieben; das ›Nirvāṇa ohne Überreste‹ wäre dann die völlige Auflösung der Spelunke selbst.

Drei Sammlungsübungen führen zu Nirvāṇa: das Verstehen, daß es *leer* ist, denn es steht in keinerlei Beziehung zu einem Selbst; daß es *eigenschaftslos* ist, denn es kann nicht definiert oder beschrieben werden; daß es *wunschlos* ist, denn man kann es nicht erfolgreich herbeisehnen. Nirvāṇa ist eine Realitätsebene, die sich von anderen unterscheidet (obwohl es manchmal mit dem ›Raum‹ verglichen wird), denn es ist nicht bedingt entstanden und nicht dem Wandel unterworfen; es ist todlos, friedvoll und sicher. Es ist die Verneinung der Welt, die Befreiung, die höchste Wirklichkeit und das letzte Ziel.

»Wie ein Feuer, dessen Brennstoff aufgezehrt ist, ist er verloschen.«

Nirvāṇa ist das Ziel der Hörer und Einsamen Verwirklicher. Sämtliches Karma ist beseitigt, und der Arhat geht dorthin, wo alles aufhört (skr. nirodha). Du bist dem Saṃsāra entkommen. Unglücklicherweise ist das nicht das rechte Ziel. Es wird ›Nirvāṇa des Stillstandes‹ genannt, im

Gegensatz zum ›Nirvāṇa in der Bewegung‹ des Bodhisattva. Im Fall des Bodhisattva sind Saṃsāra und Nirvāṇa nicht voneinander verschieden. Dort erlebst du das große Erwachen und bleibst in der Spelunke, bis alle anderen auch Nirvāṇa erlangt haben.

Durch den Mangel an Mitgefühl, welches den Bodhisattva immer wieder neu motiviert, kann der Arhat nach dem Aufhören nur noch durch ein Wunder aufgerüttelt werden. Dieses wird durch den Buddha Amitābha vollbracht, dessen grenzenloses Licht selbst in diesen Bereich hineinwirkt. Durch den Buddha Amitābha zu neuem Leben erweckt, betrittst du dann den Weg des Großen Fahrzeugs.

WENN DU GEWÜRFELT HAST:
»eins«: einmal
»zwei«: zweimal
»drei«: dreimal
»vier«: viermal
»fünf«: fünfmal
»sechs«: sechsmal, beginne mit dem Mahāyāna (Nr. 52)

49

Tantra
Pfad der Bemühung:
›Hitze‹

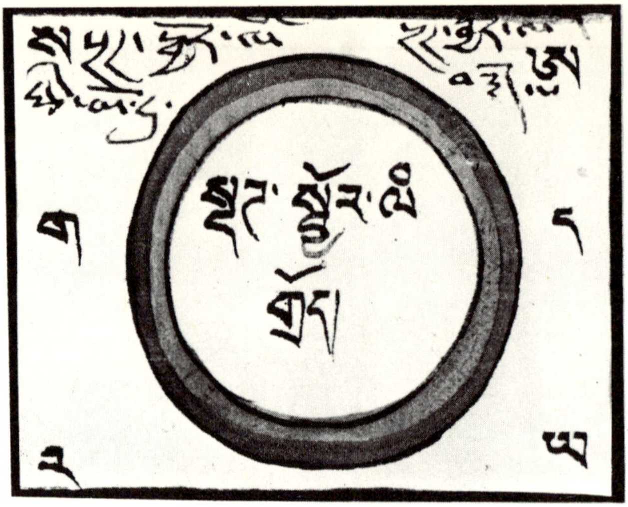

Der Yogi erhält jetzt, da seinem Fortschreiten auf dem Weg zum Erwachen nichts mehr entgegensteht, die erste große Einweihung oder Befähigung für das höchste Tantra (skr. anuttara). Durch die Ermächtigung seitens des Lama, der selbst von früheren Lehrern dieser Überlieferungslinie dazu befähigt wurde, bist du genügend vorbereitet, bestimmte Texte mit dazugehörigen Übungsanweisungen übermittelt zu bekommen. Insgesamt vier Initiationen sind der Same für die schließliche Verwandlung des Yogi über die vier Stadien des tantrischen Bodhisattvaweges in die vier Formen der Buddhaschaft.

Die erste Initiation (skr. abhiśekha) wird die ›Kanne‹ genannt; sie führt zum ›Erscheinungskörper‹ des Buddha (siehe auch oberste Reihe des Spielfeldes) und zur Buddhaschaft im Bereich des Zeitlichen.

Vor der eigentlichen Initiation wird der Yogi angewiesen, in das Maṇḍala einzutreten und die gewöhnlichen Mahāyāna- und Tantragelübde abzulegen oder zu bekräftigen: den Entschluß zu äußern, Erleuchtung zum Nutzen aller zu erstreben. Dann nimmt er die tantrischen Versprechen auf sich, die aus zwei Gruppen von vierzehn bzw. acht Gelübden bestehen, und verpflichtet sich, die mit dem Übungskreis, in den er eingeweiht werden soll, verbundenen besonderen Pflichten einzuhalten. Aber bevor er überhaupt das Maṇḍala betreten kann, muß der Schüler durch vorbereitende Übungen und bestimmte Zeremonien gereinigt sein. Zuerst kommt eine ›Blumenkranz-Initiation‹; das heißt: man bestimmt die Buddhafamilie des Einzuweihenden, indem man eine Blume auf das Maṇḍala wirft und feststellt, in welches Viertel sie gefallen ist.

Der Hauptteil des Rituales ist die Initiation ›mittels der Kanne‹. Die Kanne (skr. amṛtakalaśa) ist mit Nektar (skr. amṛta), dem Elixier der Todlosigkeit, gefüllt, der zuvor von der Gottheit geweiht wurde und aus fünfundzwanzig verschiedenen Substanzen, vermischt mit Wasser, besteht. Dieser Nektar läutert den Körper. Erlangst du während der Kanneninitiation nicht den Zustand der ›Nichtzweiheit‹, so solltest du zumindest darüber meditieren, daß Leerheit und Beseligung durch diese Handlung vergegenwärtigt wurden.

Grüble nicht über Moleküle oder Atome nach;
Es ist diese höchste Beseligung,
Die unaufhörlich als Dasein Gestalt annimmt.
Darüber im Irrtum zu sein, ist Wahnsinn, sagt Saraha.
Kenne nichts außer den reinen und vollkommenen Zustand!
Er bleibt zuhause, doch sie schaut sich draußen um.
Sie sieht den Gatten
Und fragt doch bei den Nachbarn nach ihm.

WENN DU GEWÜRFELT HAST:
»eins«: schreite fort zu Tantra, Pfad der Bemühung: ›Höhepunkt‹ (Nr. 50)
»zwei«: schreite fort zu Tantra, Pfad der Bemühung: ›Empfänglichkeit‹ (Nr. 57)

50

Tantra
Pfad der Bemühung:
›Höhepunkt‹

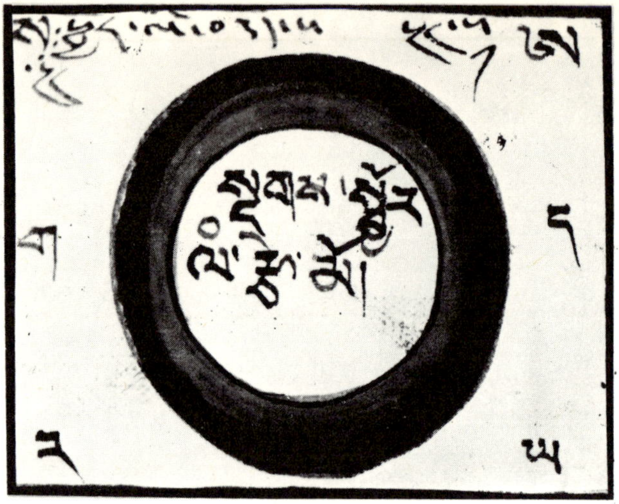

Du erhältst die ›geheime Einweihung‹ in das höchste Tantra, die als ›Körper der Freude‹ des Buddha (skr. saṃbhogakāya) Frucht tragen wird. Dabei ist der die Einweihung vollziehende Lama der Handelnde, aber es ist der Schüler, der den Gewinn dieser Handlung empfängt.

Nachdem er die Gottheiten des Maṇḍala in seinen eigenen Körper aufgenommen hat, führt der Lama das Siegel konkreter Tat (skr. karmamudrā) aus. Er vereinigt sich mit der Weisheitsgefährtin (skr. vidyā). Der Begriff ›Siegel konkreter Tat‹ ist eine Beschreibung dieses Yoga. Der hierzu zitierte Text wurde im fünfzehnten Jahrhundert von einem Gelugpa-Mönch geschrieben.

»Das Siegel konkreter Tat oder Karmamudrā trägt seinen Namen deshalb, weil man durch das Karma vergangener Leben sich zum Körper einer Frau hingezogen fühlt und dort Verwirklichung findet. Da eine Handlung wie die der körperlichen geschlechtlichen Vereinigung einem nicht abverlangt, der Meditation aufmerksam zu folgen, sondern nur die Wirksamkeit des tatsächlichen Siegels erfordert, wird es folgerichtig Siegel konkreter Tat genannt.«

Fällt der Same, durch das Feuer großer Leidenschaft geschmolzen, schließlich in den ›Lotus‹ der ›Mutter‹ und vermischt sich mit ihrem roten Element, so erlangt er, was als ›gewöhnliches Maṇḍala des Erleuchtungsgedankens‹ bezeichnet wird. Die zustandegekommene Vermischung wird von den im ›Vater-Mutter-Aspekt‹ Vereinigten erfahren, und beide sind, wenn die

Mischung bis zum Kehlzentrum aufgestiegen ist, in der Lage, eine Art höchster Beseligung zu erzeugen. Diese ruft im Schüler, der diesem Vorgang beiwohnt, die Erfahrung der Vereinigung von Leerheit und Beseligung hervor.

Der Autor stellt allerdings fest, daß zu seiner Zeit keine menschliche Vidyā benötigt wurde. Statt dessen verwendet ein kluger Schüler ein Wissenssiegel (skr. jñānamudrā). Er vergegenwärtigt sich die Vereinigung in einer Visualisierung.

In beiden Fällen, gleich ob eine konkrete oder eine vorgestellte Handlung ausgeführt wird, geht Bodhicitta — der Tropfen, der aus der Vereinigung von ›Sperma‹ und ›Menstruationsblut‹ entsteht — in den Yogi über, der an diesem Punkt seiner Schulung in der geistigen Erschaffung von Ergebnissen bereits sehr erfahren ist. Dies aktiviert die entsprechenden Bahnen und Zentren psychischer Kraft, was die eigene Rede zum Buddhawort wandelt. Der Begriff ›geheime Initiation‹ wird gebraucht, da du eine zuvor nicht gekannte »Substanz« schmeckst.

WENN DU GEWÜRFELT HAST:
»eins«: schreite fort zu Tantra, Pfad der Bemühung: ›Empfänglichkeit‹ (Nr. 57)
»zwei«: steige auf zur ersten Tantrastufe (Nr. 66)

51

Hörer
Śrāvaka
Stufe des Arhat

Nach vielen der Übung gewidmeten Leben bist du schließlich dem höchsten aller Lehrer begegnet und erreichst durch von ihm erhaltene Unterweisungen die Erleuchtung. Du bist nun ein buddhistischer Heiliger, der die Feinde — Anhaften, Abneigung und Verwirrung — vernichtet hat (von den Tibetern wird Arhat als ari-han, Feind-Vernichter, tibet. dgra-bcom-pa, etymologisiert). Du bist würdig, von Göttern und Menschen verehrt und respektiert zu werden. Du stehst allen Gefahren so unbeteiligt gegenüber wie Sandelholz der Axt, die es treffen soll. Durch spirituelle Einsicht hast du die Eierschale der Unwissenheit zerbrochen. Der blaue Himmel und die eigene Hand sind für deinen Geist unterschiedslos dasselbe.

Der Arhat erringt während seines Lebens Nirvāṇa, aber bis zu seinem Tod existieren sein Geist und sein Körper als Überreste fort.

> Obwohl es Leiden gibt, ist keiner davon betroffen;
> Es gibt nur die Tat, keinen, der sie ausführt.
> Nirvāṇa ist da, aber keiner hat es erlangt.
> Es gibt einen Weg, aber keinen, der ihn begeht.

Du hast das im Rahmen dieses Weges Mögliche erlangt.

WENN DU GEWÜRFELT HAST:
»eins«: beginne mit dem Mahāyāna (Nr. 52)
»zwei«: verirre dich im Aufhören (Nr. 48)
»drei«: geh' in die Reinen Wohnungen

52

Mahāyāna
Kleiner Pfad
der Ansammlung

Beim Einstieg in den Weg des Großen Fahrzeugs hegst du die Absicht, zum Wohle aller lebenden Wesen nach Erleuchtung zu streben. Dies ist der Erleuchtungsgedanke (skr. bodhicitta), der, obgleich anfänglich nur eine vage Absicht, sich über beharrliche Übung in den erleuchteten Geist verwandelt.

»Der Pfad der Ansammlung ist die normale menschliche Sittlichkeit: Überwachung der Sinne, maßvolle Ernährung, Achtsamkeit selbst während der Nacht und der frühen Morgenstunden, Tatkraft, Ruhe und Einsicht und dauernde Geistesgegenwart. Aber er umfaßt auch die aus anderen Übungen gewonnenen Verdienste: Weisheit, die durch Studium, eigenes Nachdenken und die meditative Vertiefung des Gelernten erlangt wurde. Durch die Entwicklung dieser Eigenschaften wirst du für das Verstehen der Wirklichkeit und für die Befreiung empfänglich.«

Durch Ausübung von Gebefreudigkeit, rituellen Opfern, Sittlichkeit, Geduld, Tatkraft und Meditation sammelst du Verdienste, die im ›Körper der Freude‹ des Buddha (skr. saṃbhogakāya) Frucht tragen werden. Bei fortschreitendem, auf Weisheit zielendem Studium näherst du dich der Erlangung des ›Wahrheitskörpers‹ (skr. dharmakāya).

In deinen Meditationen bemühst du dich darum, deinen Geist zu sammeln (skr. samādhi) und höheres Gewahrsein (skr. abhijñā) zu erreichen, wodurch du zu einem wirkungsvolleren Verständnis der Lehre und zur Erkenntnis der rechten Mittel, anderen zu helfen, geführt wirst. Grundlage der Sammlung ist ›Stille‹ (skr. śamatha) und Grundlage der Stille sind Sittlichkeit und devotionale Übungen.

Auf diesem Kleinen Pfad der Ansammlung widmest du den vier Objekten der Achtsamkeit — Körper, Gefühlen, Gedanken und Dharmas — oder einem anderen gegenständlichen beziehungsweise abstrakten, auf deinen Charakter zugeschnittenen Meditationsthema dauernde Betrachtung. Bhavya sagt über diese Stufe:

Der Geist ist ein umherirrender Elefant;
Mit dem Seil der Achtsamkeit wird er
Fest an den Pfosten des Meditationsobjektes gebunden:
Diesen Geist sollst du in Stille sammeln.

WENN DU GEWÜRFELT HAST:
»eins«: schreite fort zu Mahāyāna, Großer Pfad der Ansammlung (Nr. 54)
»zwei«: schreite fort zu Mahāyāna, Mittlerer Pfad der Ansammlung (Nr. 53)
»drei«: begib dich zum Freudvollen Reinen Land (Nr. 30)
»vier«: beginne mit dem Fahrzeug der Hörer (Nr. 38)
»fünf«: werde ein Tier (Nr. 11)
»sechs«: geh' in die Kalten Höllen (Nr. 7)

53

Mahāyāna
Mittlerer Pfad der Ansammlung

In dem Entschluß bestärkt, vollkommene Erleuchtung zu erlangen und alle anderen zum selben Ziel zu führen, arbeitest du weiter daran, die Voraussetzungen dafür zu schaffen, indem du Verdienste ansammelst und an Einsicht dazugewinnst. Größere Ablenkungen fallen weg, und die Meditation entwickelt sich bis zur Stufe mittlerer Sammlung.

Du pflegst die ›fünf der Befreiung dienlichen Wurzeln‹: *Vertrauen* in die drei Juwelen; *Tatkraft* bei allen Übungen; *Achtsamkeit* anderen gegenüber; *Sammlung,* die von der Unterscheidung zwischen Subjekt und Objekt befreit ist; und *Weisheit,* das Wissen um die Dharmas und alle ihre Verwandlungen. Diese Fünfergruppe tritt nach und nach an die Stelle der fünf Haupthindernisse der Meditation: sinnliches Begehren, Unwille, Faulheit, Aufregung/Schuldgefühle und Zweifel.

Du bemühst dich um die vier Arten rechter Anstrengung: das Aufkeimen unheilsamer Geisteszustände zu verhindern und vorhandene abzubauen; heilsame Geisteszustände herbeizuführen und bereits vorhandene zu fördern.

In diesem Stadium, vor dem Erlangen höherer Bewußtheit, hast du zwar die Absicht, anderen zu helfen, aber du bist leider nicht in der Lage, sehr viel davon zu verwirklichen. Deswegen ist es zu diesem Zeitpunkt nicht angeraten, zu lehren oder über den Dharma zu reden. Atīsa betont dies mit folgenden Versen:

So wie ein Vogel, der noch nicht flügge ist,
Nicht einfach in den Himmel aufsteigen kann,
So kann ein Mensch, dem es an Kenntnissen fehlt,
Nicht zum Heile anderer wirken.

Und über die Narretei hohler Diskussionen bemerkt er nebenbei:

Wie sich neigendes, schwankendes Gras
Wird dieser Mensch stets Zweifel haben.
Er wird seines Geistes niemals sicher sein!
Solche Fehler hat der Mensch, der das Reden liebt.

Wie jemand, der aus einer Zuschauermenge
Ein Schauspiel betrachtet und dabei

Sich ständig über die Talente eines anderen,
Des Bühnenhelden, verbreitet,
Seine eigene Aufmerksamkeit beeinträchtigt . . .
So sind die Fehler eines Menschen, der das Reden liebt.

WENN DU GEWÜRFELT HAST:
»eins«: schreite fort zu Mahāyāna, Pfad der Bemühung: ›Hitze‹ (Nr. 55)
»zwei«: schreite fort zu Mahāyāna, Großer Pfad der Ansammlung (Nr. 54)
»drei«: geh' in die Reinen Wohnungen (Nr. 37)
»vier«: beginne mit dem Fahrzeug der Hörer, Pfad des Sehens und der Meditation (Nr. 40)
»fünf«: werde ein Asura (Nr. 15)
»sechs«: geh' in die zeitweiligen Höllen (Nr. 8)

54

**Mahāyāna
Großer Pfad
der Ansammlung**

Herzlichen Glückwunsch! Du kannst nicht mehr zurückfallen! Von diesem Punkt an kannst du nicht mehr in einen der niederen Bereiche fallen. Aus deiner Verwirklichung von Ruhe und Sammlung fließen dir mehrere Vorteile zu. Zuerst entwickeln sich die vier Grundlagen psychischer Kräfte, deren erste mit hoher, sich aus dem intensiven Wunsch nach Verwirklichung entwickelnder Sammlung versehen ist. Mit dieser Sammlung geht eine Anstrengung einher, die – auf Loslösung, Leidenschaftslosigkeit und Nachlassen des diskursiven Denkens beruhend – die Aufgabe des ›Selbst‹ anstrebt. Die übrigen drei Grundlagen sind mit entsprechend hoher, sich aus Tatkraft, Denken und Prüfen entwickelnder Sammlung versehen.

Auf diesen Grundlagen entfaltest du die Zustände höherer Bewußtheit: das göttliche Auge (du kannst alle Stätten des Universums überschauen); das göttliche Ohr (du kannst alle Klänge hören); Kenntnis der Gedanken anderer; Kenntnis deiner eigenen und der vergangenen Leben anderer; sowie psychische Kräfte. Zu den letzteren gehören ans Wunderbare grenzende Körperkräfte, das Ausstrahlen von Licht; die Umwandlung der Elemente und die Kontrolle über Erscheinungen (wie zum Beispiel die Fähigkeit, Trugkörper zu schaffen). Diese psychischen Kräfte werden als notwendige Voraussetzung betrachtet, wenn man den Dharma lehren will.

Darüber hinaus erfreust du dich vielleicht jener Art von Sammlung, die ›dem Fluß des Dharma folgen‹ (skr. dharma-śrotānugata-samādhi) genannt wird. Damit bist du fähig, in die Himmel und Buddhafelder zu reisen, um den Lehren der verschiedenen Buddhas und hohen Bodhisattvas zu lauschen.

WENN DU GEWÜRFELT HAST:
»eins«: schreite fort zu Mahāyāna, Pfad der Bemühung: ›Empfänglichkeit‹ (Nr. 63)
»zwei«: schreite fort zu Mahāyāna, Pfad der Bemühung, ›Hitze‹ (Nr. 55)
»drei«: steige auf nach Potāla (Nr. 60)
»vier«: geh' nach Schambala (Nr. 59)

55

Mahāyāna
Pfad der Bemühung:
›Hitze‹
Ūṣman

Indem du deine konzentrierte Aufmerksamkeit auf das leere Wesen der Wirklichkeit richtest, entwickelst du die erste, der ›zum Durchbruch führenden Ursachen‹, die als ›Hitze‹ (skr. ūṣman) bezeichnet wird. Man macht diese Erfahrung auch in Form von Licht. Deswegen wird die für dieses Stadium bezeichnende Art von Sammlung ›jene, die das Licht des Dharma erlangte‹ (skr. dharmāloka-labdha-samādhi) genannt. Darunter ist eine so eindringliche Auseinandersetzung mit der Lehre zu verstehen, daß durch die Intensität des Vorganges Licht und Hitze erzeugt und alle Trübungen weggebrannt werden. Insbesondere wendest du die Idee, alle Phänomene seien weniger äußere Wirklichkeit, als vielmehr Geistfaktoren, auf die eigene Situation an, und betrachtest deren augenscheinliche Eigenschaften als Ergebnis diskursiven Denkens.

> Diese Wiedergeburt ist aus diskursivem Denken erwachsen;
> Ihre Essenz (skr. ātman) ist diskursives Denken;
> Deshalb ist völlige Beseitigung jeglicher Unterscheidung
> Das allerhöchste Nirvāṇa.

Das Wort ›Bemühung‹ in der Überschrift bezieht sich auf die Bemühungen bei der Entwicklung meditativer Fähigkeiten – des gestillten Geisteszustandes – zur Einsicht in das wahre Wesen der Wirklichkeit. Im Großen Fahrzeug ist Erleuchtung jedoch in gleicher Weise ein Entwicklungsprozeß des Mitgefühls. So wird der Yoga dieser Stufe ebenfalls in Bezugnahme auf die Stellung zur Umwelt beschrieben:

> Diejenigen, die sich auf der Stufe der Hitze befinden, machen alle Wesen zum Gegenstand [ihrer Gedanken]. Ihre Gedanken werden [zuerst] als ausgeglichen, [freundlich, wohlwollend, frei von Abneigungen, frei von Bösem und dann] als zehnfach beschrieben [insofern sie alle Wesen betrachten, als seien sie die eigene Mutter, der eigene Vater, Bruder, die Schwester, der Sohn, die Tochter, ein Freund, Verwandter, Gefolgsmann oder Verwandter mütterlicherseits].

WENN DU GEWÜRFELT HAST:
»eins«: rücke vor zu Mahāyāna, Bemühung: ›Empfänglichkeit‹ (Nr. 63)
»zwei«: rücke vor zu Mahāyāna, Bemühung, ›Höhepunkt‹ (Nr. 56)

56

Mahāyāna
Pfad der Bemühung:
›Höhepunkt‹
Mūrdhan

Die Bemühungen auf dem Pfad des Yoga erreichen ihren Höhepunkt und lassen Erfahrungen der Hitze und des Lichtes entstehen. Dies ist die zweite der ›zum Durchbruch führenden Ursachen‹. Sie ist durch die Sammlung, ›die das Licht des Dharma erweitert‹ (skr. dharmālokavṛddhi-samādhi) charakterisiert. Die Zweiheit von Subjekt und Objekt hat sich aufgelöst, und du hast dir die Einsicht, daß es nur Gedanken gibt, tief eingeprägt. Die Dinge sind nichts anderes mehr als die Spiegelungen des eigenen Geistes. Sogar im Traumzustand betrachtest du alle Dharmas als Traumerscheinungen. Auf dieser Stufe wird das Objekt der Wahrnehmung vernichtet. Du begreifst den Prozeß des Entstehens in Abhängigkeit aus der Sicht des Mahāyāna: nicht nur jedes einzelne lebende Individuum entbehrt der Grundlage eines tragenden Prinzips oder eines Selbst, sondern auch alle anderen äußeren Phänomene, da sie in Abhängigkeit voneinander entstehen und ihren Ursprung letztlich im Geist haben. Nicht nur die eigene Geburt läßt sich aus der zwölfgliedrigen Kette des bedingten Entstehens (skr. pratītyasamutpāda) ableiten, sondern sogar die Existenz der gesamten Welt.

Diskursives Denken ist die große Verwirrung,
Die uns in das Meer der Wiedergeburten wirft;
Indem du in nicht-diskursiver Sammlung verweilst,
Bist du, dir nichts vorstellend, klar wie der Himmel.

Auf dieser Stufe sind die körperlichen und geistigen Faktoren des eigenen Seins völlig von den fünf grundlegenden Tugenden — Vertrauen, Anstrengung, Achtsamkeit, Sammlung und Weisheit — ersetzt worden. Du bist in der Lage, natürliche Ereignisse zu beeinflussen, kannst Naturkatastrophen verhindern, Feuer verlöschen lassen und Dämonen vertreiben. Durch die Vergegenwärtigung der Welt als geistgeschaffen vermagst du, sie in Übereinstimmung mit deinen hohen Zielen zu lenken und zu gestalten.

Der Yogi ist jetzt nicht nur selbst völlig geläutert, freigebig und gefestigt, sondern kann auch andere dazu anleiten, ebenso zu werden.

WENN DU GEWÜRFELT HAST:
»eins«: schreite fort zu Mahāyāna, Pfad der Bemühung: ›Höchste Lehren‹ (Nr. 64)
»zwei«: schreite fort zu Mahāyāna, Pfad der Bemühung: ›Empfänglichkeit‹ (Nr. 63)

57

Tantra
Pfad der Bemühung:
›Empfänglichkeit‹

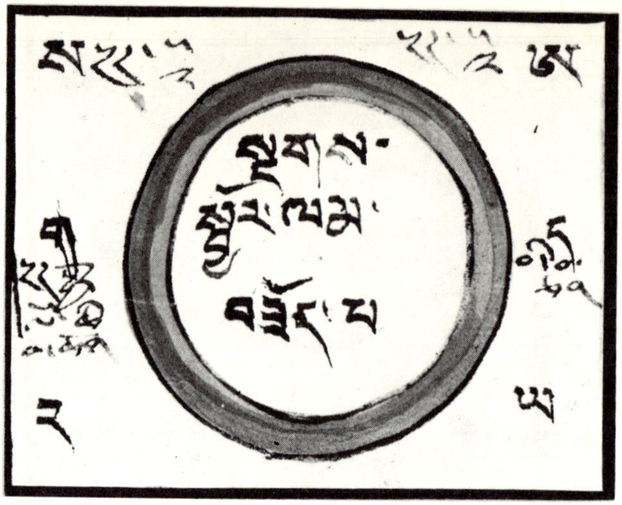

Der Yogi empfängt die allgemein als ›Weisheitseinsicht‹ (skr. prajñājñāna) bezeichnete dritte Initiation in das höchste Tantra. Dabei vollenden Lama, Schüler und Weisheitsgefährtin, »nachdem sie aus der Erfahrung des gewöhnlichen Pfades, wie er in den Tantras gelehrt wird, hervorgegangen sind« und ihr Geistkontinuum mit Hilfe von Mantras gesegnet haben, gemeinsam die Einweihung des Schülers.

Die Einweihung wird von einem Lehrer erteilt, der in solchen Überlieferungen wie den ›sechzig Künsten der Liebe‹ der Kāma-śāstra-Literatur, bewandert ist. Diesmal vereinigt sich der Schüler selbst mit der Weisheitsgefährtin. Dabei zieht er seinen Atem ganz in den Kanal psychischer Energie. Ist das ›weiße Element‹ von der Stirn zum Kehlzentrum (etwa in Höhe des Nackens) herabgestiegen, so erfährt er ›Entzücken‹; gelangt es zum Herzen, ›gesteigertes Entzücken‹; erreicht es die Höhe des Nabels, erlebt er ›besonderes Entzücken‹, und dringt es schließlich bis zur Spitze des ›Vajra-Juwels‹, ohne ausgeworfen zu werden, verwirklicht er spontane oder ›gemeinsam in Erscheinung tretende Beseligung‹ (skr. sahaja).

Diese Vereinigung sollte vorzugsweise in einer Visualisierung mit einem ›Wissenssiegel‹ (skr. jñānamudrā) — einem visualisierten anstatt mit einem echten weiblichen Partner — durchgeführt werden. Ein Yogi dieser Stufe verfügt nämlich über Fähigkeiten in der Visualisierung, die eine vorgestellte Handlung wirklicher und wirkungsvoller als einen körperlichen Akt machen können.

Bei der inneren Vereinigung der beiden Symbole zum ›Liebesgott‹ verschwindet alle Zweiheit, und ›Beseligung-Leere‹ ist erreicht. Der Begriff ›gemeinsam in Erscheinung tretende Beseligung‹ wird verwandt, da Beseligung und Leere nicht zwei verschiedene Wesenheiten darstellen, die erst zusammengebracht werden müßten. Der Geist, der durch Yogapraktiken Beseligung erfährt, begreift damit gleichzeitig die Wirklichkeit der Leere. Beseligung und Leere sind miteinander verschmolzen wie Wasser, das in Wasser gegossen wurde.

Selbst wenn diese Beseligung beim Vorgang der Initiation nicht erlangt wurde, ist damit der Same gesät, der bei weiterer Meditation über das ›Klare Licht‹ (auch übersetzt mit ›Glanz‹, tibet. 'od-gsal) zum Buddha in seinem Aspekt des Wissens — zum Dharmakāya — und zur unmittelbaren Erfahrung der Leerheit (skr. śūnyatā) führt.

Einmal im Bereich grenzenloser Freude,
Wird der wahrnehmende Geist bereichert
Und damit zu diesem und jenem sehr nützlich;
Selbst wenn er zuweilen noch Objekten nachjagt,
Kann er sich selbst nicht mehr entfremdet werden.

Die Knospen des Entzückens und der Freude
Und die Blätter der Verklärung wachsen.
Wenn nichts nach außen strömt,
Wird unaussprechliche Beseligung reifen.

WENN DU GEWÜRFELT HAST:
»eins«: steige auf zur ersten Tantrastufe (Nr. 66)
»zwei«: steige auf zur zweiten Tantrastufe (Nr. 73)
»drei«: schreite fort zu Tantra, Pfad der Bemühung: ›Höchste Lehren‹ (Nr. 58)
»vier«: geh' in das Land der Beseligung (Nr. 77)

58

Tantra
Pfad der Bemühung:
›Höchste Lehren‹

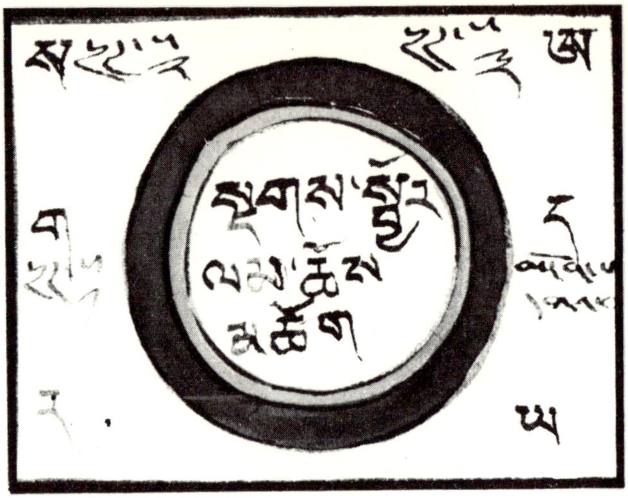

Die letzte Initiation des Schülers trägt den Namen das ›Wort‹, denn dabei erklärt ihm der Lehrer, wie er den Akt der Vereinigung während der vorausgegangenen ›Weisheitseinsichts-Initiation‹ zu verstehen hat. Der Guru sagt:

> Im Verlauf der dritten Einweihung ereignete sich das gleichzeitige Hervortreten des beseligt-leeren Geistes mit dem symbolischen Klaren Licht, auch wenn keine konkrete Verwirklichung des ›Vater-Mutter-Gottes der Liebe‹ eingetreten ist. Deswegen wird dein Körper im weiteren Verlauf der zu diesem Weg gehörenden Übungen, wenn du bis zu den Brennpunkten im Körper (skr. cakra) vorgedrungen bist, nach meditativer Schulung am höheren Ziel der vierten Stufe, der Freudvollen, wirklich zum Vajra- oder Regenbogenkörper. Dieser Regenbogenkörper entsteht aus einem sehr verfeinerten Geist und der Vergegenwärtigung, daß alle Wirklichkeit ›nur Geist‹ ist. Darüber hinaus wurde dein Geist zum Klaren Licht und sein Objekt das unmittelbare Erleben der Leere. Nachdem sich Klares Licht und Leere verbunden haben, wird die so entstandene Einheit von Körper und Geist als ›Vereinigung über den Prozeß des Lernens‹ bezeichnet. Durch fortwährende Meditation nach dieser Methode wirst du zum Rang eines Buddha aufsteigen und damit die ›Vereinigung jenseits des Lernens‹ erreichen.

Dies ist der höchste weltliche Dharma des tantrischen Pfades. Wie die Lehren der entsprechenden Mahāyāna-Stufe ist er immer noch ›weltlich‹, weil er über Belehrung und Einweihung gelernt wurde und in der Praxis noch zu verwirklichen bleibt.

WENN DU GEWÜRFELT HAST:
»eins«: steige auf zur zweiten Tantrastufe (Nr. 73)
»zwei«: steige auf zur dritten Tantrastufe (Nr. 74)
»drei«: steige auf zur ersten Tantrastufe (Nr. 66)
»vier«: begib dich in den Bereich höchster Verzückung (Nr. 85)

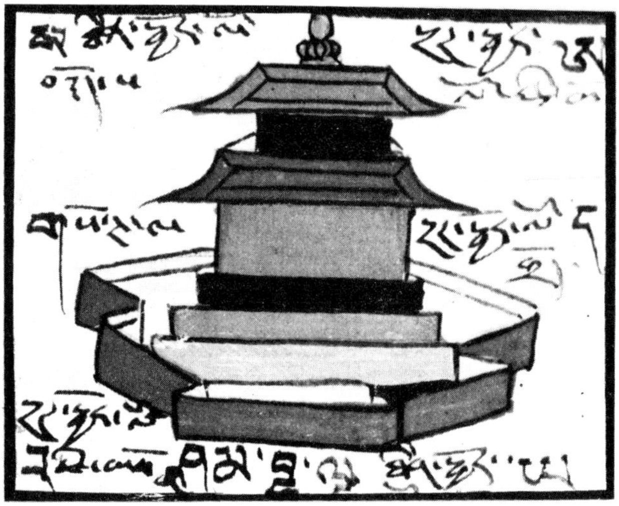

59

Schambala

Schambala ist früher einmal von rasenden Bodhisattvas erobert worden und wird jetzt von einer Dynastie tantrischer Meister regiert. Die Stadt liegt am Fluß Sita — in Zentralasien auch unter dem Namen Tarim bekannt —, einem Fluß, dessen Kälte den Körper erstarren läßt. Sie ist von Schneebergen umgeben, und ein dichter Wald liegt zwischen Schambala und Tibet. Die Stadt selbst wird in Form eines achtblättrigen Lotus dargestellt und soll reich sein an wunderbaren Palästen, in denen tantrische Meister wohnen. In ihrem Zentrum befindet sich der Palast Kalāpa, südlich davon das Maṇḍala des Kālacakratantra, das vom ersten König Sucandra aus wertvollen Edelsteinen errichtet wurde. Dieser Herrscher verfaßte auch auf der Grundlage von Anweisungen Buddhas die ersten Texte dieses Tantra.

Das Kālacakratantra verficht ein System, das über die Astrologie zur Befreiung führen soll. Unter den Tantras ist es dasjenige, das am weitgehendsten mit äußerlicher Magie beladen ist, denn Schambala wird dauernd von turk-stämmigen Muslimen bedroht. Der fünfundzwanzigste König, ›zorniges Rad‹ (tibet. drag-po'khor-lo), wird im Jahre 2327 diesen religiösen Feind in einer letzten Schlacht siegreich überwinden. Es gab eine Zeit, da man hoffte, dieser König sei in Gestalt des russischen Zaren schon erschienen. — Jedenfalls ist diese Schlacht immer auf Darstellungen Schambalas zu finden.

Für Yogis ist Schambala zusammen mit Urgyan und Potāla eine Quelle der Begeisterung, ein mythisches Land des Dharma, welches nicht so weit entfernt ist, daß es unerreichbar wäre. Einmal jedoch traf ein Pilger, der in unbewohnter Wildnis den Weg nach Schambala suchte, bei einer Höhle einen Yogi und wurde von ihm gefragt: »Warum gehst du durch diese Schneewüsten?« — »Ich will Schambala sehen«, — antwortete der Pilger. — »Dann geh' nicht weiter; das Königreich von Schambala liegt in deinem eigenen Herzen.«

WENN DU GEWÜRFELT HAST:
»eins«: geh' zu Mahāyāna, Pfad der Bemühung: ›Empfänglichkeit‹ (Nr. 63)
»zwei«: geh' zu Tantra, Pfad der Bemühung: ›Höhepunkt‹ (Nr. 50)
»drei«: geh' nach Potāla (Nr. 60)
»vier«: geh' zu Tantra, Pfad der Bemühung: ›Hitze‹ (Nr. 49)
»fünf«: geh' zu Tantra, Großer Pfad der Ansammlung (Nr. 42)
»sechs«: geh' zu Tantra, Pfad der Bemühung: ›Hitze‹ (Nr. 49)

60

Potāla

Bei einem Besuch dieses Inselparadieses südlich der indischen Küste begegnest du den hohen Bodhisattvas Tārā und Avalokiteśvara. Neben der Schilderung der Reise der Helden im Gaṇḍavyūhasūtra gibt es noch andere Berichte von Besuchen in Potāla. Der große Pilger und Gelehrte Hsüan Tsang beschrieb die gefährlichen Pässe und schroffen Klippen dieses felsigen Zufluchtsortes. Auf dem Gipfel befindet sich nach seinen Aussagen ein See, dessen Wasser spiegelklar ist. Daneben liegt die Wohnstätte Avalokiteśvaras. Aus dem See entspringt ein reißender Fluß, der den Berg auf seinem Weg zum Meer zwanzigmal umkreist.

Die Menschen von Potāla folgen keiner bestimmten Religion, aber sie wenden Magie an, um ihre Heimat zu schützen. Auf der Insel gibt es neben dem zentralen Gipfel eine Anzahl weiterer Berge, deren Gipfel aus Bergkristall bestehen und in deren Flanken diamantene, hochgewölbte Höhlen liegen.

Die geographischen Gegebenheiten sind nicht das einzige Hindernis auf dem Wege nach Potāla; offenbar spielen auch die eigenen religiösen Übungen eine große Rolle, wenn man dort Zutritt erheischt. Als der bedeutende Philosoph, Dichter und Grammatiker Candragomin von Indien in Richtung dieser magischen Insel lossegelte, verursachte ein riesiger Meeresnāga — der neidische Grammatiker Patañjali — einen fürchterlichen Sturm, um das Schiff zu gefährden. Aus der Tiefe brüllte er den Kapitän an: »Wirf Candragomin heraus!« — Aber Candragomin wandte sich flehend an Tārā. Sie trat mit einer Schar von Begleitern auf den Plan, die alle auf Garuda-Vögeln ritten, und verscheuchte die Seeschlange.

In einer anderen Geschichte reisen zwei Yogis dorthin. Am Fuße des Berges sitzt Tārā und erteilt einigen Nāgas Belehrung; die Yogis nehmen jedoch nur eine alte Frau wahr, die Kühe hütet. An einer anderen Seite des Berges unterweist sie Asuras und Yakṣas; diesmal sehen sie ein Mädchen Ziegen und Schafe weiden. Auf dem Gipfel finden sie nichts außer einem Steinbild Avalokiteśvaras. Einer der Yogis überlegt: »Das muß an meiner getrübten Wahrnehmung liegen.« Er ruft die Gottheiten durch Meditation herbei, begegnet ihnen und empfängt Belehrung. Der andere Yogi meditiert ohne feste Überzeugung und erlangt nur die Fähigkeit der Levitation. Selbst diesen Gewinn verliert er wieder, als er auf dem Heimweg über seinen Gefährten wütend wird.

Avalokiteśvara und Tārā sind die besonderen Schutzgottheiten Tibets. Avalokiteśvara verkörpert sich in der Linie der Dalai Lamas. Deswegen wird der Gebirgspalast seiner Residenz in Lhasa Potāla genannt.

WENN DU GEWÜRFELT HAST:
»eins«: geh' zu Mahāyāna, Pfad der Bemühung: ›Höchste Lehren‹ (Nr. 64)
»zwei«: geh' zu Mahāyāna, Pfad der Bemühung: ›Empfänglichkeit‹ (Nr. 63)
»drei«: geh' zu Tantra, Großer Pfad der Ansammlung (Nr. 42)

61

Urgyan
Uḍḍiyāna

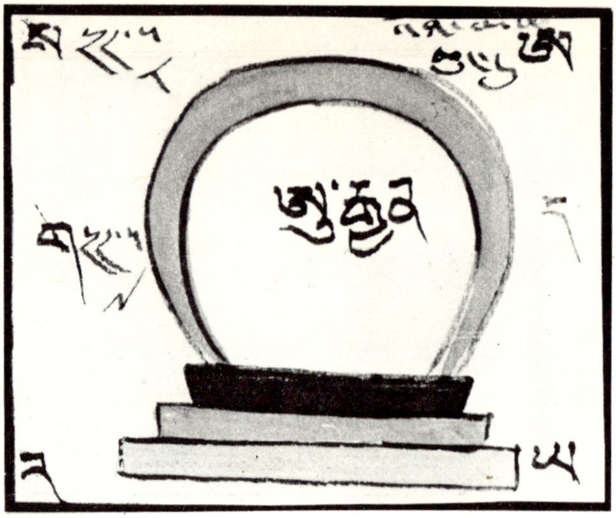

Das magische Land der Ḍākiṇīs liegt in den oberen Gebieten des Swat-Flußtales im heutigen Pakistan. Für den tantrischen Buddhismus ist es ein fruchtbarer Nährboden, und besonders der Kreis der hohen Tantras der ›geheimen Versammlung‹ (skr. guhyasamājatantra) wird damit in Verbindung gebracht. Dieses Tantra wird für all jene als Pfad angepriesen, die zu großer Leidenschaft fähig und an die Welt der Sinne gefesselt sind.

Durch den Genuß aller Sinneswünsche
Und Befriedigung, wie sie einem beliebt,
Durch gerade einen solchen Yoga
Kann man schnell Buddhaschaft gewinnen.

Das ist ›Zwielichtsprache‹ (skr. saṃdhyābhāṣā), die sich einer gewöhnlichen Sprachebene bedient, um auf die mystische Verwandlung, wie sie in der Yogapraxis herbeigeführt wird, hinzuweisen. Durch solch symbolisch verbrämte Versprechungen werden die Verblendeten zum Dharma gebracht.

Der See in Urgyan wurde früher von Nāgas bewohnt. Der Mahābodhisattva Vajrapāṇi bekehrte sie und übermittelte ihnen die Tantras, die mit Lapislazuli auf goldenen Blättern niedergeschrieben waren. Die Nāgas wurden zu Helden und Himmelsläufern (skr. ḍāka und ḍākiṇī) und bauten am Ufer des Sees eine Stadt. Der kostbare Guru Padmasaṃbhava wurde in diesem See aus einem Lotus geboren, nachdem König Indrabhūti im Gebet einen Sohn erfleht hatte.

Urgyan war im Mittelalter mit seinem Palast aus Lotuslicht ein beliebter Wallfahrtsort. Yogi Urgyan-pa hat uns einen Bericht über einen Aufenthalt in Urgyan hinterlassen. Er wurde dort von der Ḍākiṇī Vajrayoginī in der Erscheinung der Tochter einer Prostituierten unterwiesen.

WENN DU GEWÜRFELT HAST:
»eins«: rücke vor zur achten Tantrastufe (Nr. 89)
»zwei«: geh' zum Höchsten Reinen Land (Nr. 84)
»drei«: rücke vor zur siebenten Tantrastufe (Nr. 83)

62

Hindu-Wissenshalter
Vidyādhara

Die Meisterung aller Weisheiten der edlen brahmanischen Tradition ist durch das wunscherfüllende Juwel (skr. cintamaṇi) symbolisiert. Du bist sehr mächtig geworden, ein wirklicher Herr über die Schöpfung, großen Göttern wie Brahma, Viṣṇu oder Śiva ebenbürtig. Die bemeisterte Vidyā ist die Kenntnis der Veden, denn alle Hindupraktiken, ob sie nun ihr Heil durch Tieropfer oder Verbrennen von anderen Opfergaben, durch Sonnenanbetung oder Hingabe, Tanz, Philosophie, Logik, Grammatik, Drogengebrauch, Askese, Yogameditation oder durch Pflichterfüllung innerhalb des Kastensystems (skr. karmayoga) suchen, berufen sich auf diese zeitlosen Offenbarungen. Nach buddhistischem Standpunkt sind sie in ihrem Versuch, ein bleibendes Selbst im Individuum und in der Welt zu entdecken, Gefangene ihrer Unwissenheit um das dem Wandel unterworfene Wesen aller in Abhängigkeit entstandenen Dinge.

Diese Überlieferung zeichnet sich jedoch durch beachtliche Errungenschaften aus. Mit Hilfe heilsamer Handlungen entzieht der Jünger den gröberen Täuschungen die Basis, so daß ihm die Erlangung des wunscherfüllenden Juwels zusteht. Der Yogi kann bei hingebungsvoller Meditation über die verschiedenen Versenkungszustände zur höchsten Spitze der Existenz gelangen. Da er jedoch an das Vorhandensein letzter Wirklichkeiten — wie die eines Gottes oder der Seele — gefesselt bleibt, ist er zu fortgesetzter Wiedergeburt bestimmt. Nur über das Mittel der Einsicht in die letztliche Leerheit aller Phänomene ist die Freiheit von allen Bindungen vollständig zu erlangen.

WENN DU GEWÜRFELT HAST:
»eins«: beginne mit dem Mahāyāna (Nr. 52)
»zwei«: beginne mit dem Fahrzeug der Hörer (Nr. 38)

63

Mahāyāna
Pfad der Bemühung:
›Empfänglichkeit‹
Kṣānti

Du näherst dich der unmittelbaren und persönlichen Erfahrung der höchsten Wirklichkeit, wobei du fest in der Anerkennung der Vier Edlen Wahrheiten und der Verpflichtung, anderen zu helfen, verankert bleibst. Der Yogi erreicht einen Grad der Sammlung, der ›teilweise in den Sinn der Wirklichkeit hineinführt‹ (skr. tattvārthāikadeśānupraveśa). Durch eigene Anstrengung und Sammlung gefestigt, genießt er seine Erwägung der Lehre und ist sich sicher, daß er sie bald völlig verstehen wird. Jede Wahrheit wird erkannt, indem man sie zuerst annimmt und dann begreift. An diesem Punkt sind die fünf grundlegenden Tugenden — Vertrauen, Tatkraft, Achtsamkeit, Sammlung und Weisheit — zu unerschütterlichen Bestandteilen im Strom deines eigenen Seins geworden. Du bist für die Lehre empfänglich, ohne durch Ablenkung, Zweifel oder verbegrifflichendes Denken blockiert zu sein. Auf dieser Stufe vollzieht sich die Auflösung der Subjektseite der Dualität von Subjekt und Objekt.

Wie der Elefant nach der Brunft wieder friedlich wird,
Ruht der Geist in sich selbst,
Wenn sein Kommen und Gehen endet.
Ist das einmal verstanden, was benötigt man mehr?

Du solltest die Wirklichkeit betrachten, als bestände sie aus Bildern, die von einem Filmprojektor zum Erscheinen gebracht werden und eigentlich gar nicht existieren.

WENN DU GEWÜRFELT HAST:
»eins«: begib dich in den Bereich höchster Verzückung (Nr. 85)
»zwei«: geh' zu Tantra, Großer Pfad der Ansammlung (Nr. 42)
»drei«: schreite fort zu Mahāyāna, Pfad der Bemühung: ›Höchste Lehren‹ (Nr. 64)
»vier«: steige auf zum Land der Beseligung (Nr. 77)

64

Mahāyāna
Pfad der Bemühung:
›Höchste Lehren‹
Läukikāgradharma

Du erreichst die Stufe ›unbehinderten Denkens‹ (skr. ānantaryacittasamādhi). Unmittelbar nach der Befreiung aus dem Subjekt-Objekt-Gegensatz erhebt sich der Geist zur direkten und ungehinderten Begegnung mit der Leerheit aller Dharmas.

Damit hast du alle Mittel sowie das nötige Geschick bei ihrem Gebrauch erlangt, die für das Große Erwachen Voraussetzung sind. Die Stufe des ›von Vertrauen getragenen Wandels‹ (skr. adhimukticaryā) ist abgeschlossen. Die Erleuchtung ist sicher. Vor dir liegt die Tätigkeit eines Bodhisattva, bei der das Leiden anderer gemildert wird. Geschickte Mittel (skr. upāya) und Weisheit (skr. prajñā) sind für diese große Aufgabe vereint.

WENN DU GEWÜRFELT HAST:
»eins«: rücke vor zur ersten Sūtrastufe (Nr. 71)
»zwei«: geh' zu Tantra, Pfad der Bemühung: ›Hitze‹ (Nr. 49)
»fünf«: steige auf zum Land der Beseligung (Nr. 77)

65

Wissenshalter der Bön-Überlieferung

Du befindest dich auf dem Wege des ursprünglichen Shen, des Bön-Magiers alter Zeiten, und bist darauf weit fortgeschritten. Deine ›Weisheit‹ ist die Gefährtin, mit der du zum Erwachen gelangst. Sie ist »jung und wie der Paradiesbaum mit allem gesegnet. Ihre guten Eigenschaften sprießen überall hervor wie Blätter, Früchte und Blumen und beschenken dich mit allen erwünschten Dingen«. Sie ist rein und voller Mitgefühl, und vor allem sehr schwer zu finden. Geschickte Methode und Weisheit, die Kanäle psychischer Energien, Lebensatem und Lebenswasser, sie alle fließen in ihrem Raum und in ihrem Wissen zusammen. Wenn du über formgebundene Meditation in Besitz dieser vollkommenen Gefährtin gelangst, erreichst du Vidyā, ursprüngliches Wissen, über das sich die gesamte Schöpfung ursprünglich aus dem Geist entfaltete. Du erlangst jedoch ebenfalls psychische Kräfte (tibet. ñams-rtsal) — Entsprechungen der buddhistischen Siddhis —, die ›grenzenlos wie der Himmel‹, ›unvorhersehbar wie die eines Kindes‹, ›ziellos wie die eines Wahnsinnigen‹ und ›mutig wie die eines Löwen‹ sind, und die ›das eigene Verhalten immer mit allem in Einklang bringen‹.

Kurz, der Shen, der Meister des Bön, ist eine Art taoistischer Weiser mit tantrischer Färbung und stellt damit den Gipfelpunkt aller nicht-buddhistischen Wege dar.

WENN DU GEWÜRFELT HAST:
»eins«: beginne mit dem Mahāyāna (Nr. 52)
»zwei«: beginne als Einsamer Verwirklicher (Nr. 43)
»fünf«: werde ein Asura (Nr. 15)
»sechs«: geh' in die Zeitweiligen Höllen (Nr. 8)

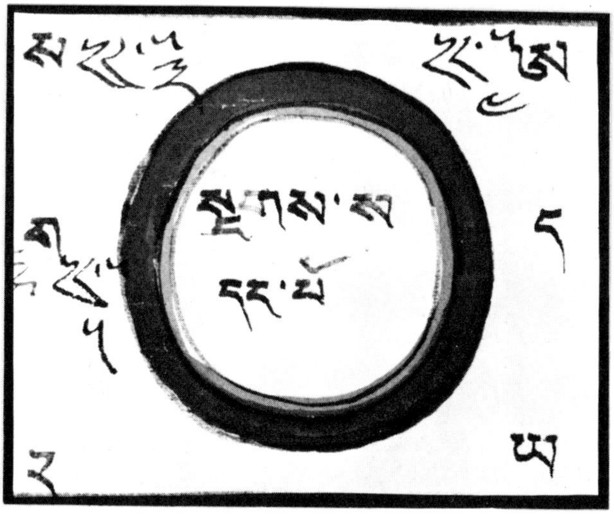

66

Erste Tantrastufe

Nun empfängst du die erste Einweihung für den Vajra-Meister. Nachdem du den Weg der Tantras als Schüler durchschritten hast, wirst du jetzt als vollkommener Lehrer ausgebildet. Am Anfang steht wiederum eine Einweihung mit Wasser, das von den körperlichen Handlungen die Reste der Täuschung abwaschen soll, die den Weg zu vollkommener Buddhaschaft versperren. Du wirst in die Lage versetzt, Buddhas in vielen Bereichen zu sehen, für alle, die der Belehrung bedürfen, Erscheinungskörper hervorzubringen und lebende Wesen durch Wunderkräfte zu bekehren.

Um den Toten Opfer darbringen zu können, benötigt man die Eigenschaften der ersten Stufe; um die Toten zu befreien, magische Kräfte und Verwirklichung; um die Ungläubigen zu bekehren, das Wirken von Wundern.

Die zehn Bodhisattvastufen des tantrischen Pfades werden mit dem Prozeß von Tod und Wiedergeburt verglichen. Vor dem Tod hast du karmische Bedingungen geschaffen, die das nächste Leben prägen werden — in diesem Fall Zufluchtnahme zum Buddhadharma, Bodhisattvagelübde, Opferungen, moralische Lebensführung, Studium und Meditation. Der Augenblick des Todes kommt den rituellen Meditationen gleich, die dich an die Schwelle zur Einsicht in die Leerheit brachten. Der Tod und der Zwischenzustand (skr. antarābhava; tibet. bar-do) entsprechen dem Pfad der Bemühung. Der Eintritt in den Schoß ist die geistige Erschaffung einer Gottheit bei einer rituellen Meditation. Die zehn Mondmonate im Schoß entsprechen den zehn Bodhisattvastufen.
Der Augenblick der Geburt ist der Eintritt ins volle Erwachen zur Buddhaschaft. Die vorangegangenen Übungen auf den Pfaden der Ansammlung und der Bemühung sind also das vergangene Karma, das diese höchste Verwirklichung ermöglicht, und die zehn Einweihungen sind sein Reifen im Schoß.

WENN DU GEWÜRFELT HAST:
»eins«: rücke vor zur dritten Tantrastufe (Nr. 74)
»zwei«: rücke vor zur vierten Tantrastufe (Nr. 75)
»drei«: rücke vor zur zweiten Tantrastufe (Nr. 73)

67

Wissenshalter der Begierdegötter Kāmadevavidyādhara

Du wirst zu einem Vidyādhara, dessen Kräfte denen eines Gottes im Bereich sinnlicher Begierden entsprechen. Zusätzlich zu den Fähigkeiten, zu befrieden, Wachstum zu vermehren, zu unterwerfen und zu zerstören — den niederen weltlichen Siddhis — und den acht okkulten Kräften (siehe Spielfeld Nr. 72), kannst du durch den Himmel fliegen und dich unsichtbar machen. Der Körper erscheint wie der eines Sechzehnjährigen, und alles, was du dir wünschst, fällt sogleich vom Himmel.

Die Vidyā besteht — einfach ausgedrückt — aus einem weiblichen Mantra. Die Träger dieser Vidyā, dieser »geheimen Wissenschaft«, sind der indischen (buddhistischen wie auch nichtbuddhistischen) Literatur seit einigen Jahrhunderten vor Christus bekannt. Die Vidyādharas leben in Städten in den Schneebergen nördlich von Indien. Sie können fliegen und ihre Gestalt verwandeln und steigen manchmal in die Ebenen herab, um sich mit gewöhnlichen Sterblichen zu vermählen. Tibetische Geschichtsschreiber halten sie für die ursprünglichen Tantrameister der Menschheit. Die Vidyādharas sollen ihr Wissen so lange geheimgehalten haben, bis die Menschheit durch die Sūtralehren des Großen Fahrzeuges vorbereitet war, es zu empfangen. Deswegen nennt man die Sammlung der Tantras auch ›Sammlung der Vidyādharas‹ (skr. vidyādharapiṭaka), um sie von der Sammlung der Lehrreden (skr. sūtrapiṭaka) und der Sammlung der Mönchsregeln (skr. vinayapiṭaka) abzuheben. Trotzdem standen die Sūtra- und Vinayagelehrten jener Zeiten diesen »Siddhagöttern« mit ihrer seltsamen Magie genauso vorsichtig gegenüber wie das einfache Volk.

Der Wald der Vidyādharas heißt ›weiße Wolke, die nach allen Seiten die Stimme ruheloser Bergbäche tönen läßt‹. Sie selbst werden als ›nicht ganz friedvoll und nicht ganz rasend‹ und ›beeindruckend, überwältigend und majestätisch‹ beschrieben. Sie unterstehen der Lenkung des tantrischen Weltenherrschers (skr. mantracakravartin).

WENN DU GEWÜRFELT HAST:
»eins«: geh' zu Tantra, Mittlerer Pfad der Ansammlung (Nr. 41)
»zwei«: geh' zu Tantra, Großer Pfad der Ansammlung (Nr. 42)
»drei«: werde ein Wissenshalter des Bereiches Reiner Form (Nr. 68)
»vier«: werde ein tantrischer Weltenherrscher (Nr. 69)

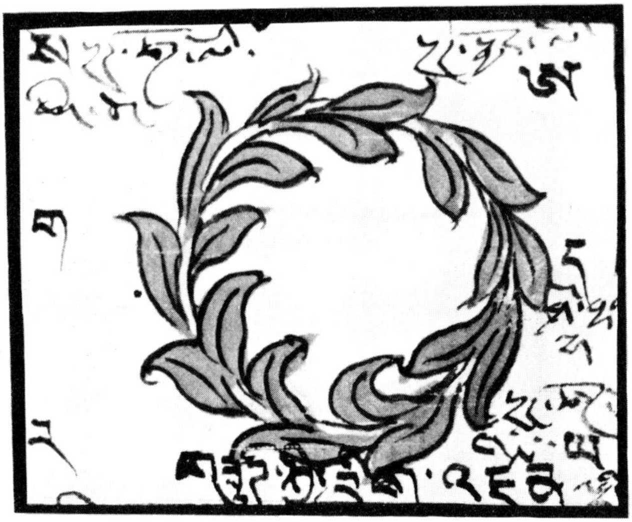

68

Wissenshalter
des Bereiches Reiner Form
Rūpadhātuvidyādhara

Diese strahlenden und mächtigen Gestalten haben alle magischen Kräfte der langlebigen Götter bemeistert. Sie werden ›reine Himmelswanderer‹ (tibet. dag-pa mkha'-spyod) genannt. Da sie das wissenstragende Mantra beherrschen, können sie ihre Lebensdauer über mehrere Zeitalter ausdehnen. Die Materie ihrer Gestalt ist dermaßen verfeinert, daß ihnen der gesamte Weltenraum zur Verfügung steht. Unbehindert fliegen sie durchs Universum. Wie Yogis in tiefer Versenkung und die Götter des Bereiches Reiner Form, sind sie losgelöst von der Welt und haben den Genuß von Sinnesobjekten, wie ihn die niederen Siddhis der weltlichen Vidyādharas ermöglichen, hinter sich gelassen. Aus ihrer Praxis der ›tantrischen bildlosen Yogas‹ erlangen sie den Zustand reiner Ruhe und Einsicht, indem sie ohne ein Vorstellungsbild im Klang des Mantra verharren.

WENN DU GEWÜRFELT HAST:
»eins«: geh' zu Tantra, Großer Pfad der Ansammlung (Nr. 42)
»zwei«: geh' zu Tantra, Pfad der Bemühung: ›Hitze‹ (Nr. 49)
»drei«: geh' nach Schambala (Nr. 59)
»vier«: geh' zu Tantra, Mittlerer Pfad der Ansammlung (Nr. 41)

69

Tantrischer Weltenherrscher
Mantracakravartin

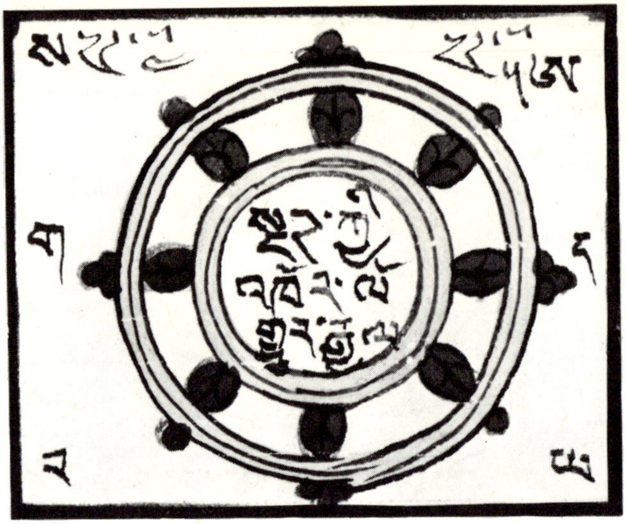

Als Herrscher über die Vidyādharas bist du im Besitz der höchsten weltlichen Siddhis: uneingeschränkte Gewalt über das gesamte Universum und unbedingte Anerkennung. Damit sind die Verhältnisse eines gewöhnlichen Weltenherrschers auf eine spirituelle Ebene gehoben. Die Unterscheidung zwischen ›Stufenweg‹ und ›Weg des Studiums‹ ist hier bedeutungslos, denn alles Gelernte wird sofort vergegenwärtigt. Der tantrische Weltenherrscher erfüllt die Aufgaben eines großen tantrischen Gelehrten:

> Kurzum, wohin er auch immer ging, las er alle vorhandenen heiligen Texte, egal ob sie größeren oder geringeren Umfang hatten. Jeden Tag erweiterte er den Ozean seines Geistes, der vom magischen Spiel des Wissens überbordete. Er wurde zu einem großen Gelehrten, dem *König kostbarer Juwelen* ähnlich und genügt nun den Wünschen aller lebenden Wesen, besonders derjenigen, die einen starken Wunsch nach Befreiung hegen.

In seinen Belehrungen verbindet er die theoretischen Grundlagen mit meditativer Praxis und zeigt den Pfad durch das Beispiel seiner eigenen Verwirklichung. Mit okkulten Kräften bekehrt er all jene, die auf die Vollbringung von Wundern vertrauen.

WENN DU GEWÜRFELT HAST:
»eins«: rücke vor zur vierten Tantrastufe (Nr. 75)
»zwei«: rücke vor zur fünften Tantrastufe (Nr. 81)

70

Buddhafeld der Allesvollendenden Tat Karmaparipūraṇa

Du betrittst den Bereich Amoghasiddhis, ›Allesvollendende Tat‹, das nördliche Buddhafeld. Es gehört der *Karmafamilie* tantrischer Übung. Das Handeln ist sehr kraftvoll, ja mag sogar zerstörerisch sein. Die Eifersucht ist seine Entsprechung im ungeläuterten Leben. Seine Farbe ist Grün. Die Kräfte leidenschaftlichen Wirkens sind hier jedoch darauf gerichtet, die Zerstörung aller Hindernisse herbeizuführen und den Dharma bis in die letzte Konsequenz zu befolgen. Handlungen unter diesem Aspekt sind immer angemessen, machtgeladen und vollkommen.

Der Wind ist das Element Amoghasiddhis. In seiner rechten Hand hält er in der Geste der Schutzgewährung (skr. abhayamudrā) einen vielfarbigen Doppelvajra (skr. viśvavajra). Seine Gefährtin ist die ›vertrauensspendende Tārā‹, die die tantrischen Gelübde schützt. Sie reiten beide auf einem Garuda-Vogel. Vajrapāṇi, ›den Vajra in der Hand‹, ist der zu diesem Bereich gehörende Bodhisattva; er hat die Aufgabe, zweckmäßigen Zwang auszuüben.

WENN DU GEWÜRFELT HAST:
»eins«: rücke vor zur siebenten Sūtrastufe (Nr. 86)
»zwei«: rücke vor zur zweiten Tantrastufe (Nr. 73)
»vier«: werde zu Mahākāla (Nr. 34)
»fünf«: rücke vor zur dritten Tantrastufe (Nr. 74)
»sechs«: rücke vor zur ersten Sūtrastufe (Nr. 71)

71

Erste Sūtrastufe

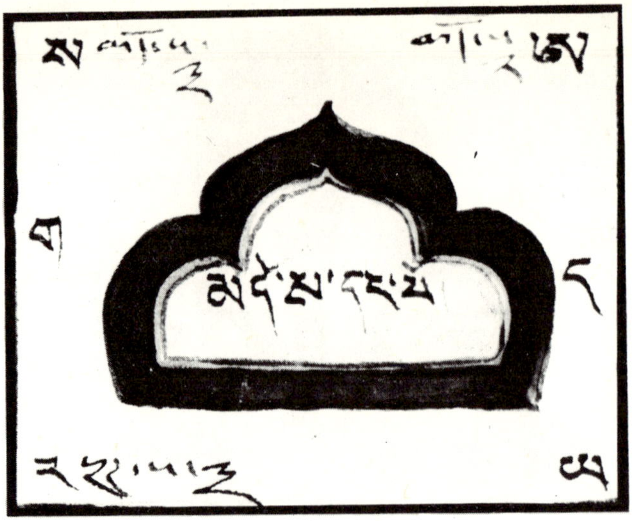

Du betrittst die erste der zehn Stufen des Bodhisattvaweges, wie sie in den Sūtras, den Schriften des Großen Fahrzeugs genau beschrieben sind. Auf jeder dieser ›Bodhisattva-Erden‹ (skr. bodhisattvabhūmi) wird eine der zehn Vollkommenheiten des Weges (skr. pāramitā) betont. Auf der ersten übt der Bodhisattva Gebefreudigkeit (skr. dāna), deren höchste Form die Gabe von Belehrungen über den wahren Dharma darstellt.

›Große Freude‹ (skr. pramuditā) wird diese Stufe genannt, denn der Bodhisattva wird gewahr, daß die Erleuchtung und damit das Wohl aller Wesen nicht mehr in weiter Ferne liegt. Wie Goldmetall an Glanz und Wert zunimmt, wenn es veredelt und gereinigt wird, so wird der Bodhisattva beim Durchlaufen der zehn Stufen zusehends strahlender und wertvoller.

›Große Freude‹ entspricht für den Bodhisattva dem Pfad des Sehens. Die Einsicht in die ›Selbst-Losigkeit‹ der eigenen Persönlichkeit und aller Dharmas ermöglicht die Schau der Einheit aller Wesen. Die Gedanken kreisen nicht mehr besorgt um das eigene Ich. Der Bodhisattva entsagt allen weltlichen Angelegenheiten und kann nicht mehr von den fünf gewöhnlichen Ängsten — Sorgen um Lebensunterhalt, Leumund, Tod, künftige Wiedergeburt und Scheu vor Menschenansammlungen — verunsichert werden.

Er widmet sich völlig dem Erleuchtungsgedanken (skr. bodhicitta) und entwickelt allen im Kreislauf der Wiedergeburten Gefangenen gegenüber Mitleid. Er strebt nach Verwirklichung folgender Wünsche: den Buddha immer zu verehren, die Lehre hochzuhalten, den Taten des Buddha nachzueifern, dem Weg eines Bodhisattva zu folgen, alle Wesen zur Reife zu führen, Saṃsāra in seiner gesamten Ausdehnung zu ermessen, die Buddhafelder rein zu halten und zu verschönern, alle Aktivitäten treffsicher und wirksam abzuschließen und das ›Große Erwachen‹ durch die Taten eines Buddha in seiner letzten Existenz allen vor Augen zu führen (siehe auch Spielfelder Nr. 97–104).

Zur Vorbereitung für seine große Aufgabe erwirbt der Bodhisattva spirituelle und weltliche Kenntnisse. Er übt sich in meditativer Versenkung, in der Fähigkeit, Erscheinungskörper hervorzubringen, und in der Vollbringung von Wundertaten. Wie ein Karawanenführer trifft er Vorkehrungen und hört auf die Ratschläge erfahrener, weitgereister Gefährten. Er erfreut sich also auch der Planung der bevorstehenden Reise.

WENN DU GEWÜRFELT HAST:
»eins«: rücke vor zur dritten Sūtrastufe (Nr. 79)
»zwei«: rücke vor zur zweiten Sūtrastufe (Nr. 80)
»drei«: geh' zur dritten Tantrastufe (Nr. 74)

72

Wissenshalter der Acht Siddhis

Anstatt dem Weg des Studiums zu folgen, hast du den Weg der Siddhis, der okkulten Kräfte eingeschlagen. Durch meditatives Ritual erarbeitest du dir die acht weltlichen Wunderkräfte:

1. mit dem Schwert: Unbesiegbarkeit
2. mittels Salbung der Augen: Überblick über die Welt von den Himmeln abwärts
3. mittels Salbung der Füße: Schnelligkeit
4. mittels magischer Pillen: die Fähigkeit, deine Gestalt zum Umfang einer winzigen Kugel schwinden zu lassen
5. ein Elixir, das dir für die Dauer deiner Existenz Jugend bewahrt
6. die Macht, jede gewünschte Form anzunehmen
7. die Kraft, durch Mauern zu schreiten
8. Macht über Schätze und Geister unter der Erde

Das sind die ›gewöhnlichen Wunderkräfte‹; Buddhaschaft ist die ›außergewöhnliche Wunderkraft‹. Sie setzt insbesondere Meditation über die Leerheit voraus und ist nicht allein über die rituelle Verehrung einer Gottheit zu erreichen.

Einige Lamas meinen, die Erlangung dieser Wunderkräfte sei dem Pfad der Ansammlung gleichwertig; andere bestehen darauf, daß man dem orthodoxen tantrischen Pfad folgen muß.

WENN DU GEWÜRFELT HAST:
»eins«: werde ein Wissenshalter unter den Begierdegöttern (Nr. 67)
»zwei«: geh' zu Tantra, Mittlerer Pfad der Ansammlung (Nr. 41)
»drei«: geh' zu Tantra, Kleiner Pfad der Ansammlung (Nr. 33)

73

Zweite Tantrastufe

Indem du die zweite Stufe auf deinem Weg zur Vollkommenheit eines Vajra-Meisters erreichst, wird dir die Initiation der juwelenbesetzten Krone erteilt. Sie wird im Kopfknoten (skr. uṣṇīṣa) und anderen körperlichen Merkmalen eines Buddha als späteres Ergebnis sichtbar in Erscheinung treten. Das körperliche Karma von Unglücken, Krankheiten, todbringenden Dämonen und Hindernissen bei der Meditation ist damit geläutert. Weltlichem Ruhm und Erfolg begegnest du gleichmütig. Da du obendrein von Mitgefühl erfüllt bist, bist du geeignet, ein Weltenherrscher zu werden.

WENN DU GEWÜRFELT HAST:
»eins«: rücke vor zur vierten Tantrastufe (Nr. 75)
»zwei«: rücke vor zur fünften Tantrastufe (Nr. 81)
»sechs«: werde ein tantrischer Weltenherrscher (Nr. 69)

74

Dritte Tantrastufe

Dir wird die Vajra-Initiation eines tantrischen Meisters zuteil, die auf nicht-diskursives Begreifen, eine Eigenschaft des Buddhageistes, hinzielt. Alle Spuren des Glaubens an ein Ego fallen ab, und damit bist du rivalisierenden Lehrern anderer Traditionen mehr als ebenbürtig geworden.

Wie solltest du diese
Unvergleichliche Form annehmen können,
Solange du nicht das unübertreffliche Eine
In dir gefunden hast?
Ich habe gelehrt, daß du wissen wirst,
Wer du bist,
Sobald der Irrtum verflogen ist.

WENN DU GEWÜRFELT HAST:
»eins«: rücke vor zur vierten Tantrastufe (Nr. 75)
»zwei«: rücke vor zur fünften Tantrastufe (Nr. 81)

75

Vierte Tantrastufe

Die Initiation der Glocke (skr. ghaṇṭā) — der »weiblichen« Energie, die von einem Vajra gekrönt ist — bringt die Fähigkeit mit sich, alle 84 000 Arten der Dharmapraxis zu lehren und damit den Bedürfnissen aller fühlenden Wesen in jeder nur denkbaren Situation gerecht zu werden. Du bist nun dazu berechtigt, die sprachliche Funktion eines Buddha zu erfüllen. Deine Rede wird als Buddhawort angesehen.

WENN DU GEWÜRFELT HAST:
»eins«: rücke vor zur sechsten Tantrastufe (Nr. 82)
»zwei«: rücke vor zur siebenten Tantrastufe (Nr. 83)
»drei«: rücke vor zur fünften Tantrastufe (Nr. 81)

76

Buddhafeld der Juwelengipfel
Ratnakūṭa

Das südliche Buddhafeld ist von Ratnasaṃbhava, wörtlich übersetzt ›Quelle der Juwelen‹, erschaffen. Er ist Herr über das wunscherfüllende Juwel (skr. cintamaṇi), und seine Buddhatätigkeit besteht darin, alles Nötige zu geben. Sein Reittier ist das Pferd, seine Farbe Gelb, sein Element die Erde — weit und fruchtbar. Die Einsicht in die Wesensgleichheit (skr. samantājñāna) gehört zu seinem Zustand, denn auf der weiten Erde sind alle Dinge gleich. Das Wissen um die Wesensgleichheit wirkt Stolz und Begierde entgegen. Ratnasaṃbhava wird von Māmakī, die für das befruchtende Wasser steht, umarmt. Die Bodhisattvas dieses Bereiches heißen ›Element des Raumes‹ (skr. ākāśagarbha) und ›Allgütig‹ (skr. samantabhadra).

WENN DU GEWÜRFELT HAST:
»eins«: begib dich zur vierten Sūtrastufe (Nr. 78)
»zwei«: begib dich zur dritten Tantrastufe (Nr. 74)
»drei«: begib dich zur zweiten Tantrastufe (Nr. 73)

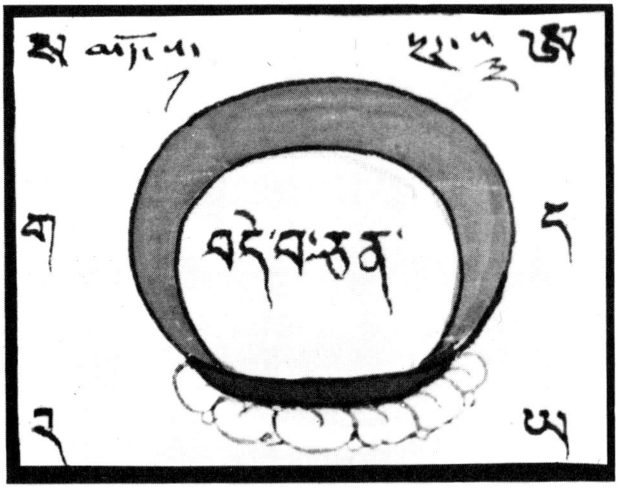

77

Buddhafeld der Beseligung
Sukhāvatī

Du hast das reine Land Amitābhas, des Buddhas ›grenzenlosen Lichtes‹, erreicht, das Land der Lotusteiche und wunderbaren Paläste, wo alle Wünsche erfüllt werden und wo du, auf einem Lotus sitzend, die Belehrungen Buddhas auf den bloßen Wunsch hin hören kannst.

Die Schöpfung dieses Buddhafeldes geht auf ein Gelübde des Bodhisattva Dharmākara zurück, der beschlossen hatte, einen reinen Bereich zu erschaffen, den alle Wesen erreichen können. In der Gestalt Amitābha-Buddhas steigt er im Augenblick des Todes zu seinen vertrauenerfüllten Gläubigen herab oder — wie es in der tibetischen Überlieferung vorzugsweise dargestellt ist — sendet einen Lichtstrahlhaken aus, der das samenkorngroße Bewußtsein des Sterbenden aus dem Herzen zieht und im Herzen des Buddha zur Auflösung bringt. Als Emanation aus dem Buddhaherzen tritt es durch Geburt in einer Lotusblüte in Sukhāvatī wieder in Erscheinung.

Amitābha ist in diesem Fall ein Erscheinungskörper (skr. nirmāṇakāya), zu dem als Körper der Freude (skr. saṃbhogakāya) der Buddha Amitāyus — ›grenzenloses Leben‹ — gehört, der als Gewährer von Langlebigkeit verehrt wird; sein Wahrheitskörper (skr. dharmakāya) ist Anantaprabha — ›grenzenlose Erleuchtung‹. Amitābha wird meist in Meditationshaltung dargestellt. Er hält die Almosenschale zwischen seinen Händen und könnte eine Darstellung des Buddha im Augenblick der Erleuchtung unter dem Bodhibaum sein. Seine Farbe ist Rot; er gehört zur Lotusfamilie, die für die Verwandlung von Leidenschaft in Mitgefühl steht, denn der wunderschöne duftende Lotus hat seine Wurzeln in Morast und Schlamm. Amitābha zeichnet sich durch die Weisheit ›unterscheidender Klarschau‹ (skr. pratyavekṣanajñāna) aus.

Amitābhas Reittier ist der Pfau, seine Gefährtin die weißgekleidete Pāṇḍaravāsinī. Die Hauptbodhisattvas der Lotusfamilie sind Avalokiteśvara, das große mitfühlende Wesen, die Schutzgottheit Tibets, und Mahāsthāmaprāpta — ›der große Stärke erlangt hat‹. Sie sind warmherzig und für jeden offen.

WENN DU GEWÜRFELT HAST:
»eins«: begib dich zur ersten Sūtrastufe (Nr. 71)
»zwei«: begib dich zur dritten Tantrastufe (Nr. 74)

78

Vierte Sūtrastufe

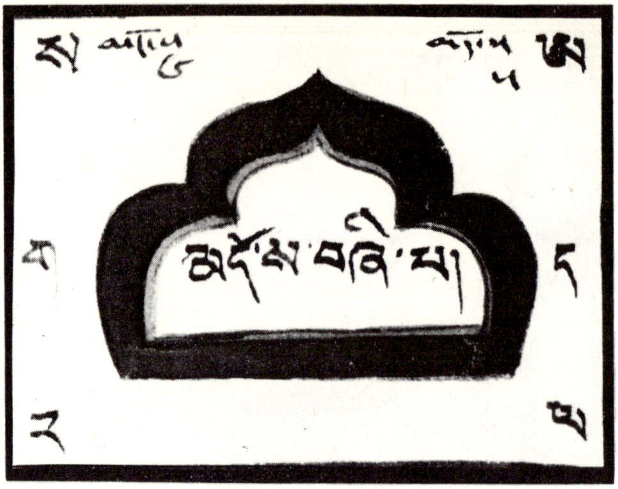

Auf dieser Stufe, der ›Flammenden‹ (skr. arcismatī) lodern die verschiedenen Erleuchtungsfaktoren mit großer Hitze auf und brennen die letzten emotionalen und intellektuellen Schleier weg. Der Bodhisattva übt sich stetig in mit Weisheit verbundener Anstrengung (skr. vīryaprajñāpāramitā). Er zieht sich in die Einsamkeit zurück und vertieft seine Meditation, indem er Körper, Sinnesorgane, Gefühle, Gedanken und die verschiedensten Phänomene der inneren und äußeren Welt untersucht. Durch Hitzeentfaltung in Askese stillt er seine Wünsche und lernt, sich mit dem, was gerade da ist, zufriedenzugeben. Da er allen sinnlichen Begierden gegenüber Abscheu hegt, wird er durch seine strenge Lebensweise geläutert. Bei seiner Praxis ist er weder übervorsichtig noch unbeherzt. Er ist weder an rein literarischen, noch an rein ästhetischen Formen des Dharma interessiert. Wie es der Ehrwürdige Asaṅga darstellt: »Er hat den Dharma in Gedanken abgeschafft.« Damit ist die Vorstellung, es gäbe verschiedene Arten des Dharma und der Sūtras, überwunden. Er ist unparteiisch und unvoreingenommen; trotzdem bleibt er gefestigt auf dem ›mittleren Weg‹ und verwirft sowohl die Behauptung, alles sei irreal, wie auch die Behauptung, alles existiere wirklich. Emotionale und intellektuelle Besitzergreifung sind ihm völlig fremd geworden.

An diesem Punkt seines Weges gleicht der Bodhisattva Gold, das zu einem Schmuckstück verarbeitet wurde. Intensive asketische Übungen haben zusammen mit dem Verzicht auf Besitztum und dem mittleren Weg zwischen den philosophischen Extremen sein sittliches Verhalten und seine Einstellung gegenüber der Welt vervollkommnet. Vertiefte Meditation schenkt ihm unglaubliche übernatürliche Kräfte, aber selbst dabei bleibt er bescheiden und ist für jeden eine angenehme und milde Gesellschaft. Er ist ein glänzendes und strahlendes Beispiel seiner eigenen Lehren.

WENN DU GEWÜRFELT HAST:
»eins«: rücke vor zur sechsten Sūtrastufe (Nr. 87)
»zwei«: rücke vor zur fünften Sūtrastufe (Nr. 88)

79

Dritte Sūtrastufe

Auf der ›erleuchtenden‹ Stufe (skr. prabhākarī) verbindet der Bodhisattva Geduld mit der Vervollkommnung der Weisheit. Damit ist er bereit, für den Dharma alles Erdenkliche auf sich zu nehmen. Er wird durch tausend Feuer gehen, um die Lehre hören zu können, und geduldig genug sein, in Saṃsāra zu verharren und zu lehren. Durch seine Untersuchung der Nicht-Dauerhaftigkeit begreift er das Leiden und Brennen der Welt. Er sieht seine vergangenen Leben über viele Zeitalter hinweg und das Kommen und Gehen der anderen. Er sieht, wie Dharmabelehrung aus der Dharmadhātu ausstrahlt, und entscheidet sich, sie ohne Hoffnung auf Belohnung zum Nutzen anderer zu verwenden. Er lebt Tag und Nacht voll im Dharma; seine Geduld und seine Sanftmut anderen Wesen gegenüber sind unendlich verfeinert.

Wie Gold durch Schmelzen und Reinigen nicht an Gewicht verliert, so nehmen die sittlichen Eigenschaften eines Bodhisattva der zweiten Stufe nicht ab, auch wenn das besondere Gewicht des Strebens jetzt auf der Geduld liegt. Seine meditativen Fähigkeiten nehmen zu. Als Herr über den Bereich sinnlichen Begehrens kann er Sonne und Mond ergreifen. Er kann die Erde erschüttern, sich in einer oder einer Vielzahl von Gestalten manifestieren, kann erscheinen und verschwinden, mit verschränkten Beinen durch die Luft fliegen, über Wasser laufen und wie Feuer lodern.

WENN DU GEWÜRFELT HAST:
»eins«: rücke vor zur fünften Sūtrastufe (Nr. 88)
»zwei«: rücke vor zur vierten Sūtrastufe (Nr. 78)

80

Zweite Sūtrastufe

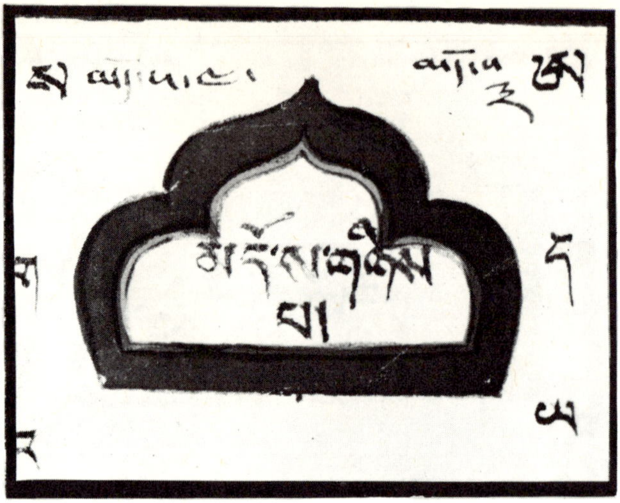

Auf der ›makellosen‹ Stufe (skr. vimalā) befreit sich der Bodhisattva von allen Makeln ethischer Verfehlungen. Er vervollkommnet die Ausübung der Sittlichkeit, indem er sie mit Weisheit verbindet. So nimmt er von den zehn unheilsamen Taten — Töten, Stehlen usw. — Abstand und ersetzt sie mit einer lebensbejahenden, großzügigen und mitfühlenden Grundeinstellung durch ihre positiven Entsprechungen, die er mit geschickten Mitteln (skr. upāya) an seine Umwelt heranträgt. Trotzdem bleibt die Dharmadhātu für ihn der höchste Wert.

Der Bodhisattva dieser Stufe kann tausend Versenkungszustände, Erscheinungen und Wunder bewirken wie zuvor, aber diesmal alle in einem einzigen Augenblick.

WENN DU GEWÜRFELT HAST:
»eins«: rücke vor zur vierten Sūtrastufe (Nr. 78)
»zwei«: rücke vor zur dritten Sūtrastufe (Nr. 79)

81

Fünfte Tantrastufe

Der Yogi empfängt die Einweihung der ›Ermächtigung‹ (skr. anujñā) und den Namen, den er – oder sie – bis zum Erlangen der Buddhaschaft tragen wird. Glocke und Vajra – Symbole des Weiblichen und Männlichen, der Weisheit und der geschickten Methoden – werden dem Initiierten als Werkzeuge tantrischer Praxis überreicht. Er ist damit ein autorisierter, auf sich selbst gestellter Lehrer. Von nun an kennt man ihn nur noch unter seinem Initiationsnamen. Der Pfad des ›Heranreifens‹ ist abgeschlossen, und es steht dir frei, selbst zu lehren und in Übereinstimmung mit den eigenen Gelübden und den Regeln, die zur Weitergabe des Dharma gehören, Einweihungen zu erteilen. Alle zur Buddhaschaft notwendigen Voraussetzungen sind erfüllt, und du bist den Aufgaben eines Buddha gewachsen. – Die folgenden Bodhisattva-Stufen gehören zum ›offenen Weg‹.

WENN DU GEWÜRFELT HAST:
»eins«: rücke vor zur siebenten Tantrastufe (Nr. 83)
»zwei«: rücke vor zur achten Tantrastufe (Nr. 89)

82

Sechste Tantrastufe

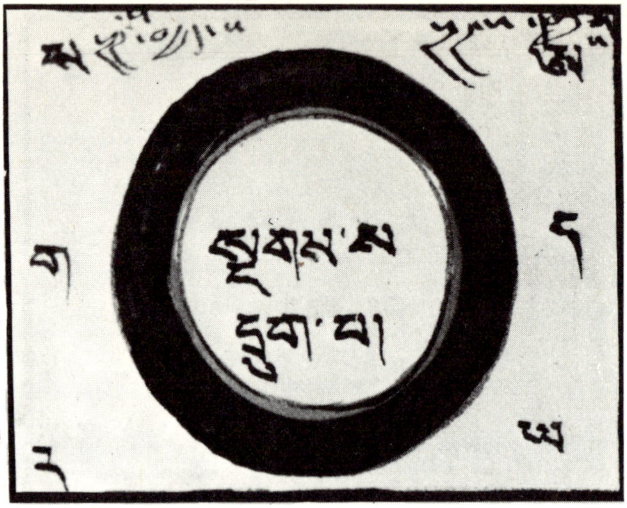

Nachdem du beim Durchschreiten der vorangegangenen Stufen gelernt hast, phänomenales Sein in Formen der Buddhaschaft zu verwandeln, läßt du nun durch intensive Meditationspraxis die vier Initiationen des höchsten Tantra ausreifen. Zuerst visualisierst du die Gottheit auf ›grobe‹ und auf ›feine‹ Weise. ›Grob‹ bezieht sich auf ihr konkretes Erscheinungsbild und ›fein‹ auf Verlagerung und Verinnerlichung in den eigenen Körper. Die ›psychischen Winde‹ werden in Bewegung gesetzt, in die Haupt-Nādi geführt und dort aufgelöst. Das Herzzentrum wird zum Brennpunkt der Sammlung. Wenn der Knoten im Herzen gelöst ist, wird sich der Weg zur Erfüllung von selbst einstellen.

Bei meiner Pilgerschaft habe ich Heiligtümer
und andere Wallfahrtsorte besucht,
Aber ich habe noch kein Heiligtum entdeckt,
das so beseligend war wie mein eigener Körper.

WENN DU GEWÜRFELT HAST:
»eins«: rücke vor zur achten Tantrastufe (Nr. 89)
»zwei«: rücke vor zur neunten Tantrastufe (Nr. 90)

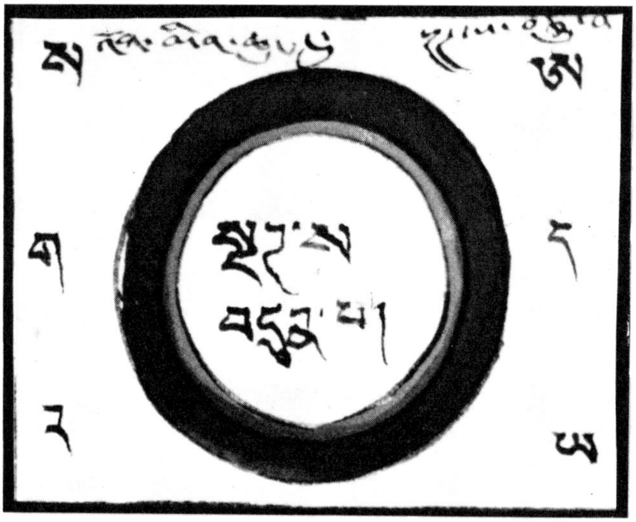

83

Siebente Tantrastufe

Der »geheime« Geist, der dem Geist Buddhas in seinem Verständnis von Śūnyatā gleichkommt, erlebt Leere und Beseligung in der Vereinigung. Durch den vorausgegangenen Initiationen gemäße Yogapraktiken machst du eine vorweggenommene Erfahrung des ›Klaren Lichts‹ (tibet. 'od-gsal). Bei diesem Vorgang sind drei Abschnitte bekannt: ›Licht‹, ›Ausbreitung des Lichts‹ und ›Höhepunkt des Lichts‹.

Das Gewahrsein von Śūnyatā ist klar,
Durchscheinend und doch lebendig;
Es ist rein und leuchtend wie eine Blume;
Es ist als ob du in den unermeßlichen und
Leeren Himmel blickst.
Dieses Nicht-Denken, diese strahlende
Und durchscheinende Erfahrung
Ist jedoch bloß die Empfindung von Dhyāna.
Auf dieser vielversprechenden Grundlage
Solltest du weiter zu den drei Juwelen beten
Und durch tiefes Nachdenken und Betrachten
Zur Wahren-Wirklichkeit vorstoßen.
So bindest du die Weisheit des Nicht-Ich
An die Lebensschnur tiefer Versenkung.

WENN DU GEWÜRFELT HAST:
»eins«: begib dich ins höchste Buddhafeld (Nr. 84)
»zwei«: rücke vor zur zehnten Tantrastufe (Nr. 91)

84

Höchstes Buddhafeld
Akaniṣṭha

Du bist zur Spitze der Welt vorgedrungen und zum erhabensten aller Buddhafelder gelangt. Bodhisattvas der zehnten Stufe, die großen Überwinder, die Vajrasamādhi verwirklicht haben, sind hier im Vajradhātu-Palast versammelt. Buddhas in der ehrfurchtgebietenden Erscheinungsform des Saṃbhogakāya (siehe Spielfeld Nr. 92) geben ihnen letzte Unterweisungen.

Die höchsten Götter der Buddhafelder wohnen in diesem Himmel; sie umgeben und verehren den Vajradhātu-Palast. Darin versammeln sich die Buddhas aller zehn Himmelsrichtungen und führen die hohen Bodhisattvas zum beseligt-leeren Zustand des höchsten Tantra. Yogis streben danach, mit diesen Bodhisattvas zu verschmelzen und ebenfalls Belehrungen zu empfangen, indem sie sich in Körper, Rede und Geist über rituelle Gesten, Mantras und meditative Sammlung mit den Buddhas identifizieren.

Dieser Bereich wird in einem Lotus, dem Symbol zeitloser Reinheit, dargestellt.

WENN DU GEWÜRFELT HAST:
»eins«: geh' in den Wahrheitskörper (Nr. 93)

85

Buddhafeld höchster Verzückung Abhirati

Du hältst dich im östlichen Buddhafeld Akṣobhyas, des ›Unerschütterlichen‹, auf. Der große Laienbodhisattva Vimalakīrti hat diesen Bereich mit blumigen Worten dargestellt. Von Bergen umgeben ist er reich an Seen, Hügeln und sanften Erhebungen, Wasserfällen und Teichen, deren Ufer mit Goldstaub besprüht sind. Es gibt Haine von Edelsteinbäumen, in denen sich Singvögel tummeln und eine Sorte roter Blumen blüht, aus denen duftende Schleier und köstliche Speisen fallen. Die Bewohner dieses Buddhafeldes leben in prächtig geschmückten Zelten; aus ihren Fußabdrücken erblüht bei jedem Schritt ein Lotus.

Akṣobhya wird im vollen Lotussitz dargestellt. Man könnte sagen, daß er die Überwindung Māras zu Füßen des Bodhibaumes verkörpert (siehe Spielfeld Nr. 100). Akṣobhya sitzt unter seinem Bodhibaum in Abhirati »mitten in einer Versammlung, die so unendlich ist wie das Meer, und lehrt dort den Dharma. Bringt nun Vimalakīrti dieses reine Land auf die Erde, so steigen von dort drei kostbare Leitern zum Himmel der Dreiunddreißig auf. Die Götter der Dreiunddreißig steigen auf diesen Leitern herab, um den Buddha Akṣobhya zu sehen, ihn zu verehren, ihm zu dienen und den Dharma aus seinem Munde zu hören. Über diese Leitern steigen auch die Bewohner Jambudvīpas zum Himmel der Dreiunddreißig auf, um die Götter zu besuchen.«

Akṣobhya ist seinem Wesen nach unerschütterlich; er berührt die Erde mit den Fingerspitzen der rechten Hand und ruft sie damit zum Zeugen für seine Überwindung sämtlicher Hindernisse an. Sein Reittier ist der Elefant; seine Farbe Blau; seine tantrische Familie die des Vajra, der das festeste und härteste aller Dinge ist. Die dazugehörige emotionale Entsprechung im Bereich der Verblendung ist Haß, der hier in die ›Weisheit des großen Spiegels‹ (skr. mahādarśājnāna) — ruhig und ohne Neigung, der Wahrheit noch etwas hinzufügen zu wollen — verwandelt wurde. Sie wird durch die reflektierende Eigenschaft des Wassers symbolisiert. Seine Gefährtin ist Buddhalocanā, ›Buddha-Auge‹. Vajrasattva, das ›demantene Wesen‹, ist der diesem Feld zugeordnete tantrische Bodhisattva.

WENN DU GEWÜRFELT HAST:
»eins«: begib dich zur ersten Sūtrastufe (Nr. 71)
»zwei«: begib dich zur zweiten Tantrastufe (Nr. 73)
»drei«: begib dich zum Buddhafeld der Juwelengipfel (Nr. 76)

86

Siebente Sūtrastufe

Auf dieser Stufe, der ›von großer Reichweite‹ (skr. dūraṃgamā), wirkt der Bodhisattva in großem Umfang für andere. Sein Wahrnehmungsvermögen und seine Fähigkeiten sind unermeßlich wie das Meer. Er erfüllt in jedem Augenblick alle Vollkommenheiten in den weiten Räumen des Universums. Er bringt reine Länder hervor, in denen lebende Wesen gedeihen und ihre spirituellen Fähigkeiten entwickeln können. Er durchläuft selbst ununterbrochen alle eigenen Übungen und erzielt in der Beherrschung geschickter Methoden und übernatürlicher Kräfte große Fortschritte.

Die Vervollkommnung dieser ›weitreichenden Stufe‹ ist die Geschicktheit bei der Anwendung hilfreicher Methoden. Gelehrsamkeit und die Fähigkeit, sich immer angemessen Ausdruck zu verleihen, erscheinen nun spontan ohne vorbereitende Überlegung und Anstrengung. Er macht den Weg der Hörer, der Einsamen Verwirklicher und den Bodhisattvapfad anschaulich und verzichtet darauf, zwischen den einzelnen Fahrzeugen zu unterscheiden, wenn es darum geht, die Entwicklung anderer zu fördern. Er steht damit nun auch de facto und nicht nur in seiner Zielsetzung über den beiden nur teilweise erleuchteten Gestalten des Arhat und des Pratyekabuddha. Schon vorher gehörte er aufgrund seines Wunsches, zur Befreiung anderer beizutragen, zu einer edleren Familie, so wie ein junger Prinz potentiell mächtiger ist als die bereits gereiften Minister des Staates. Jetzt, da seine Einsicht vervollkommnet wurde, übertrifft er sie aufgrund eigener Verwirklichung. Er geht in Nirvāṇa ein und kehrt jeden Augenblick daraus zurück; während er noch im Saṃsāra verweilt, macht er die Erfahrung seiner Transzendierung. Das ist das ›Nirvāṇa in Bewegung‹, das dem sogenannten ›Aufhören‹ der niederen Fahrzeuge (siehe Spielfeld Nr. 48) unendlich überlegen ist, denn es wirkt zum Segen vieler weiterhin in der Welt. — Trotzdem erstrebt der Bodhisattva, seinen Wirkungskreis noch auszudehnen.

Der Bodhisattva der siebenten Stufe ähnelt Gold, in das viele Arten von Juwelen eingelassen sind, also dem prächtigsten Schmuck, den es gibt. Wie die Sonne überstrahlt er alle anderen Himmelskörper, legt die Sümpfe der Täuschung trocken und bringt lebende Wesen wie Kornfelder zur Reife.

WENN DU GEWÜRFELT HAST:
»eins«: rücke vor zur neunten Sūtrastufe (Nr. 95)
»zwei«: rücke vor zur achten Sūtrastufe (Nr. 96)

87

Sechste Sūtrastufe

Der Bodhisattva steht der Wirklichkeit ›von Angesicht zu Angesicht‹ (skr. abhimukhī) gegenüber und verweilt damit weder in Saṃsāra noch in Nirvāṇa. Er vergegenwärtigt sich, daß alle Phänomene ihrem Wesen nach weder rein, noch unrein sind. Man kann sie nur in ihrem Beziehungsverhältnis zueinander beurteilen. Er sehnt sich nicht nach dem Frieden des Arhat oder des Einsamen Verwirklichers und ist trotzdem aus dem Kreis der Wiedergeburten befreit. »Wenn er gezielt eine Geburt annimmt, so ist er dabei selbst gegen feinste Täuschungen (skr. saṃkleśa) gefeit.« Die Grundlage seines Lebens besteht nicht in einer Täuschungen unterlegenen Geistkörperlichkeit, sondern in den sechs Vollkommenheiten der Gebefreudigkeit (skr. dānapāramitā), Sittlichkeit (skr. śīlapāramitā), Geduld (skr. kṣāntipāramitā), Tatkraft (skr. vīryapāramitā), Meditation (skr. dhyānapāramitā), die ihrerseits alle von aus Weisheit geborener unterscheidender Bewußtheit (skr. prajñāpāramitā) durchdrungen und gekrönt sind.

Aus Weisheit geborene unterscheidende Bewußtheit vervollkommnet die Übung des Bodhisattva und wird als Erkenntnis des allem zu Grunde liegenden Entstehens in Abhängigkeit verstanden. Indem er den Lauf betrachtet, den alle Dinge in ihrem Entstehen und Vergehen nehmen, erkennt er klar, daß alles weltliche Geschehen aus dem Haften an einem ›Selbst‹ entsteht. Durch dieses unwissende Verlangen nach ›Sein‹ und/oder ›Nichtsein‹ wandeln die Menschen auf irreführenden Wegen; sie streuen die Saat von Gewohnheit und Neigung aus, die zu fortgesetzter Wiedergeburt führt und schließlich unvermeidlich Krankheit, Leid und Tod zur Folge hat. Unwissenheit (skr. avidyā; moha; bhrānti) ist das Feld, auf dem die Saat gepflanzt wird; die Vorstellung: »Ich existiere«, ist der Regen, der diese Saat sprießen läßt. So wächst der Keim der Geistkörperlichkeit und entwickelt Sinnesorgane. Durch Sinneskontakt entstehen Wahrnehmungen, Empfindungen und ein nicht zu löschender Durst nach Befriedigung. So entwickelt sich Haften an der Existenz, daraus Wiedergeburt und aus der Wiedergeburt abermals Leiden und Tod. Der Bodhisattva sieht, daß unter Einwirkung von Unwissenheit begangene Taten die sechs möglichen Schicksale lebender Wesen nach sich ziehen. Er versteht, daß die Welt ›nur Geist‹ ist. Da er weiterhin gewahr wird, daß die Ansammlung — oder der Baum — des Leidens ständig wächst, ohne daß es in Wirklichkeit jemanden gibt, der etwas tut oder erfährt, folgert er, daß es letztlich auch keine Tat geben kann, denn jede Tat setzt einen Täter voraus. Deshalb meditiert er über die Leerheit aller Phänomene.

Ein Bodhisattva der sechsten Stufe schimmert wie mit Beryll besetztes Gold. Wie Mondlicht in einer Sommernacht den Körper kühlt, mildert sein Leuchten das Brennen all jener, die von Verstrickung und Leidenschaft gequält sind.

WENN DU GEWÜRFELT HAST:
»eins«: rücke vor zur achten Sūtrastufe (Nr. 96)
»zwei«: rücke vor zur siebenten Sūtrastufe (Nr. 86)

88

Fünfte Sūtrastufe

Auf dieser Stufe, der ›schwer zu Besiegenden‹ (skr. sudurjayā), vollbringt der Bodhisattva das schier Unmögliche: Er wirkt wegweisend für alle Wesen, ohne dabei von ihrem Starrsinn weiter berührt zu werden. Meditation ist die dieser Stufe entsprechende Vollkommenheit. Sein Gedächtnis läßt ihn nie im Stich, und so stellt er das Prinzip des Dharma (skr. dharmadhātu) immer wieder erfolgreich im Rahmen der traditionellen Aussagen zu grundlegenden Wahrheiten dar. Er kann im begrifflichen Rahmen der Vier Edlen Wahrheiten (Leiden, Ursache des Leidens, Aufhebung des Leidens und zur Aufhebung des Leidens führender Pfad) und in Bezugnahme auf die Zwei Ebenen der Wahrheit — konventionelle Wahrheit (skr. saṃvṛtisatya) und absolute Wahrheit (paramārthasatya) — Belehrung erteilen. Er verfaßt Abhandlungen über Schriften, Künste und Wissenschaften, die — wie Medizin und Astrologie — dem menschlichen Heil zuträglich sind. Zur Erbauung anderer läßt er Gärten anlegen und Schauspiele aufführen. Die falschen Ansichten wenig fruchtbarer religiöser Überlieferungen widerlegt er in dialektischer Auseinandersetzung. Er weiß aber auch um die grundlegende Beschaffenheit der Wirklichkeit, denn für einen Bodhisattva der fünften Stufe gibt es keine kausalen Zusammenhänge mehr. Alle Elemente der Wirklichkeit werden als nicht voneinander verschieden, sondern als ihrem Wesen nach gleichwertig erachtet. Sie sind ursprungslos, von Anbeginn rein, frei von intellektueller Verbegrifflichung, jenseits aller Worte, einem magischen Zauberspruch, Spiel, Traum, einer Spiegelung oder einem Echo ähnlich.

Der Bodhisattva dieser Stufe ist im allgemeinen ein Mönch oder eine Nonne. Trifft er — oder sie — mit Laien zusammen, so beneidet er sie weder um ihren Status, noch strebt er nach Gewinn. Im Gegenteil ist er erstaunt darüber, wie wenig Abscheu sie vor dem Saṃsāra empfinden, und entsetzt, zuschauen zu müssen, wie sie ihrem dauernden Leiden immer wieder neue Nahrung liefern. Er bedauert ihre Verwirrung und ihr Durcheinander, ohne dabei überheblich und eingebildet zu sein, denn er weiß, daß jedes Geistkontinuum seinem Wesen nach allen anderen gleich ist. Er ist gerüstet, ihnen den Dharma als Wegweiser darzulegen.

Der Bodhisattva der fünften Stufe strahlt wie reines, mit Halbedelsteinen besetztes Gold, oder wie Gestirne und Planeten, die von keinem Sturm aus ihrer Bahn geworfen werden können. Er vereinigt bei seinem Wirken in der Welt transzendente Weisheit (skr. prajñā) mit geschickten Methoden (skr. upāya-kāuśalya).

WENN DU GEWÜRFELT HAST:
»eins«: rücke vor zur neunten Sūtrastufe (Nr. 95)
»zwei«: rücke vor zur sechsten Sūtrastufe (Nr. 87)

89

Achte Tantrastufe

Aus den Strömen des Prāṇa und der gewonnenen Einsicht in die ›nur-Geist‹-Natur aller Phänomene entsteht der Erscheinungskörper. Er ist immer noch ›unrein‹, da er nicht gänzlich ins Klare Licht eingetaucht ist und der dem Geist innewohnenden Leerheit nicht unmittelbar gegenübertritt.

Der unreine Trugkörper des Mutterschoßes
Und die reine Form des Buddhakörpers
Sind eins im großen Licht des Bardo.
Mein Sohn, dies ist der Bardo der Vollendung.

WENN DU GEWÜRFELT HAST:
»eins«: begib dich ins höchste Buddhafeld (Nr. 84)
»zwei«: rücke vor zur neunten Tantrastufe (Nr. 90)

90

Neunte Tantrastufe

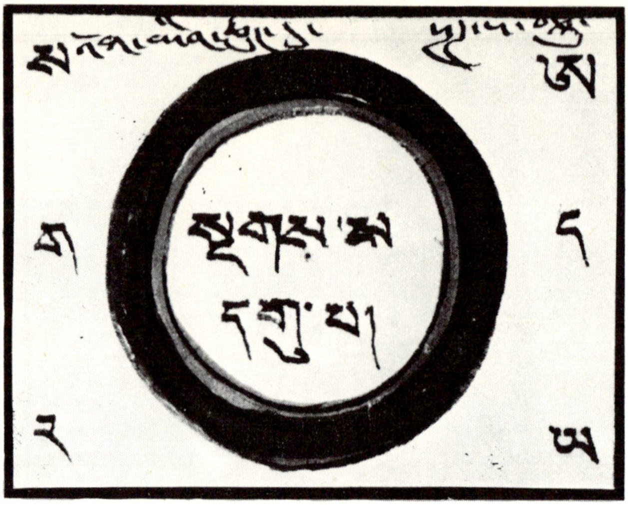

Der Trugkörper wird über zwei Meditationsvorgänge gereinigt: Durch Zusammenziehung der prāṇischen Ströme im Herzen und ihre Ausdehnung in das Klare Licht hinein, welches das unmittelbare Begreifen der Leerheit erhellt.

Er durchschritt das Tor der Einweihung und begann mit den entsprechenden Versenkungsübungen. So erlangte er eine körperliche Form, die gleichzeitig Erscheinung und Leerheit war. Er hatte kein Außen noch Innen, kein Oben und Unten, nicht Hinten und Vorn oder Vorher und Nachher. Er war ungeschaffen, unbegrenzt und ungeteilt. Seiner Erscheinung lag kein wesenhaftes Selbst zugrunde. Vorurteilslos verweilte er im Licht, ohne Trübung in reinster Beseligung. Das Klare Licht war sein Glanz, sein Wesen das Ungeborene, seine Verwirklichung vielfältig. Im Bereich ungetrübter, großer Beseligung (skr. mahāsukha) sah er das Spiel — die Wohnstätte mit ihren Bewohnern, Göttern, Göttinen, Ḍākas und Ḍākiṇīs —, diese subtile, aus sich selbst entsprungene Einsicht, dieses ans Wunderbare grenzende Wissen. Alle Ereignisse — innere sowie äußere — waren Erscheinungen seines eigenen Geistes und traten als der vielschichtige Prozeß seines Verstehens zutage.

Von dem Augenblick an, da er ›Erscheinung und Leerheit‹ erlangte, erkannte er beide als das Klare Licht, als ungeschaffen, unergründlich, frei von Entstehen, Dasein und Vergehen. Er begriff den natürlichen Gang seines gewöhnlichen Verstehens als das eigentliche und ihm innewohnende Wesen, und alle Erscheinungen als das Spiel des Dharmakāya, als Beseligung und Leerheit, der Quintessenz aller in Abhängigkeit entstandenen Schöpfung.

In diesem Zustand wusch er alle Vorstellungen von Subjekt und Objekt hinweg und vervollkommnete seine Bewältigung der großen Erkenntnis. Als Ergebnis der in diesem Glanz der Versenkung gewonnenen Verwirklichung erkannte er fürderhin alles, was in seinen Gesichtskreis trat, schon im Augenblick der Erscheinung als Licht und Klarheit, als unergründlich, nicht durch Zusammenfügung entstanden, als das Wesen höchster Beseligung, aus sich selbst entsprungen, aus sich selbst errichtet.

Er erkannte viele Tore zur Versenkung: Das Glitzern von Edelsteinen, das Leuchten von Juwelen, das Scheinen des Mondes, die Strahlen der Sonne, das Betrachten aller Dinge. In seinem Geist erwuchsen solch unendliche Einsichten und Gesichte, übernatürliche Kräfte und Zeichen der Verwirklichung, daß ich sie nicht alle zu beschreiben vermag, denn sie waren zu zahlreich und zu außerordentlich.

WENN DU GEWÜRFELT HAST:
»eins«: begib dich ins höchste Buddhafeld (Nr. 84)
»zwei«: rücke vor zur zehnten Tantrastufe (Nr. 91)

91

Zehnte Tantrastufe

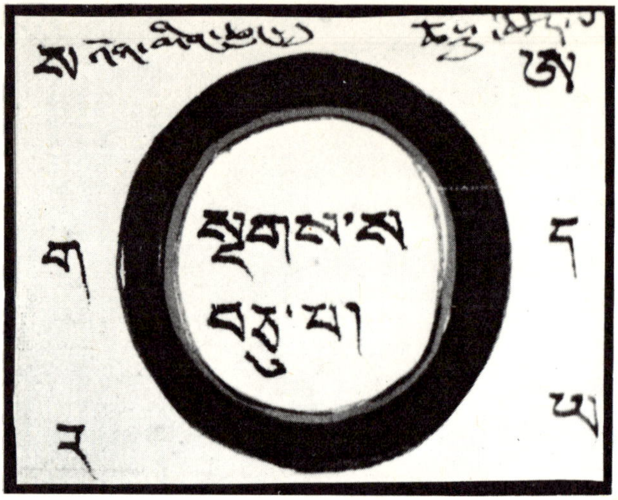

Indem du in die Betrachtung des Klaren Lichts, dessen Essenz die Leere ist, versunken bist, vollendest du nun die tatsächliche und wohl vorbereitete Vereinigung (skr. yuganaddha) des Körpers – des trügerischen geistgeschaffenen Körpers – mit dem Geist, der selbst das Klare Licht ist. Das ist im eigentlichen Sinn der Körper der Freude (skr. saṃbhogakāya) eines Buddha, der hier als tantrischer Bodhisattva der zehnten Stufe erfahren wird. Auf diese Stufe folgt unmittelbar vollkommene Buddhaschaft, die über die Welt hinausgreift und die Vereinigung jenseits des Erlernbaren, den Bereich des reinen Dharmakāya, darstellt. Der Yogi oder die Yoginī verharren jedoch in der Welt und treten in den Tätigkeiten eines voll ausgebildeten Vajra-Lehrers (skr. vajrācārya) in Erscheinung.

Der prächtige Baum des Denkens ohne Zweiheit
Breitet sich aus in den Drei Welten.
Mitgefühl trägt er als Blüte und reife Frucht,
Und sein Name ist Dienst am Nächsten.

Der prächtige Baum der Leerheit quillt vor Blüten über.
Mitfühlende Taten erscheinen wie von selbst
In vielfältiger Weise zusammen mit Früchten für andere,
Denn in dieser Freude gibt es gar nichts »Anderes«.

So hat der prächtige Baum der Leerheit kein Mitgefühl.
Er hat weder Triebe noch Blüten, noch Blätter;
Und wer sie zu sehen sich einbildet, fällt hinab,
Denn auch Äste gibt es nicht.

Beide Bäume entwachsen einem Samen,
Und darum gibt es auch nur eine Frucht.
Wer sie so als untrennbar erkennt,
Ist von Nirvāṇa und Saṃsāra frei.

WENN DU GEWÜRFELT HAST:
»eins«: begib dich in das Höchste Buddhafeld (Nr. 84)
»zwei«: geh' zum Großen Wahrheitskörper (Nr. 93)

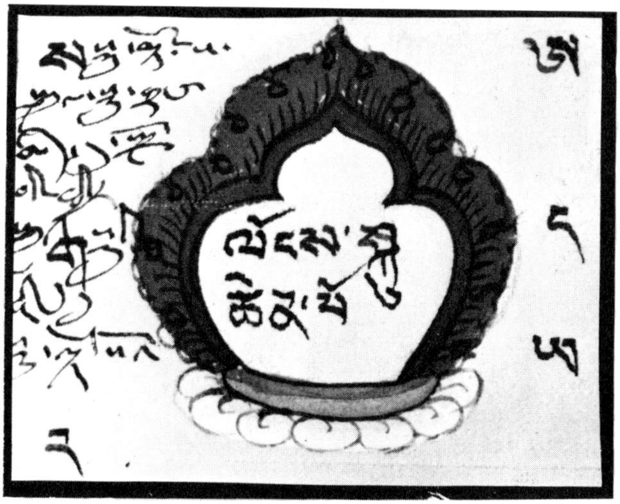

92

Körper der Freude
Saṃbhogakāya

Du erfüllst nun auf höchster Ebene die Aufgaben eines Buddha und weihst Bodhisattvas der zehnten Stufe in die höchste Form der Wahrheit ein. Diese Form des Buddha wird auch ›Körper der Gemeinde‹ oder ›Körper des Zusammentreffens‹ (tibet. sku-sprod-pa) genannt, denn sie ist auf unendlich verfeinerter Ebene die tragende Kraft der buddhistischen Gemeinde. Man bezeichnet sie aber auch als ›Körper vollkommener Freude‹ (skr. saṃbhogakāya), denn in ihr kommt die Frucht über lange Zeiträume angesammelter Verdienste und Einsichten zum Tragen. Dieser Körper verfügt über die zweiunddreißig Haupt- und achtzig Nebenmerkmale eines Buddha (skr. buddhalakṣana): In den Handflächen und Fußsohlen die Linien eines Rades der Lehre; einen Oberkörper, kräftig wie der eines Löwen; sanfte und geschwungene Schultern; Haare, bei denen jede einzelne Locke sich nach rechts dreht usw.... Er wird mit reichlichem Goldschmuck dargestellt. In dieser Form lehrt der Buddha nur die Grundsätze des Mahāyāna, wie sie in Sūtras und Tantras niedergelegt sind, und auch dies nur im höchsten Buddhafeld. Wie die Sonne Strahlen entsendet, so strahlt der Körper der Freude jedoch andere Formen, sogenannte Erscheinungskörper, aus, die den Verhältnissen der Welt angepaßt sind.

Der ›Körper des Zusammentreffens‹ nimmt die Gestalt des Erscheinungskörpers an,
um zahllose Erscheinungen auszustrahlen.

WENN DU GEWÜRFELT HAST:
»eins«: nimm physische Form an (Nr. 97)

93

Der Große Wahrheitskörper Dharmakāya

Wie die Sonne aus den Wolken hervortritt, so scheint der Wahrheitskörper, ist er einmal über den Weg des Dharma entwickelt, durch alle Verschleierung. Dies ist das Große Erwachen, die Quintessenz der Buddhaschaft. Sie setzt sich zusammen aus den Eigenschaften des Buddha, die auf seinen in großem Mitgefühl wurzelnden Kräften und den zwei Arten der Weisheit beruhen: dem absoluten Wissen um die Leerheit aller Erscheinungen, in die der Bodhisattva aufgegangen ist ›wie Wasser, das in Wasser gegossen wurde, und Öl, das sich in Öl aufgelöst hat‹; und dem relativen Wissen, das hier zur Allwissenheit geworden ist.

Trotzdem sind alle Bezeichnungen und Attribute des Dharmakāya – wie die der absoluten und relativen Wahrheit – nur beschreibend, denn der Dharmakāya befindet sich jenseits aller für ihn gewählten Namen; er ist ungeboren und unaussprechlich; er ist nicht auf irgendeine Weise entstanden, denn er hat schon immer alles durchdrungen und braucht nur erkannt zu werden. – »Zur Zeit 1. des Todes, 2. einer Ohnmacht, 3. des Einschlafens, 4. des Gähnens und 5. eines Koitus erlebt man den Dharmakāya, freudvoll und dem Himmel gleich, für die kurze Dauer eines Augenblicks.«

Der Wahrheitskörper existiert nicht wirklich, denn sein Wesen ist so leer, wie das aller anderen Dharmas. Man kann aber auch nicht sagen, daß er nicht existiert, denn diese wesenhafte Leerheit ist Wirklichkeit. Er ist ›Eins‹, da eine Zweiheit von einem Selbst und einem Anderen auf purer Einbildung basiert; er ist ›Viele‹, da ihn Viele erlangen können und es auf relativer Ebene viele Buddhas gibt.

Im Tibetischen ist ein ›Preislied auf das Absolute‹ des Philosophen Nāgārjuna erhalten, welches das gedankenüberschreitende Wesen eines Buddha im Aspekt des Dharmakāya treffend zum Ausdruck bringt, obwohl es in philosophischer Sprache abgefaßt wurde.

Wie soll ich Dich preisen, Beschützer,
Ungeboren und ohne Aufenthaltsort?
Du sprengst den Rahmen aller weltlichen Begriffe;
Gesprochene Worte reichen nicht an Dich heran.

Sei dem wie es sei:
Ist Dein Bereich auch das Wahre-Wesen,
So will ich Dich trotzdem in weltliche Begriffe kleiden
Und in tiefer Hingabe verehren.

Dein Wesen ist jenseits aller Schöpfung,
So bist Du ohne jegliche Geburt.
Beschützer, Du kennst kein Kommen und kein Gehen,
Heil Dir, dem Nicht-Seienden.

Weder nicht-seiend, noch wirklich;
Weder von Dauer, noch abgeschnitten;
Weder vergänglich, noch ewig;
Frei von aller Zweiheit: Heil!

Nicht rot, nicht grün, nicht karmesin,
Nicht gelb, schwarz oder weiß. —
In keiner Farbe vorzustellen,
Bar aller Tönung: Heil Dir!

Weder groß, noch klein;
Nicht länglich und nicht rund;
Nicht zu ermessendes Wesen,
Dem Grenzenlosen: Heil Dir!

Weder nah, noch fern;
Weder im Himmel, noch auf Erden;
Nicht in Saṃsāra, nicht in Nirvāṇa;
Heil Dir, dem nirgendwo Verweilenden!

Soll ich Dich auf diese Weise preisen oder
Vielmehr mich fragen, was solcher Preisgesang denn soll?
Wer in der Leerheit aller Dharmas ist der Preisende,
Und wer ist der Gepriesene?

Wie könnt' ich jemanden verehren,
Der keine Mitte und kein Ende hat,
Der Geburt und Verfall hinter sich läßt? —
Es gibt kein Subjekt und kein Objekt.

Indem ich den Unbeweglichen, den
Über Kommen und Gehen erhabenen Sugata verehre:
Durch dieses Verdienst soll alle Welt
Den Stand des Sugata erreichen!

WENN DU GEWÜRFELT HAST:
»eins«: geh' zum Körper der Freude (Nr. 92)

94

Zehnte Sūtrastufe

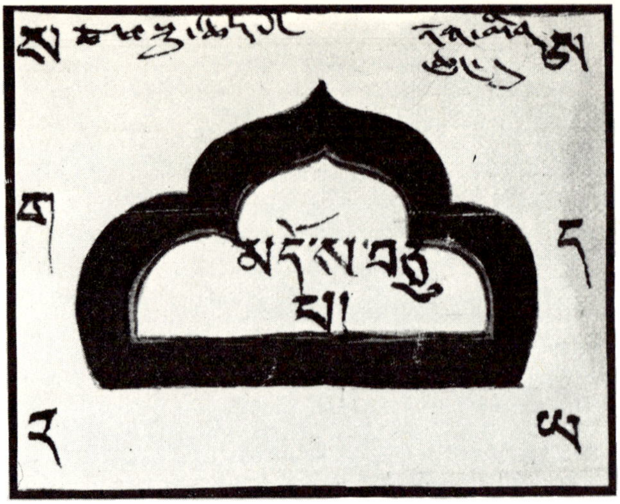

Der Bodhisattva wird zur ›Wolke des Dharma‹ (skr. dharmamegha); wie der Himmel mit Wolken bedeckt ist, so ist der Körper des Bodhisattva von zahllosen Versenkungsübungen und magischen Sprüchen umhüllt. Er läßt seinen Regen des Dharma fallen, um das Glimmen der Täuschungen, das noch immer die fühlenden Wesen versengt, zu löschen.

Die hier zur Vollkommenheit gebrachte Übung ist: zu völliger Einsicht fähig, d. h. allwissend zu sein. Alle sechs Arten höherer Bewußtheit sind ausgebildet: göttliches Auge, göttliches Ohr, Gedankenlesen, Kenntnis früherer Leben, psychische Kräfte und die Gewißheit, daß alle Leidenschaften erloschen sind. Aus jeder Pore der Haut erscheinen unzählige Buddhas, Bodhisattvas, und alle Arten von Lehrern bis hinab zu den allergeringsten.

Mit Lichtstrahlen weihen die Buddhas den Bodhisattva der zehnten Stufe in die Buddhaschaft ein und heiligen damit seine Herrschergewalt über die Welt. Denn nun hemmen seine Übungen in höheren Bereichen der Bewußtheit und alle seine anderen Handlungen nicht mehr seine Kontrolle über das Karma.

Der Bodhisattva der zehnten Stufe gleicht einem goldenen Schmuckstück, das von einem göttlichen Goldschmied für den Götterkönig angefertigt und mit kostbarsten Edelsteinen versehen wurde. Sein Glanz ist unvergleichlich. Deswegen werden die Bodhisattvas der zehnten Stufe auf Bildern über und über mit Goldschmuck behangen dargestellt: der mitfühlende Avalokiteśvara, die Retterin Tārā, der gelehrte Mañjuśrī und der wohlwollende Samantabhadra. Über ungeheure Zeiträume haben sie sich auf dem Pfad bemüht; alles in allem hat es drei ›unermeßliche Weltzeitalter‹, d. h. dreimal 10^{59} Jahre gedauert. Während des ersten Zeitalters stießen sie bis zur ersten Bodhisattva-Stufe vor; innerhalb des zweiten gelangten sie bis ans Ende der siebenten Stufe. Nun sind diese großen Wesen darauf vorbereitet, den Wahrheitskörper anzunehmen oder ins höchste Buddhafeld einzugehen.

WENN DU GEWÜRFELT HAST:
»eins«: geh' zum Wahrheitskörper (Nr. 93)
»zwei«: begib dich in das Höchste Buddhafeld (Nr. 84)

95

Neunte Sūtrastufe

Diese Stufe wird ›Reine Verstandeskraft‹ (skr. sādhumatī) genannt. Auf ihr erwirbst du die Fähigkeit, den Dharma allen Einzelaspekten einer Situation gemäß zu lehren. Der Bodhisattva lehrt wie ein Buddha. Er — oder sie — ist in der Lage, den Dharma mittels der vier vollkommenen und besonderen Arten von Scharfsinn (skr. pratisaṃvid) weiterzugeben: die Kenntnis aller Dharmas, aller bedeutenden Lehrsysteme, Wortableitungen und sinnvollen Darlegungen. Er kann gleichzeitig in verschiedenen Sprachen und verschiedenen Stimmlagen sprechen. So gibt er der intellektuellen Auffassungsgabe jedes einzelnen seiner Zuhörer angepaßte Erklärungen und beantwortet verschiedene Fragen mit einer Antwort. Die hier zur Vollkommenheit geführte Eigenschaft ist Macht, unter der man besonders Sprachgewalt zu verstehen hat. Die wirkende Kraft der Dhāraṇīs, in denen der Sinngehalt ganzer Sūtren kristallisiert ist und die ihrem Träger magische Kräfte verleihen, wird ebenfalls dazugerechnet.

Die Aura eines solchen Bodhisattva gleicht dem Goldschmuck am Hals eines Weltenherrschers.

WENN DU GEWÜRFELT HAST:
»eins«: rücke vor zur zehnten Sūtrastufe (Nr. 94)
»zwei«: begib dich in das Höchste Buddhafeld (Nr. 84)

96
Achte Sūtrastufe

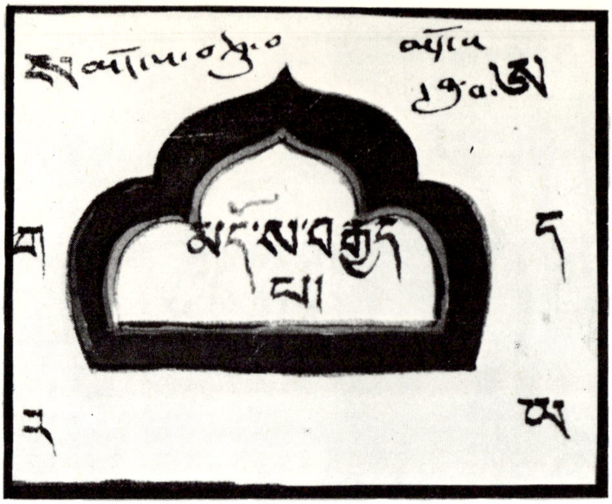

Auf der ›unerschütterlichen‹ Stufe (skr. acalā) streift der Bodhisattva willentliches Streben nach Vollkommenheit ab. Er betritt den Dharma-Bereich, der jenseits aller Anstrengung liegt, und unterscheidet nicht mehr zwischen Geisteszuständen, die die charakteristischen Merkmale von Dingen wahrnehmen, und jenen, die ihre Wesensgleichheit erfassen. Er vertritt keine Ideologie und genießt die völlige Annahme der Leerheit, ohne zwischen ›reinen‹ und ›unreinen‹, ›heilsamen‹ und ›unheilsamen‹ Gedanken und Übungen zu unterscheiden, da er erkannt hat, daß Wirklichkeit jenseits aller Vorstellungen liegt. Er lebt in vollkommenem Gleichmut. Er nimmt keine bestimmte weltliche oder spirituelle Form an, nicht einmal die eines Bodhisattva. Wie ein Schlafender, dem träumte, er sei in einen Fluß gefallen und müsse darum kämpfen, Boden unter die Füße zu bekommen, schließlich erwacht, so ist der Bodhisattva mit einem Schlag aller Mühen und Besorgnisse entbunden.

An diesem Punkt müssen äußere Einflüsse auf den Bodhisattva einwirken, um ihn zu weiterer Existenz zu bewegen. Die Buddhas greifen ein und erinnern ihn an sein Gelübde. Selbst wenn er den Zustand des Friedens und der Befreiung erlangt hat, sollte er weiterhin zum Wohle der anderen wirken. Sie weisen ihn darauf hin, daß die nicht-begrifflichen Inhalte des Dharma unvergänglich sind, egal, ob Menschen völlig zu dieser Wirklichkeit erwachen oder nicht. Tatsächlich wird der Zustand des Erwachens selbst von weniger edlen Wesen wie den Hörern (skr. śrāvaka) und den Einsamen Verwirklichern (skr. pratyekabuddha) realisiert. Aber nur vollkommene Buddhas (skr. samyaksaṃbuddha) können aufgrund ihrer Einsicht in das Wesen der Dinge und ihrer Fähigkeit, dieses Wissen mit weltlichen Kenntnissen und Fertigkeiten zu verbinden, darauf hinarbeiten, andere zum erwachten Zustand zu führen. Sie legen ihm nahe, ihr eigenes fortgeschrittenes Entwicklungsstadium, ihre zahllose Schülerschaft, ihre Buddhafelder und unzähligen erhellenden Lehrunterweisungen einmal mit dem vereinzelt dastehenden Licht seiner individuellen Erleuchtung zu vergleichen. Sie sagen ihm unmißverständlich, daß er seine Gelübde erfüllen muß, indem er selbst die Eigenschaften eines vollkommenen Buddha entwickelt. Schließlich sagen sie ihm Ort und Zeit seiner Buddhaschaft voraus.

So entfaltet ein Bodhisattva der achten Stufe die zehn Kräfte eines Buddha: Entscheidungsfreiheit über die Länge des Lebens; Macht über Geisteszustände, Notwendigkeiten, Karma, die Art der eigenen Geburt, schöpferischen Ideenreichtum, Bodhisattvagelübde, Wunder, Einsichten und Lehrauslegung. Er meistert schließlich den Bereich seines zukünftigen Buddhafeldes. Damit hat er seinen Gelübden Genüge getan.

Seine Handlungen sind jetzt nicht mehr vorbedacht, sondern spontan; sie gehen nie fehl. Seine Dhāraṇī verbreitet immer magischen Schutz. Alle seine Taten grenzen an Zauberei. Seine Methoden sind so weit gefaßt, daß sie alle Möglichkeiten der Lehrdarlegung beinhalten. Die vorher durchschrittenen Stufen werden mit einem Boot verglichen, das behutsam und gemächlich über Land zum Meer getragen wird. Nun ist es dem Wasser übergeben und überbrückt große Entfernungen schnell und leicht. Der Entschluß, alle lebenden Wesen zu retten, ist der Wind, der dieses Boot antreibt.

Der Bodhisattva der achten Stufe ähnelt Goldschmuck, der an einem königlichen Hals prangt. Er nähert sich der Allwissenheit eines Buddha und kennt das Weltsystem in allen Feinheiten: wie zum Beispiel Alter und Größe bis hinab zu den einzelnen Atomen. In verschiedenen Gesellschaftschichten erscheint er jeweils in einer angemessenen Form. Wie sich Sonne und Mond im Wasser spiegeln, so ist er in den Vorgängen der Welt widergespiegelt, ohne selbst im geringsten davon berührt zu sein.

WENN DU GEWÜRFELT HAST:
»eins«: rücke vor zur zehnten Sūtrastufe (Nr. 94)
»zwei«: rücke vor zur neunten Sūtrastufe (Nr. 95)

97

Das Annehmen einer physischen Form

Der Buddha wirkt bis zum Ende von Saṃsāra ununterbrochen für das Wohl lebender Wesen, indem er Erscheinungskörper zu allen Weltsystemen schickt und damit den Dharma im Bereich des Zeitlichen verankert.

In Tibet kennt man die Körper physischer Erscheinung eines Buddha oder Bodhisattva als Tulku (tibet. sprul-sku; skr. nirmāṇakāya). Wenn einer von ihnen unter den Menschen entdeckt wird, verleiht man ihm den Ehrentitel ›Rinpoche‹, ›kostbares Juwel‹. Für uns auf der Insel Jambu ist jene Form des Buddha von größter Bedeutung, die er als ›Weiser aus dem Hause der Śākyas‹ (skr. śākyamuni) angenommen hat, denn damit hat er die buddhistische Gemeinde auf der Erde begründet. – Du führst jetzt die Taten eines Buddha aus, das große Beispiel, das er im fünften vorchristlichen Jahrhundert im Norden Indiens gab.

Beim Herabsteigen in unser Weltsystem nimmt der Erscheinungskörper zuerst die Form eines Bodhisattva der zehnten Stufe, eines Kronprinzen der Buddhaschaft, an und verweilt im Freudvollen Reinen Land (siehe Spielfeld Nr. 30). Wenn die Zeit für die menschliche Geburt reif ist, übergibt er Māitreya, dem kommenden Buddha, seine Bodhisattvakrone und geht in den Schoß seiner Mutter auf dem Südlichen Kontinent ein. Vorher wurde er von einer Gottheit darüber belehrt, daß im Indien seiner Zeit ein Elefant das passende Reittier für seinen Abstieg sein würde. Seine Mutter, eine Königin aus dem Hause der Śākyas, träumt, ein weißer Elefant trete von der Seite in ihren Körper ein. Zehn Mondmonate später, während sie sich im Garten von Lumbini an einem Sālbaum festhält, tritt der Bodhisattva, ohne ihr Schmerzen zu verursachen, aus ihrer Seite heraus. Er hat die charakteristischen Merkmale eines Menschen, der in eine Adelsfamilie hineingeboren wird, da dies zu jener Zeit, an jenem Ort der höchsten gesellschaftlichen Stellung entspricht. Im letzten Leben eines voll Erwachten gibt es kein Märtyrertum; er ist Herr über die Welt und Meister seines Schicksals; mit seinen unbegrenzten Möglichkeiten und seiner unerschöpflichen Geduld überwindet er alle Schwierigkeiten.

Die lokalen — in diesem Fall vedischen — Gottheiten haben die Ehre, die Nachgeburt wegzuwaschen. Astrologen, die man über sein zukünftiges Schicksal zu Rate zieht, vertreten unterschiedliche Meinungen. Er verfügt über alle physischen Zeichen (skr. lakṣaṇa) — wie zum Beispiel ein in die Fußflächen eingezeichnetes Rad — eines Weltenherrschers, aber einige sagen, er würde später dem weltlichen Leben den Rücken kehren und sich der Religion zuwenden. Seine Mutter glaubt diesen Voraussagen, und da sie sich den Kummer ersparen will, zusehen zu müssen, wie ihr Sohn das Haus verläßt, stirbt sie sieben Tage nach seiner Geburt und steigt in den Himmel der Dreiunddreißig Götter auf.

Der Bodhisattva hat eine glückliche Kindheit und Jugend. Er macht einige spontane Erfahrungen meditativer Versenkung, aber hauptsächlich widmet er sich seinen weltlichen Studien. Er heiratet eine standesgemäße Frau, nachdem er einen Wettkampf in den Kriegskünsten für sich entscheiden konnte und damit ihrem Vater bewies, daß er trotz seines friedliebenden Wesens über die Fertigkeiten verfügt, die seiner ererbten gesellschaftlichen Stellung entsprechen. Von einem Kreis edler Frauen umgeben und die Vergnügungen eines weltlichen Kronprinzen genießend, lebt er auf dem Gipfel menschlicher Existenz.

WENN DU GEWÜRFELT HAST:
»eins« oder »zwei«: rüste zum Aufbruch (Nr. 98)

98

Der Aufbruch
Pravrajita

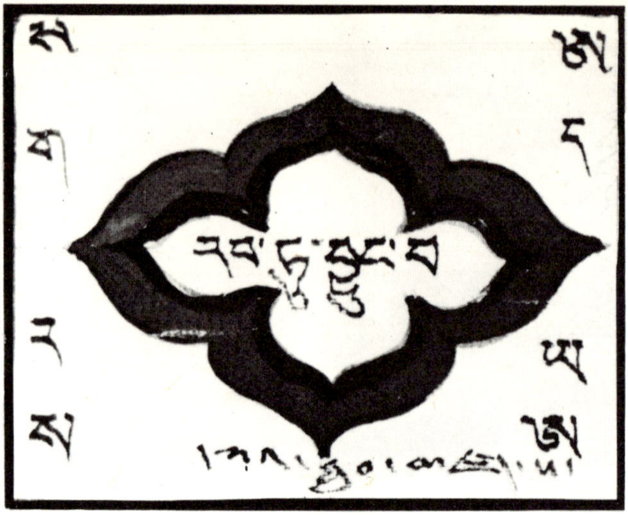

Im Alter von neunundzwanzig Jahren ekelt das Palastleben den Bodhisattva an, und er verläßt sein Heim, um Befreiung aus dem Kreislauf der Existenzen zu suchen. Sein möglicher Aufbruch ist schon von den Sehern angekündigt worden, und so stemmt sich sein Vater, dadurch vorgewarnt, mit allen direkten und psychologischen Mitteln dagegen. Er erlaubt seinem Sohn nicht, unangenehme Erfahrungen zu sammeln, und verriegelt das Palasttor nachts mit schweren Holzplanken. Aber bei vier Gelegenheiten wird der junge Mann auf dem Weg zu seinen Gärten mit Visionen konfrontiert, die ihm die Götter der Reinen Wohnungen schicken. Er sieht einen alten Mann, der sich gichtgekrümmt auf einen Stock stützt; einen Kranken; einen Leichnam, der zum Verbrennungsplatz gebracht wird. Jedesmal ist er darüber bestürzt, wenn ihm sein Wagenlenker bestätigt, daß alle Menschen solches Schicksal teilen; jedesmal kehrt er nach Hause zurück und denkt angestrengt über die Visionen nach. Bei der vierten Gelegenheit trifft er auf einen ruhigen, selbstbeherrschten Bettelmönch und wird über dessen diszipliniertes Leben und die Suche nach Seelenfrieden belehrt. Der Bodhisattva entscheidet sich, diesem Beispiel zu folgen.

Als er den König um Erlaubnis bittet, seinen Plan ausführen zu dürfen, bietet ihm sein Vater die Erfüllung aller Wünsche an. Der Bodhisattva bittet um ewige Jugend, ewige Gesundheit und Unsterblichkeit oder — sollte dies unmöglich sein — darum, nicht wiedergeboren zu werden.

Da er keine befriedigende Antwort geben kann, gibt der König dem Wunsch seines Sohnes, in die Hauslosigkeit zu ziehen, nach. Gleichzeitig jedoch läßt er die Wachen an den Palasttoren verdoppeln und ordnet an, den Prinzen durch ununterbrochene Vergnügungen abzulenken. Die dauernden musikalischen Darbietungen und Tänze lassen in dem jungen Mann das Gefühl aufsteigen, in einem goldenen Käfig gefangen zu sein. Eines Nachts jedoch, als die Frauen eingeschlummert sind und überhaupt der ganze Palast von den Göttern eingeschläfert worden ist, entsetzt er sich über die unerfreulichen Seiten der Wirklichkeit — »zerzaust und entkleidet, schwer atmend, gähnend und sich rekelnd« —, wie sie sich hinter sinnlichen Reizen verbergen. Er schaut nach seiner Frau und seinem — am selben Tag geborenen — Sohn, aber getraut sich nicht, sie zu wecken, um sich von ihnen zu verabschieden. Indra, der Oberherr der Götter, öffnet ihm das Palasttor, und in Begleitung seines treu ergebenen Wagenlenkers macht er sich zu Pferd auf den Weg. Am folgenden Morgen schickt er ihn mit den Pferden zurück, schneidet sich das lange Haar und tauscht sein Seidengewand gegen die derbe Kleidung eines Jägers.

WENN DU GEWÜRFELT HAST:
»eins« oder »zwei«: übe dich in Askese (Nr. 99)

99

Askese
Tapas

In den verschiedenen Waldeinsamkeiten trifft der Bodhisattva die herausragenden religiösen Lehrer seiner Zeit. Er sieht Yogis, die die abartigsten Formen selbstquälerischer Meditation betreiben. Als er sie nach dem Motiv ihrer Praxis fragt, antworten sie, sie wollten ihr Karma läutern und in möglichst glücklicher Form wiedergeboren werden. Dies erscheint ihm sinnlos, da solche Bemühung nicht auf die endgültige Befreiung zielt. Für die Augen großer Heiliger sind selbst die berauschenden Freuden der Götter dem Leiden an der Vergänglichkeit unterworfen.

Er studiert mit zwei Meistern brahmanischer Tradition, die die Befreiung des ›höchsten Selbst‹ aus dem Körper lehren. Aber diese Trennung zwischen Körper und Seele erregt seinen Widerspruch. Eine ›befreite Seele‹ ist immer noch eine Wesenheit und unterliegt so dem Wandel der Wiedergeburten. Die Übungen dieser Lehrer führen zu formlosen Versenkungszuständen, die er an sich selbst erfährt und als nicht weitgehend genug zurückweist. In Begleitung von fünf Asketen begibt er sich an das Ufer des Flusses Nairañjana in der Nähe des heutigen Gaya, um dort durch besonders unerbittliche asketische Übungen alle falschen Ansichten endgültig zu beseitigen.

Über sechs Jahre verweilt der Bodhisattva in der ›raumdurchdringenden Sammlung‹, indem er seinen Atem zurückhält, die Lebensfunktionen verlangsamt und sich nur von einem Sesamkorn pro Tag ernährt. Er sitzt reglos, bis die Bauern der Umgebung ihn für tot halten. Schließlich bittet ihn seine Mutter aus dem Himmel der Dreiunddreißig, nicht zu sterben, bevor er sein Schicksal erfüllt hat. Nach der Einsicht, daß Askese nicht zur Befreiung führt, geht er in das benachbarte Dorf und bittet eine junge Kuhhirtin um eine Schale Milch und etwas Reis. Seine fünf Gefährten verlassen ihn daraufhin entrüstet. Er wäscht sich im Fluß und begibt sich zum großen Sāl, dem Baum des Erwachens, um sich zur Meditation niederzusetzen.

WENN DU GEWÜRFELT HAST:
»eins« oder »zwei«: vollbringe die Überwindung Māras (Nr. 100)

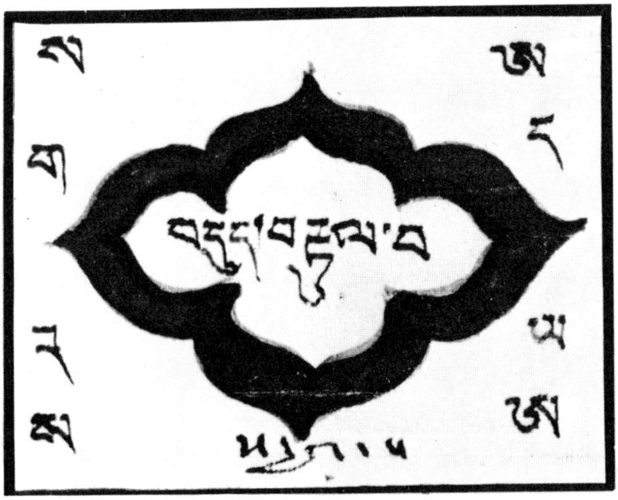

100

Die Überwindung Māras

Der Bodhisattva überwindet den Einfluß und die Verführungen Māras, des Herrschers über den Bereich sinnlicher Begierde. Als er sich in der Dämmerung dem Bodhibaum nähert, erfrischen die Regen- und Windgeister seinen Weg mit Tau und frischen Blumen. Berge und Bäume neigen sich in seiner Richtung. Selbst neugeborene Kinder drehen ihr Gesicht im Schlaf in Richtung jenes Baumes, um ihm den Weg zu weisen. Beim Niederlassen gelobt der Bodhisattva, seinen Platz nicht zu verlassen, bevor nicht das Große Erwachen vollendet wurde. Brahmagötter, Devas und zahllose Bodhisattvas erscheinen, ihn zu verehren.

Zu diesem Zeitpunkt erkennt Māra plötzlich, daß sein Herrschaftsanspruch bedroht ist, denn hier schickt sich jemand an, endgültig die Schranken seines Bereiches zu überwinden und andere über diesen Weg zu belehren. Māra bedeutet wörtlich übersetzt der »Töter«; er ist die Personifikation aller Sinnesängste und Ablenkungen, die sich dem Erfolg der Meditation entgegenstellen. Nachdem er alle dämonischen Geister zusammengerufen und seinen Kriegswagen bestiegen hat, rückt Māra gegen den Baum vor, der Zentrum und Nabel der Welt darstellt. Seine Armee ist so schreckenerregend, daß nicht ein einziger Gott oder Deva es wagt, ihr die Stirn zu bieten.

Māra tritt zuerst in der Verkleidung eines Boten vor den Bodhisattva und überbringt ihm die Falschmeldung, ein Tyrann hätte im Reich seines Vaters die Macht an sich gerissen, den König eingekerkert und die Frauen vergewaltigt. Keiner, so sagt er, wage Widerstand, aber alle beten für die Rückkehr des Bodhisattva. Doch der Bodhisattva bedenkt die Bosheit, Gier und Feigheit, die sich in solchen Taten offenbaren, und beschließt daher, über die normalen Regungen des menschlichen Herzens hinauszugehen.

Nach dem Fehlschlag dieser List gehen Māra und seine Armeen von Yakṣas und Kumbhāṇḍas zum direkten Angriff über. Sie überschütten den Bodhisattva mit Pfeilen, Steinen und anderen tödlichen Waffen, die sich bei der Berührung mit seiner Aura alle in Blumen verwandeln und ihm entweder zu Füßen fallen oder als Baldachin über seinem Kopf in der Luft hängenbleiben. Auch Wirbelstürme und Regengüsse können den Unerschütterlichen nicht aus der Fassung bringen.

Dann fordert Māra den Bodhisattva auf, ihm zu zeigen, welche Verdienste er aufweisen kann, die ihn der Befreiung würdig sein ließen. Der Erhabene gibt zu, daß Māra in vergangenen Leben ein großes Opfer geleistet haben muß, um Herr des Begierdebereiches werden zu können. Aber er selbst habe während seines Wandels als Bodhisattva sowohl gewöhnlichen Wesen als auch Göttern gegenüber viele solche Opfer auf sich genommen und dabei nicht einmal an Macht, sondern nur an die Befreiung gedacht. Māra bringt nun vor, die Tatsache seines eigenen Opfers könne nicht in Zweifel gezogen werden, denn der Bodhisattva selbst sei Zeuge seiner Macht geworden, aber für das Opfer des Bodhisattva gäbe es keinen einzigen Zeugen. Daraufhin berührt der Bodhisattva die Erde mit seiner rechten Hand und ruft die Erdgöttin zum Zeugen an. Die Erde bebt sechsmal. Die Göttin erhebt sich mit dem Oberkörper aus dem Boden und legt die Hände in der Verehrungsgeste aneinander, um zu bezeugen, daß der Bodhisattva der Erleuchtung würdig ist. Māra und seine Genossen fliehen wie Kleintiere vor dem Gebrüll des Löwen.

Māra verfügt jedoch über eine weitere Möglichkeit der Versuchung. Er sendet seine drei Töchter Begehren, Vergnügen und Leidenschaft, um den Bodhisattva abzulenken. Sie tanzen vor seinen Augen wie die sich wiegenden Äste eines jungen, grünen Baumes. Sie umwerben ihn mit lauen, luftigen Frühlingsgesängen. Aber die Vorstellung vergänglicher Vergnügungen kann ihn nicht erschüttern. Bei Sonnenuntergang ist sein Sieg perfekt. Die Baumnymphen erscheinen, um ihn zu verehren; viele aus Māras Gefolge sind beschämt. Bekehrt fassen sie den schöpferischen Entschluß, nach Erleuchtung zu streben.

WENN DU GEWÜRFELT HAST:
»eins« oder »zwei«: erlange Buddhaschaft (Nr. 101)

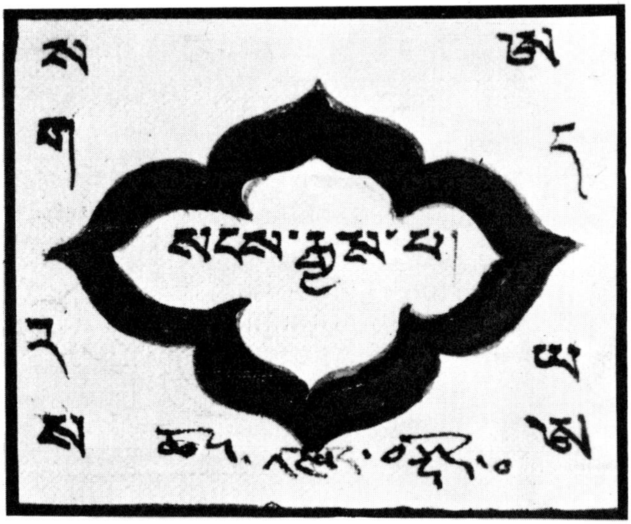

101

Buddhaschaft

Im Verlauf der Meditationen einer Nacht erlangt der Bodhisattva die mystische Erleuchtung. Nachdem er die verschiedenen von Māra vorgetragenen Ablenkungen überwunden hat, durchläuft er während der ersten Nachtwache die vier Stufen der Versenkung in steigender und fallender Reihenfolge. Mit dem Auge der Weisheit schaut er alle lebenden Wesen mit geläutertem, ruhigem und von den Wirkungen des Karma befreitem Geist. Er sieht, wie sie im Rad des Lebens je nach ihrem Karma steigen und fallen. Er sieht die Leiden der Welt.

Während der zweiten Nachtwache sieht er seine eigenen und die vergangenen Leben anderer: die Erfahrung der ganzen Welt. Im Verlauf der dritten und letzten Nachtwache sucht er nach der Ursache allen Leidens und der entsprechenden Heilung. Die Ergebnisse seiner Untersuchung sind in den Vier Edlen Wahrheiten zusammengefaßt: der Kreislauf der Existenzen ist seinem Wesen nach leidhaft; seine Ursachen sind Lebensdurst und Unwissenheit; Nirvāṇa ist seine Überwindung; es gibt Methoden, Nirvāṇa zu erlangen.

Kurz vor Sonnenaufgang erkennt er das Wesen und die Ursache des Leidens. Diese Einsicht ist in der zwölfgliedrigen Kette des Entstehens in Abhängigkeit systematisiert: Leiden und Tod entstehen in Abhängigkeit von Geburt, die ihrerseits durch Fortpflanzung bedingt ist; die wiederum durch Ergreifen, Wünschen, Empfinden, Sinneskontakt, die sechs Sinne, den psychophysischen Organismus, Bewußtsein, karmische Bildekräfte und Unwissenheit. Er erschaut sie in umgekehrter Reihenfolge: mit der Aufhebung in Unwissenheit begangener Taten kann sich kein Karma mehr ansammeln. Deswegen bildet sich kein Bewußtsein, kein psychophysischer Organismus, und auch alle weiteren zu Wiedergeburt und Tod führenden Glieder sind zerbrochen. Weisheit entsteht unmittelbar; er ist voll erwacht und singt einen Triumphgesang:

Viele verschiedene Geburten durchlief ich
Und suchte vergeblich nach dem,
Der das Haus mir baute.
Aber nun bist du entdeckt, o Hausbauer —
Niemals wieder
Sollst du ein Haus für mich bauen!
Alle Balken sind zerbrochen,

Der Dachfirst zusammengefallen!
Mein Geist ist in das Gestilltsein des Nirvāṇa eingetreten.
Das Ende aller Wünsche ist schließlich erreicht!

Sieben weitere Wochen lebt der Buddha von der großzügigen Gabe der Hirtin, die damit das erste Mitglied der buddhistischen Gemeinde ist. Während der ersten Woche verharrt er in der Betrachtung des Baumes, der der Schauplatz seiner großen Vollendung gewesen ist. In der zweiten Woche reist er durch drei Millionen Weltsysteme. In der dritten Woche sitzt er wieder beim Baum und in der vierten wandert er zum östlichen und zum westlichen Meer. Māra will ihn dazu verlocken, ins endgültige Verlöschen (Aufhören) einzugehen und seinen Körper und sein Leben aufzugeben. In der fünften Woche beschützt ihn ein Nāgakönig vor stürmischem Wetter, und in der sechsten unterhält sich der Buddha mit einigen Bettelmönchen. Am Ende der siebenten Woche, als er wieder beim Baum sitzt, opfern ihm zwei Kaufleute Nahrung; sie werden damit zu den zwei ersten Laienanhängern. Die ›Vier Großen Könige‹ schenken ihm jeder eine Bettelschale für den Almosengang; um keinen von ihnen zu enttäuschen, schmilzt er alle vier zu einer einzigen zusammen. Wiederum sitzt er und will nichts, außer in Stille und Frieden verharren.

WENN DU GEWÜRFELT HAST:
»eins« oder »zwei«: setze das Rad der Lehre in Bewegung (Nr. 102)

102

Das Drehen des Rades der Lehre Dharmacakrapravartana

Aus Mitgefühl mit anderen verläßt der Buddha seine Waldeinsamkeit, um die Lehre zu verbreiten. Zuerst, als er unter dem Bodhi-Baum saß, war er wenig geneigt, etwas zu lehren, was die wenigsten verstehen können. Daraufhin bitten ihn der große Brahma, Oberherr der Götter im Bereich der Formlosigkeit, und der Herr der Götter der Dreiunddreißig darum. Der Erhabene fragt sich, wen er zuerst unterweisen könnte. Da er weiß, daß seine zwei früheren Lehrer vor kurzem verschieden sind, macht er sich nach Benares auf, um seine fünf früheren Gefährten zu treffen, obwohl ihn drei Nymphen davor warnen, da Benares kaum bevölkert und schattenlos sei. Dort angekommen, erbettelt er sich eine Mahlzeit und geht zum östlich der Stadt gelegenen Wildpark weiter.

Als die fünf Asketen ihn kommen sehen und seiner wohlgenährten Erscheinung gewahr werden, beschließen sie, ihn respektlos zu behandeln. Aber als er näher an sie herantritt, sind sie von seinem Glanz überwältigt und erweisen ihm, ohne es zu wollen, alle Ehren. Er erklärt ihnen, daß er nicht nur Langlebigkeit erreicht hat, sondern ein Buddha, ein völlig Erwachter, und allwissend geworden ist. Diese fünf werden die ersten Mönche.

Um Mitternacht spricht der Buddha zu ihnen und stellt die Grundlage gegenseitigen Verstehens her. Dann dreht er während der letzten Wache dieser Nacht das Rad der Lehre. Das Rad versinnbildlicht Befähigung: das Rad der Lehre dreht sich schnell, fegt alles aus dem Weg, überwindet alle Hindernisse auf dem wahren geistigen Weg und verankert sie im Bewußtsein, so daß man sie nie mehr vergißt. Schließlich trägt es einen in die entferntesten Bereiche der Welt. Das ›Drehen des Rades‹ besagt, daß der Dharma verbreitet wird.

Beim ersten Drehen des großen spirituellen Rades im Park von Ṛṣipatana in der Nähe von Benares lehrt der Buddha den mittleren Weg zwischen Selbstgenuß und Selbstqual, den Edlen Achtfachen Pfad. Dann erklärt er dreimal die Vier Edlen Wahrheiten. Die fünf Mönche erreichen sofort den Pfad des Sehens (skr. darśana mārga) – die volle Einsicht in die Vier Edlen Wahrheiten –, und von dort gelangen sie schnell zum Erwachen. Vollkommene Anschauung, vollkommenes Streben, vollkommene Anstrengung und vollkommene Vergegenwärtigung werden mit den vier Speichen des Rades verglichen; Vollkommenheit in Rede, Tat und Lebensführung mit der Radnabe und vollkommene Sammlung mit dem Radkranz. Diese acht sind die Elemente des Edlen Achtfachen Pfades.

Bei diesem ersten Drehen des Rades der Lehre, das sich an ein in Meditation und Selbstzucht geschultes, aber stark an falsche Anschauungen in bezug auf das Selbst und den Pfad gefesseltes Publikum richtete, wird die tatsächliche Existenz der Elemente der Wirklichkeit (skr. dharma) nicht bestritten. Das aus den Dharmas zusammengesetzte ›Selbst‹ wird als Täuschung entlarvt. Das ist der Inhalt der Sūtras des Kleinen Fahrzeugs. Zwei weitere Male setzt der Buddha in seinem letzten Leben das Rad der Lehre in Bewegung. Das zweite ›Drehen‹ auf dem Geierberg in der Nähe des heutigen Rajgir lehrt fortgeschrittene Arhats und Bodhisattvas die Nichtexistenz der Dharmas und ihre wesenhafte Leerheit. Das ist der Inhalt der Prajñāpāramitā-Sūtras des Großen Fahrzeugs, auf denen die Philosophie der Madhyamika fußt.

Das letzte Drehen des Rades der Lehre findet auf dem Berg Malaya im Süden und an anderen Orten statt. Dabei wird die ›Nur-Geist‹-Lehre des Yogacāra propagiert und das Wesen des Urgrundes der Leerheit festgestellt. Die bei dieser Gelegenheit entstandenen Sūtras erklären die Elemente der Wirklichkeit als 1. vorgestellt und nicht-existent, 2. voneinander abhängig und auf relativer Ebene »wirklich« und 3. als absolut wirklich, insofern sie am Wesen der Lehre teilhaben.

Die Tantras sind in den letzten beiden Durchgängen des In-Bewegung-Setzens des Rades der Lehre einbegriffen. Sie umfassen Praktiken, die an verschiedenen Orten gelehrt, aber bis in viel spätere Zeiten geheimgehalten wurden.

In Wirklichkeit jedoch spricht der Buddha vom Augenblick seiner Erleuchtung an kein einziges Wort mehr, denn er hat keine diskursiven Gedanken. Trotzdem erhebt sich seine Stimme als Antwort auf die Bedürfnisse und Charakteranlagen der verschiedensten Lebewesen in seiner Zuhörerschaft, so wie eine im Wind hängende Zimbel zum Tönen gebracht wird, ohne daß sie angeschlagen werden muß. Aus dem Erwachen des Buddha strömt der gesamte Körper der buddhistischen Schriften, entwickelt sich über die Jahrhunderte, wird bearbeitet und ermöglicht dem Leser, falsche Anschauungen an der Wurzel auszureißen und Buddhaschaft zu erlangen.

WENN DU GEWÜRFELT HAST:
»eins« oder »zwei«: vollbringe Wundertaten (Nr. 103)

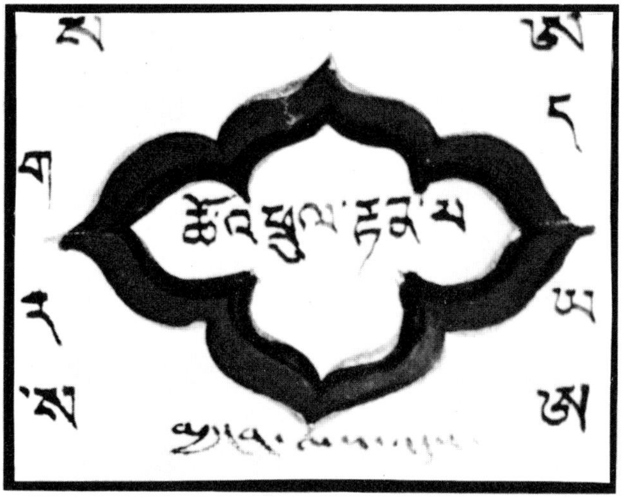

103

Das Wirken von Wundern

Um jene, denen mündliche Belehrung nicht genügt, zu beeindrucken, vollbringt der Buddha Wundertaten. Vom Park in Ṛṣipatana kehrt der Buddha nach Magadha zurück. In Śrāvastī verweilt er bei einer Gemeinschaft langhaariger Asketen, die Feueranbeter sind. Am ersten Abend warnt ihn Kāśyapa, der Anführer dieser Asketen, vor einem grausamen feueratmenden Nāga in der Hütte, der nur von ihm selbst gelenkt werden könne. Daraufhin betritt der Buddha die Hütte, bekämpft während der ganzen Nacht Feuer mit Feuer und erschöpft schließlich die Macht des Nāga. Die Asketen, die draußen warten, hatten ihn bereits aufgegeben.

Im Winter schafft der Buddha auf magische Weise einmal über fünfhundert Holzkohlebecken, um sich seinen Gastgebern gegenüber während einer Kälteperiode erkenntlich zu zeigen. Bei anderer Gelegenheit hilft der Buddha ihnen, als ein verderblicher Einfluß sie daran hindert, Holz zu sammeln und das Opferfeuer in Gang zu bringen. In der heißen Jahreszeit verursacht einmal ein ungewöhnlicher Platzregen um seine Einsiedelei eine reißende Flut. Kāśyapa, der in einem Boot nach seinem ehrwürdigen Gast sucht, entdeckt, daß jener eine Insel im Flußlauf erschaffen hat.

Im ganzen sind an die dreitausendfünfhundert Wundertaten erforderlich, um diese Schule brahmanischer Asketen, die nicht so leicht zu beeindrucken sind, zu bekehren. Bei einigen Gelegenheiten besucht der Buddha sehr weit entfernte Gegenden im Berg-Meru-Weltsystem und bringt von dort außergewöhnliche Köstlichkeiten mit: Milch vom Westlichen Kontinent, von selbst gewachsenen Reis aus Kuru und die Jambu-Frucht vom Berg Meru.

Nachdem er die Asketen schließlich doch bekehrt hat, entschwindet der Buddha für drei Wochen und verweilt im Himmel der Dreiunddreißig, wo er seiner Mutter den Dharma lehrt. Auf einer Treppe aus Lapislazuli, die von einem göttlichen Architekten errichtet wurde, steigt er wieder herab. Eine Nonne seines Ordens, so wird gesagt, verehrte ihn bei seiner Rückkehr, indem sie die Form eines Weltenherrschers annahm.

WENN DU GEWÜRFELT HAST:
»eins« oder »zwei«: geh' in das Nirvāṇa ein (Nr. 104)

104

Nirvāṇa

Die abschließende Handlung des Erscheinungskörpers ist das Verlöschen im Nirvāṇa. Māra sucht den Erhabenen auf und erklärt, er solle ins Nirvāṇa eingehen, weil er seinen Auftrag erfüllt hat und die Lehre und die Gemeinschaft für dieses Zeitalter errichtet worden sind. Da seine Hauptschüler es versäumen, ihn zum Bleiben aufzufordern, entspricht er dem Wunsch Māras. Er trennt die karmischen Kräfte, die ihn am Leben halten, ab und lebt während der letzten drei Monate allein durch die Kraft seines Geistes. Auf der Straße nach Kuschinagara, dem Ort seines endgültigen Ablebens, wird er vom Schmied Cunda eingeladen, der ihm ein köstliches Gericht aus Schweinefleisch anbietet. Der Buddha läßt nicht zu, daß seine Gefährten ebenfalls von diesem Gericht essen, und läßt die Reste eingraben, als er mit der Mahlzeit fertig ist. Daraufhin erkrankt er an Ruhr.

Am Tage des Parinirvāṇa wäscht sich der Buddha im Fluß, und alle wundern sich über den Glanz seiner physischen Erscheinung. Es ist das Jahr 486 v. Chr.; er ist achtzig Jahre alt. Gegen Abend legt er sich zwischen zwei Sāl-Bäume auf seine rechte Seite, die Hände unter dem Kopf: die ›Löwenhaltung‹. Er trifft seine letzten beiden persönlichen Schüler. Der erste, ein Musiker, wird bekehrt, als er in der Tür auf eine Erscheinung des Buddha trifft und einen Laute spielenden Trug-Körper wahrnimmt. Der andere, ein brahmanischer Asket, wird Zeuge seines Verlöschens und wendet sich daraufhin dem Edlen Achtfachen Pfad zu.

Seinen Hauptschülern, die ihn nun nicht mehr zu fragen wagen, gibt er letzte Hinweise in bezug auf die Lehre und die Gemeinschaft. Er rät ihnen, nur solche Lehren anzunehmen, die mit den Lehrreden des Buddha, der Mönchsordnung und dem wahren Wesen der Dinge übereinstimmen. Er trifft Anordnungen für die Bestattung der Überreste seiner verbrannten sterblichen Hülle. Sie sollen »wie die eines Weltenherrschers« in einem Stupa beigesetzt werden. Beim Verlöschen macht er seine letzte berühmte Bemerkung: »Karmische Verbindungen unterliegen dem Gesetz der Auflösung, im Entstehen und Vergehen wandeln sie sich ständig; alle Erscheinungen, die durch Ursachen und Bedingungen entstanden sind, sind vergänglich. Klage nicht, sondern erreiche ohne Nachlässigkeit dein Ziel; nur durch Wachsamkeit gelangt man zum vollen Erwachen und zu den anderen Früchten des Pfades.«

Der Buddha durchläuft die vier Stufen der Versenkung des Bereiches der Reinen Form und die vier Samāpatti des Bereiches der Formlosigkeit. Er stößt bis zum Gipfel der Existenz, dem Gleichmut des Aufhörens, vor. Alle acht Stufen durchläuft er wiederum abwärts und begibt sich nochmals in die Versenkungsstufen. Von der letzten, einem karmisch neutralen Ort (skr. avyākṛta), geht er ins Nirvāṇa ein. Die Erde erbebt, Sterne fallen herab, Regenbogenlicht und Musik füllen alle vier Himmelsrichtungen.

WENN DU GEWÜRFELT HAST:
»eins« oder »zwei«: überführe deine Reliquien in die Stūpa über dem Spielfeld und diene für den Rest des Zeitalters als Objekt der Verehrung — durchdringe das Universum mit deinen Erscheinungen.

ANMERKUNGEN ZU DEN SPIELFELDKOMMENTAREN

1 Vers zitiert aus *The Hundred Thousand Songs of Milarepa*; übers. von Garma C. Chang, New York, 1962, S. 49; Neuauflage Boulder und London, 1977.

2—6 Die Sanskrit-Namen der acht heißen Höllen lauten von unten nach oben: *avīci, pratāpana, tapana, mahāraurava, raurava, saṃghāta, kālasūtra* und *saṃjīva.* Quellen: The system of the »Sūtra on Mindfulness of the True Dharma« so wie in Matsunaga, op. cit., S. 75—136, dargestellt; Lin., op. cit., S. 3—10; siehe auch Gampopa, op. cit., 57—60; System des Dhārmika Subhūti in Mus., op. cit., S. 218 ff; »Le Sutra des Causes et des Effets«, ed. und übers. Robert Gauthiot und Paul Pelliot, *Mission Pelliot en Asie Centrale* II ii 1, Paris, 1926, S. 15 und S. 18; *Abhidharmakośa* III 148—155; über die Avīci-Hölle siehe G. P. Malalasekhera ed., *Encyclopaedia of Buddhism,* Colombo, 1956. Der Vers zur wiederbelebenden Hölle ist aus Mus., op. cit., S. 218 f. Der Begriff *avīci* ist in den älteren Sūtras bloß eine Bezeichnung für Überbevölkerung.

7 Über die kalten Höllen findet man vorzugsweise Material in Quellen, die in klimatisch kalten Gegenden entstanden sind. Sie sind in den ältesten überlieferten Schriften nicht vertreten. Namenserklärung siehe *MHV* Nr. 4929—4936; Lin., op. cit., S. 10—14; *Abhidharmakośa*, III, 154; Gampopa, op. cit., S. 60 f.

8 *Pradeśik*-Höllen. *Abhidharmakośa* III, 155; Gampopa, op. cit., S. 61 f.

9 *TPS* S. 582 f.; Alex Wayman, »Studies in Yama and Māra«, *Indo-Iranian Journal*, III, S. 44—73, 112—131; W. Y. Evans-Wentz, *Das Tibetanische Totenbuch*, Olten und Freiburg, 1971 und 1977, S. 51, 111—115 und 244—247; Nebesky-Wojkowitz, op. cit., Kap. V; Alice Getty, *The Gods of Northern Buddhism,* Oxford, 1928, S. 164; Lin., op. cit., S. 14—16, 18—19; Mus., op. cit., S. 209—211; S. Levi, *Journal Asiatique,* 1928, S. 204—207 und 216; über tibetische Höllengottheiten siehe G. Tucci, *Indo-Tibetica* III, Reale Academia d' Italia, Studi e Documenti 1, Rom, 1935.

10 Mus., op. cit., S. 43 und 249—257; Lin., op. cit., S. 16—18.

11 Mus., op. cit., S. 163 f., 247, 259; Lin., op. cit., S. 38—41, 61; Hardy, op. cit., S. 44—47. Eine vollständige Liste ist angegeben: *MHV* Nr. 3226 ff.

12 *Tiryak,* Mus., op. cit., S. 244 ff.; Gampopa, op. cit., S. 62 f.

13 Mus., op. cit., S. 164, 170—171, 247; Stephan Beyer, *The Cult of Tārā,* Berkeley, 1973,

S. 295 f., mit Illustrationen von friedlichen und rasenden Nāgas; Nebesky-Wojkowitz, op. cit., S. 290 f. und 478. — Eine Zeremonie zum Regenmachen.

14 Mus., op. cit., S. 259; Nebesky-Wojkowitz, op. cit., S. 14, 32, 35, 64, 205, 236, 280.

15 Vers aus Mus., op. cit., S. 283; Vergl. Lin., op. cit., S. 24—29; Hardy, op. cit., Seite 5, 47 und 59.

16 Die Geschichte von Thar-nag stammt aus der Biographie von Padmasaṃbhava, »Padma-thaṅ-yig«, übers. G. Ch. Toussaint, *Le Dict de Padma,* Bibliotheque de l'Institute des Hautes Etudes Chinoises, 1933, Gesänge V und VI; siehe auch Tucci, *TPS*, S. 541; vergl. Chögyam Trungpa, *Tantra im Licht der Wirklichkeit,* Freiburg, 1976, S. 15—17; Francesca Fremantle und Ch. Trungpa, *Das Totenbuch der Tibeter,* Düsseldorf und Köln, 1976, S. 52 f.; Thar-nag gehört zur Klasse der »Stolzen« (tibet. dregs-pa) und ist einer der ›achtzehn großen, stolzen Tantrameister‹ (tibet. sṅags-bdag dregs-chen bco-brgyad). — Nebesky-Wojkowitz, op. cit., S. 273 und 281. Über die vier weltlichen Siddhis siehe Wayman, *The Buddhist Tantras*, S. 76 f.; Beyer, op. cit., S. 249 f.; Mkhas, op. cit., S. 136 f.; über Vajrapāṇi und Śiva siehe *TPS*, S. 218; über Śiva und die Asuras siehe: T. V. Wylie, *Nepal*, op. cit., S. 32 f. In *Taranatha's History of Buddhism in India*, übers. v. Lama Chimpa und Alaka Chattopadhyaya, Indian Institute of Advanced Study, Simla, 1970, fragt eine alte Frau Śiva-Anbeter, welche harten Folgen wohl denjenigen treffen, der es zuläßt, daß sich sein Geist durch Zorn und Fluch verwirrt. — Trotzdem steigt Śiva im Laufe des Kontaktes von Buddhisten mit Shivaiten mit der Zeit vom Status eines Halbgottes und Oberherren der Yakṣas zum Status des Höchsten aller Devas auf. Siehe *MHV,* Nr. 3108; *Daśabhūmikasūtra*, zitiert von Har Dayal in *Bodhisattva Doctrine in Buddhist Sanskrit Literature,* London, 1932, S. 284.

17 *Abhidharmakośa* III, 145 ff.; IV, 173 f. und 223 f.

18—19 *Abhidharmakośa* III, 146; Mus., op. cit., S. 144—147; Hanson, op. cit., S. 139; Die Formen der symbolischen Darstellung dieser Kontinente auf dem Spielfeld sind vertauscht zu denken. Der Name *videha* (tibet. *lus phags-po*) ist von den tibetischen Übersetzern nicht als *videha*, ›körperlos‹, sondern als *virāj-deha*, ›von edler Gestalt‹, verstanden worden.

20 Uttara-Kuru. Der Name *Kuru* wurde von den tibetischen Übersetzern als ›unharmonischer Klang‹ (tibet. sgra mi-sñan) wiedergegeben, als sei er von Sanskrit *ku-ruta* abgeleitet. Die tibetischen Übersetzer sind oft geneigt, am Buchstaben zu hängen, wenn sie Etymologien aus dem Sanskrit herstellen. Der Name ›unharmonischer Klang‹ ist keine treffende Beschreibung für diesen Kontinent. Tatsächlich leitet sich der Name *Kuru*, wie auch *Videha* und *Godānīya,* vom Namen eines alten indischen Volksstammes ab. Man darf ihm keine wörtliche Bedeutung unterschieben. — Lin., op. cit., S. 139 und 145; Mus., op. cit., S. 142 f.; Tsoṅ-kha-pa, *Lam-rim chuṅ-ba*, S. 60; *Dictionary of Pali Proper Names,* ed. G. P. Malalasekhera, repr. PTS, London, 1960, S. 355 f.; vgl. Hardy, op. cit., S. 14 f.; über Sandelholz aus Kuru siehe *Taranatha*, op. cit., S. 223.

21 Sanskrit: *mleccha,* Tibetisch: *kla-klo.* Wie das Griechische *barbaros* beziehen sich diese Bezeichnungen auf Menschen von rauher und unverständlicher Sprache. TPS, S. 212; Wylie, *Geography of Tibet*, S. 61, 93 und 107; Der Ursprung des Islam wird bei *Taranatha* abgehandelt, op. cit., S. 117—119.

22 Siehe Anmerkung zu Nr. 62.

23 Über Geschichte und Lehren der Bön-pos siehe Li An-che »Bön« in: *Southwestern Journal of Anthropology,* Vol. 4, 1948, S. 31—42; Helmut Hoffmann, *Die Religionen Tibets,* Freiburg und München, 1956; David L. Snellgrove, *The Nine Ways of Bön*, London, 1967; Samten G. Karmay, *The Treasury of Good Sayings*, London, 1972.

24 Zu den sechs Farben und den sechs Rettern aus den jeweiligen karmischen Bestimmungen siehe: Anagarika Govinda, op. cit., S. 282—291, und an den entsprechenden Stellen des Totenbuches, Fremantle-Trungpa und Evans-Wentz, op. cit. — Vers übersetzt aus *Bodhicaryāvatara*, I, 4.

25 Eine ausführliche Beschreibung der vier grundlegenden Übungen ist zu finden in: Hanson, op. cit. — Eine Kurzfassung in Beyer, op. cit., S. 25 ff. und 434—442; John Blofeld, *The Tantric Mysticism of Tibet*, New York, 1970, Kap. II, i und ii. Über die Wichtigkeit des Erleuchtungsgedankens und der Opferungen nach Tsoṅ-kha-pas Lehren: H. V. Guenther, *Tibetan Buddhism Without Mystification*, Leiden, 1966, S. 111, 124, 138. Über Tantra-Gelübde siehe Mkhas, op. cit., S. 328; Guenther, *Mystification*, S. 100; Geshe Wangyal, *The Door of Liberation*, New York, 1973, S. 287; Janice Dean Willice, *The Diamond Light*, New York, 1972, S. 100—106; Beyer, op. cit., S. 403—407.

26 *Abhidharmakośa*, II, 181, 220; III 56, 196 ff., 206 (über die Dynastie der Cakravartin); IV, 137 f. (über verdienstvolle Taten); Śāntideva, *Śiksāsamuccaya: A Compendium of the Buddhist Doctrine*, im folgenden abgekürzt *Śiksā*, übers. von Cecil Bedall und W. H. D. Rouse, Neuauflage Delhi, 1971, S. 171; über die wertvollen Gegenstände siehe Hanson, op. cit., S. 140—142 und Abb.; Lin., op. cit., S. 253—257; *TPS* S. 295, 306, 319 f.; über Aśoka siehe Lamotte, op. cit., S. 244—283.

27 Getty, op. cit., S. 166—168; Mc Govern, op. cit., S. 65; Mus., op. cit., S. 144—147, 283; *Dictionary of Pali Proper Names*, Vol. I, S. 861 f.; Lin., op. cit., S. 29—32, 55 (über die Sexualität der Götter); in tantrischem Kontext siehe Mkhas, op. cit., S. 168 f.; zur Ikonographie der Vier Großen Könige in Tempeln siehe F. Lessing, *Yung-ho-kung*, The Sino-Swedish Expedition Publication Vol. 18, Stockholm, 1942; über Vāiśravaṇa siehe *TPS*, S. 571—578.

28 Mc. Govern, op. cit., S. 65 f.; Santideva, *Śiksā*, op. cit., S. 270; Mus., op. cit., S. 285; *Abhidharmakośa*, III, 161—164; *Dictionary of Pali*, Vol. II, S. 1002—1004; Gampopa, op. cit., S. 68; Lin., op. cit., S. 33—37, 55—57 und 91 f. — Die Zahlenangabe ›dreiunddreißig‹ soll sich auf die Anzahl der verschiedenen Plätze dieses Himmels beziehen und nicht auf die vedischen Götter gleichen Namens.

29 Mus., op. cit., S. 287; Mahāvastu, übers. von J. J. Jones *SBE* Vols. 16, 18, 19 London, 1949—56, I S. 169, II S. 327; Lin., op. cit., S. 21 f., 54 f. und 61 f. — Diese Yāma-Götter darf man nicht mit Yama, dem Herrn über die Toten, verwechseln, obwohl er in den vedischen Texten auch die Rolle eines Lichtgottes hat. Beide Namen leiten sich aus der Sanskrit-Verbwurzel ›*yam*‹, ›kontrollieren‹, ›beherrschen‹, ab. Die Yāma-Götter sind ›selbst-beherrscht‹ (tibet. *'thabbral*, ›ohne Kampf‹), wohingegen Yama (tibet. *gshin-rje*, der ›Herrscher der Toten‹) über die Schicksale anderer herrscht.

30 Vers aus Mus., op. cit., S. 286 f.; Beschreibung des Tuṣita-Himmels vom vierten Karmapa (dem ersten inkarnierten Lama Tibets) in *BA*, S. 496 f.; zu Asaṅgas Reise nach Tuṣita siehe Buston, op. cit., II S. 139; Abb. Māitreyas und Ikonographie siehe Evans-Wentz, *Befreiung*, op. cit.; Getty, op. cit., S. 21—24; Lin., op. cit., S. 62 beschreibt einen Bodhisattva, der in Tuṣita König der Vögel ist. Das ist nicht Māitreya. Auch heißt der König von Tuṣita nicht Saṃtuṣita, wie es Vimalakīrti, op. cit., S. 189 andeutet.

31 Vers aus Mus., op. cit., S. 288; andere Quellen: *Abhidharmakośa*, III, 164 und 166;

B. C. Law, *Heaven and Hell in Buddhist Perspective*, Neuauflage Varanasi, 1973 S. 88 f.; McGovern, op. cit., S. 66; das System zunehmender Verfeinerung der Sexualität auf den verschiedenen Götterstufen in Lin., op. cit., S. 55 unterscheidet sich von demjenigen des *Abhidharmakośa*, das hier verwandt wurde.

32 *Abhidharmakośa*, III, 164 und 166; Lin., op. cit., S. 20—23; Vers aus Mus., op. cit., S. 288; *Dictionary of Pali*, II, S. 153; Lamotte, *Le Traité de la Grande Vertu de Sagesse*, Bibliothèque du Muséon, Vol. 18, Louvain, Institute Orientaliste, 1949, S. 340.

33 Vers aus *Milarepa*, op. cit., S. 271; Beyer, op. cit., behandelt besonders das Tārā-Ritual im Tantra der konkreten Tat in seiner Wirkung auf Verehrung, Praxis und weltliche Wunderkräfte. Siehe auch Mkhas, op. cit., Abschnitte über Kriya-Tantra, S. 163 ff. Auseinandersetzung mit der Nying-ma Methode der »Gottheit gegenüber« und dem »Selbst als Gottheit«; für Anfänger läßt Mkhas jedoch die Abstufung der alten Schule gelten. Zur Gelugpa-Anordnung siehe auch Mkhas, op. cit., S. 219; Wayman, op. cit., S. 53; Dalai Lama XIV, op. cit., 130—132; Geshe Wangyal, op. cit., S. 257, 283 ff.; zur Nying-ma Einteilung siehe Blofeld, op. cit., S. 220 f.; Guenther-Trungpa, *Tantra im Licht der Wirklichkeit*, op. cit., S. 8—12; weitere Warnungen vor unheilsamen Pūjas und der Vajra-Hölle siehe Mkhas, op. cit., S. 329 ff.

34 Nebesky-Wojkowitz, op. cit., S. 23, Kap. III, S. 488 ff. (das Tötungsritual ohne Text); *TPS* S. 584 ff.; Trungpa, *Visual Dharma*, op. cit., S. 22, 112; Beyer, op. cit., S. 47 ff.; Fremantle-Trungpa, op. cit., S. 108; zu den Tänzen siehe Stein, op. cit., S. 89 f.

35 Über »unbewegliches« Karma siehe *Vijñaptimātratāsiddhi: La Siddhi de Hiuan-tsang,* im folgenden abgekürzt *Siddhi*, übers. von Louis de la Vallée Poussain, Paris, 1928, S. 474, 494; zu den Versenkungsstufen siehe auch Anagarika Govinda, *Die psychologische Haltung der frühbuddhistischen Philosophie*, Zürich, S. 107 f.; Dalai Lama, op. cit., S. 92—102; Gampopa, op. cit., S. 80; über die Götter des Bereiches Reiner Form (deren körperliche Erscheinungen nicht genau mit denen der Yogis in Versenkung, die so wiedergeboren werden, übereinstimmen siehe: *Abhidharmakośa*, III 162 ff.), siehe auch II, 129 ff.; III 2 ff., 17, 165 ff.; IV, 105; VIII 180 ff.; Lamotte, op. cit., S. 761. In den Brahmā-Bereichen werden nur Nicht-Buddhisten wiedergeboren, siehe *Abhidharmakośa*, VI, 214. Eine Zusammenfassung der drei Bereiche nach dem System des *Abhidharmakośa* ist in Lamotte, *Histoire*, op. cit., gegeben.

36 Dieses Spielfeld sollte vielleicht erst nach dem folgenden, Reine Wohnungen, erscheinen, denn jenes gehört noch zum Bereich der Reinen Form. Aber hier sind die Möglichkeiten zu spiritueller Entwicklung geringer, denn man hat sich zu weit von der Welt entfernt, um noch dem Pfad gemäß üben zu können. Die höheren Bewußtheiten (skr. abhijñā) sind dort vertreten, nicht jedoch im Bereich der Formlosigkeit. *Abhidharmakośa*, III, 4—6 und 15; VII, 101—105; VIII, 143 f.; eine Widerlegung der falschen Ansicht, dieser Bereich enthalte materielle Elemente, befindet sich in *Abhidharmakośa*, VIII, 135—143; über *asaṃjñisamāpatti* siehe ebda. II, 48; III, 31; Gampopa, op. cit., S. 10 f. und 80 f.; Dalai Lama XIV, op. cit., S. 102; Govinda, *Frühbuddhismus*, op. cit., S. 109—112.

37 *Abhidharmakośa*, III, 2, 168; IV, 213 f.; VII, 103; Beschreibung zitiert nach J. J. Jones, op. cit., I, S. 28; zu den fünf Tugenden siehe E. Conze, *Buddhist Thought in India*, Nachdruck Ann Arbour, 1967, I, 4. — Abgebildet ist die für diesen Bereich bezeichnende Blume, die selbst »Reine Wohnung« genannt wird (Anm. von Dezhung Rinpoche).

38 Zu Meditation für jeden Persönlichkeitstyp siehe E. Conze, *Buddhist Meditation*, London, 1956, S. 15; Zusammenfassung der fünf Pfade siehe Lamotte, *Histoire*, op. cit., S. 679—686; Dalai Lama XIV, op. cit., S. 118—121; Conze, *Buddhist Thought,* op. cit., S. 175 ff. *Abhidharmakośa*, Einleitung zum sechsten Kapitel.

39 Siehe ebd.

40 In einem eher negativen Kommentar zu dieser Stufe des Fahrzeugs der Hörer, wird behauptet, daß dieser Pfad nicht zur Arhatschaft, sondern nur in einen himmlischen Bereich führt. Zu den Vier Edlen Wahrheiten siehe Conze, *Buddhism: Its Essence and Development,* Neuauflage New York, 1959, S. 43; Mkhas, op. cit., S. 43; Conze, *Meditation*, op. cit., Kap. IV; Lamotte, *Histoire,* op. cit., S. 681 ff.

41 Über *Ubhaya*-Tantra siehe Sumpa, loc. cit.; Dalai Lama XIV, op. cit., S. 174 Anm. 92; Mkhas, op. cit., S. 100, Anm. 1; Stein, op. cit., S. 169; über magische Kräfte in der Palitradition siehe Buddhaghosa, *Visuddhimagga,* übers. Nyanatiloka, op. cit., S. 200 f; Zitat aus ›Sarahas Treasury of Songs‹ (skr. dohākośa) übers. D. Snellgrove in: E. Conze u. a. *Buddhist Texts Through the Ages,* S. 224—239 Vers Nr. 44 und 45.

42 Mkhas, op. cit., Kap. VI; Beyer, op. cit., S. 100 ff; Beschreibung von Sumpa, op. cit., S. 389; Vers aus *Milarepa,* op. cit., S. 457.

43 *Khuddakanikāya,* Bd. 3, hrsg. Bhikkhu J. Kashyap, Nālandā Mahāvihāra Bihar, 1960, VI, 9 ff; Kātyāyana, *Peṭakopadeśa,* übers. Bhikkhu Nyanamoli als die *Pitaka-disclosure,* PTS Translation Series Nr. 35, London, 1964, S. 1012—1022.

44 Vers aus dem Pali-*Khuddakanikāya* III, op. cit., Kap. VI, Vers 10; Prosa-Abschnitt aus dem Sanskrit-*Mahāvastu* mit Text in Bengali, hrsg. und übers. v. R. Basak, Kalkutta, 1963, S. 385; J. J. Jones, op. cit., I, S. 249.

45 Zitierter Abschnitt aus Śāntideva, *Śikṣā,* op. cit., S. 189. Originalstelle des Zitates ist aus dem *Samādhirāja-sūtra* übernommen.

46 *Laṅkāvatāra-sūtra,* übers. D. T. Suzuki, Nachdruck London, 1968, S. 57; *Abhidharmakośa,* III, 195 f; über den Gebrauch übernatürlicher Kräfte zur Hilfe anderer siehe auch *Jataka-Erzählungen,* deutsche Übersetzung unter dem Titel *Buddhistische Märchen,* Düsseldorf und Köln, 1961.

47 *Abhidharmakośa,* loc. cit.; über die drei verschiedenen Arten erleuchteter Wesen siehe Govinda, *Grundlagen,* op. cit., S. 36; Söpa-Hopkins, *Der tibetische Buddhismus,* Düsseldorf und Köln, 1977, S. 23; in bezug auf ihre Stellung siehe *Milindas Questions,* übers. I. B. Horner, Sacred Books of the Buddhists, Vol. 22, London, 1964, I, S. 147.

48 Zum Beispiel Candrakīrtis — die Banditen, die eine Stadt heimsuchen — siehe Th. Stcherbatsky, *The Conception of Buddhist Nirvāṇa,* Nachdruck Varanasi, S. 284. Eine Übersicht über diesen nicht zu bestimmenden Zustand siehe Conze, *Buddhist Thought,* op. cit., S. 69—79.

49 Verse von Saraha, übers. Snellgrove, op. cit., V. 60—61; Mkhas, op. cit., Kap. IX; zu den vier Initiationen und den vier Körpern siehe Mkhas, op. cit., S. 324; siehe auch Beyer, op. cit., S. 401; Guenther, *Mystification,* op. cit., S. 140 und Anm. 3; zur Blumeneinweihung Mkhas, op. cit., S. 291, 315; die Kanne ist abgebildet in Beyer, op. cit., S. 409; die fünfundzwanzig Substanzen sind aufgelistet, ebda. S. 290.

50 Mkhas, op. cit., S. 316—321.

51 Vers aus Buddhaghosa, *Visuddhimagga,* Hrsg. Henry Clark Warren, Harvard Oriental

Series Bd. 41, Cambridge, Mass., 1950, S. 436; Vergleiche Lamotte, *Histoire,* S. 45. Beschreibung aus *Avadāna-Śataka,* zitiert in Conze, *Buddhismus,* op. cit., S. 94.

52 Der beschreibende Abschnitt entnommen aus Walpola Rahula, übers., *Le Compendium de Super-Doctrine, l'Abhidharmasamuccaya d'Asaṅga,* Paris, 1971, S. 104 f; Verse von Bhavya zitiert in *Lam-sgron* von Atīśa, übers. von R. F. Sherburne, *Historical and Textual Background of the Enlightment Path and its Commentary,* University of Washington, 1972, unveröffentlichte Magisterarbeit, S. 123; Gampopa, op. cit., S. 232 f; Dalai Lama XIV, op. cit., S. 125 f. — Dieses Spielfeld ist das Zentrum des gesamten Spielplanes.

53 Verse, Sherburne, op. cit., S. 113, 115; *Abhisamayālaṃkāra,* übers. v. E. Conze, SOR Vol. 6 Rom. ISMEO, 1954, S. 64 f; über die vier rechten Anstrengungen (wörtlich *prahāṇa,* ›Abweisungen‹), siehe Dayal, op. cit., S. 101 ff; Gampopa, op. cit., S. 232; Dalai Lama XIV, op. cit., S. 126.

54 Über diese Konzentrations-Übung siehe *MHV* Nr. 532; cf. Conze, *The Larger Sutra on Perfect Wisdom,* London, 1961, S. 143; Lamotte, *Traité,* op. cit., Vol. III, S. 1124 f; Gampopa, op. cit., S. 232 f.

55 Vers aus Sherburne, op. cit., S. 76, 108; Abschnitt aus *Abhisamaya,* op. cit., S. 65; Wayman, op. cit., S. 213 f faßt ›Hitze‹ und ›Höhepunkt‹ als Schritte zur Einsicht in die Leerheit des ›Selbst‹ und ›Empfänglichkeit‹ und ›Höchste Lehren‹ als Schritte zur Einsicht in die Leerheit aller Phänomene auf. Das ist zwar eine kluge Aufteilung, sie stimmt aber nicht mit *Abhisamaya,* S. 77—80 überein. Siehe auch *MSA,* XIV, S. 24; *Abhidharmakośa,* VI, 163; Gampopa, op. cit., S. 229; Rahula, op. cit., S. 106; Edgerton, *Buddhist Hybrid Sanskrit Dictionary,* Nachdruck, Delhi, 1970, S. 281 b.

56 Vers aus Sherburne, op. cit., S. 77, 109; *Abhisamaya,* op. cit., S. 65, 77—80; *MSA,* XIV, S. 26; Rahula, op. cit., S. 106.

57 Verse zitiert aus *The Royal Song of Saraha,* übers. v. H. V. Guenther, Seattle, 1969, S. 70; zu *sahaja* siehe Mkhas, op. cit., S. 320—325; Guenther, *Mystification,* op. cit., S. 146; über Cakras und Nervensystem siehe Govinda, *Grundlagen,* S. 165—172. Der zitierte Text wurde in einem Kloster für die Initiation von Mönchen verfaßt; bisher wurde noch kein vergleichbarer Text für die Initiation von Yoginīs übersetzt.

58 Mkhas, op. cit., S. 324; übers. v. Wayman ebda. S. 325; vgl. die vier Stufen der Kagyü-Mahāmudrā, *Milarepa,* op. cit., S. 98 f; zum Rang eines Buddha (skr. sampuṭa) siehe Mkhas, op. cit., S. 156 n, 266—269 n.

59 Hoffmann, op cit., S. 123—130; *TPS,* S. 212, 221, 598 f und Tafeln 211—213; Wylie, *Geography,* op. cit., S. 123, n. 72; Bacot, op. cit., S. 92 n; Trungpa, *Visual Dharma,* op. cit., Tafel 18; Bild eines Kālacakra Maṇḍala, Wayman, op. cit., S. 80; *JA,*1914, S. 146; *TP,* 1913, S. 596. Der Sanskritname der Schambala-Dynastie ist *Kulika,* ›gute Familie‹.

60 *TPS,* S. 552 f, Tafeln 153 und 154; *Taranatha,* op. cit., S. 208 f, 281 f; Samuel Beal, *Si-yu-ki, Buddhist Records of the Western World,* London, 1884, II, S. 233; siehe auch *Taranatha,* op. cit., S. 191 f über die unterirdische Reise von Śāntivarman. Übersetzungen aus Schambala sind in den Verzeichnissen aufgeführt; siehe auch G. Tucci »The Sea and Land Travels of a Buddhist Sadhu in the Sixteenth Century«, *Indian Historical Quarterly,* 1931, S. 693 f.

61 Vers aus dem *Guhyasamāja-Tantra,* hrsg. B. Bhattacharya, Gaekwad's Oriental Series Nr. 53, Baroda, Oriental Institute, 1967, Kap. VII, v. 1; vgl. übers. Snellgrove, *Buddhist Texts,*

S. 222; über dieses Tantra und das mystische Land Urgyan siehe *TPS,* S. 212—214; über Urgyan-pas Reise, ebd. S. 158 f; Wylie, *Geography,* op. cit., S. 114; IHQ, op. cit., S. 688 f; zum Leben Padmasaṃbhavas siehe *Crystal Mirror,* Emeryville, Calif., 1975, Vol. IV, S. 6—33.

62 *BA,* S. 839 f; als klassische hinduistische Darstellung der verschiedenen indischen Schulen siehe Madhava Acarya, *Sarva-darśana-samgraha,* übers. v. E. B. Cowell und A. E. Gough, Nachdruck, Chowkhamba Sanskrit Series Studies Vol. X, Varanasi, 1961.

63 *Abhidharmakośa,* VI, 165; Rahula, op. cit., S. 106; *MSA,* S. 167; Vers von Nāgārjuna zitiert in Gampopa, op. cit., S. 216.

64 Diese Stufe heißt wörtlich übersetzt »höchste weltliche Lehren«, denn man vergegenwärtigt sich zwar die höchsten Lehren, aber nur auf einer weltlichen Stufe; sie müssen noch angewandt werden. Rahula, op. cit., S. 107; *MSA,* S. 167; *Abhisamaya,* op. cit., S. 66, 80; Wayman, op. cit., S. 213.

65 D. Snellgrove, *Nine ways of Bon,* op. cit., S. 193 ff, 221 ff, 229, 237.

66 Vers aus *Milarepa,* op. cit., S. 618, 623; über Initiationen allgemein siehe Beyer, op. cit., S. 423 ff; die Pfade zu Tod und Wiedergeburt in bezug gesetzt ebd., S. 119 ff; Wayman, op. cit., S. 210 ff; Mkhas, op. cit., S. 212 f, 331 ff; TPS, S. 247 f; zu den Bodhisattva-Stufen des Sūtraweges, die eng mit den Stufen des tantrischen Pfades in Beziehung stehen, siehe Dayal, op. cit., S. 278—291.

67 A. L. Basham, *The Wonder That Was India,* New York, 1954, S. 317 f; *Encyclopaedia of Religion and Ethics,* hrsg. James Hastings, New York, 1917—1927, II, S. 810; VII, S. 321; *Mahāvastu,* op. cit., I. S. 237; *Taranatha,* op. cit., S. 151 f — über Vidyādharas und die Ursprünge der Tantras; vgl. ebd., S. 166, 187, 201, 253, 278 ff; S. C. Das, *A Tibetan-English Dictionary,* Nachdruck Delhi, 1970, S. 1179 b (Namen der vidyādharas und ihrer Stadt); zum vidyādhara-piṭaka siehe *TPS,* S. 220 und *Tohoku Catalogue,* Nr. 3317; Lalmani Joshi, *Studies in Buddhistic Culture of India,* Delhi, 1967, S. 210, 341, Anm. 96; Edgerton, op. cit., S. 488; Vāiśravaṇa wird manchmal als der Oberherr der Vidyādharas aufgeführt, siehe *TPS,* S. 573; in hinduistischem Rahmen werden sie als die Diener Śivas bezeichnet, Sir Monnier-Williams, *A Sanskrit-English Dictionary,* London, 1899, S. 964 a; eine zusammenhängende Darstellung über die Rolle der Vidyādharas in der indischen Literatur siehe A. K. Warder, *Indian Kāvya Literature,* Vol. II, Delhi, 1974, § 677 ff.

68 Das, *Dict.,* op. cit., S. 181 a. Zum Begriff ›Reines Land der Himmelsläufer‹ (tibet. *dag-pa mkha'-spyod)* siehe Text des Tibetischen Totenbuches, Hrsg. E. Kalsang, Varanasi, 1969, S. 39; übers. Evans-Wentz, op. cit., S. 206, übers. Fremantle-Trungpa, op. cit., S. 92. Beide Übersetzungen geben *spyod* als ›Bereich‹ wieder, so als stände im Text *spyod-yul.* Das ist nicht korrekt. Die himmlischen Bereiche werden niemals als *spyod-yul* bezeichnet, sondern heißen durchgängig *zhiṅ-khams,* was soviel wie ›Buddhafeld‹ oder ›Reines Land‹ bedeutet. *Spyod* alleine, wie hier in diesem Namen, bedeutet ›Eilen‹, ›Laufen‹ oder ›Freude‹, letzteres ist als *loṅs-spyod* wiederzugeben. — Mkha'-spyod ist die Wiedergabe des Sanskritwortes *khecara,* ›Himmelsläufer‹, die poetische Bezeichnung für ›Vogel‹. Sie wird hier für die ›Reine Wohnstätte‹ (tibet. *dag-pa)* verwandt, um deren wichtigste Eigenschaft, nämlich die Fähigkeit zu fliegen, herauszuheben (vgl. Mkhas, op. cit., S. 201). *Mkha'-spyod* ist eine Stufe höher als Ḍākiṇī, *mkha'-gro-ma,* ›weibliche Himmelsläuferin‹ — In ähnlicher Weise ist Avalokiteśvara als *mkha'-spyod-pa,* ›Himmelswanderer‹, bekannt, denn er fliegt durch das gesamte Universum, um anderen zu helfen. Zum Thema des langen Lebens siehe Mkhas, op. cit., S. 201.

69 Zitat aus *BA,* S. 812 über den Übersetzer Bsod-rnams-rgya-mthso, 1424—1482 n. Chr.; über das In-Bewegung-Setzen der Lehre durch ihn siehe ebd., S. 827ff; vgl. *Milarapa,* op. cit., S. 399; Mkhas, op. cit., S. 315—317; in Bezug auf den Bodhisattva der zehnten Stufe siehe Beyer, op. cit., S. 253.

70 *Totenbuch,* Text, op. cit., S. 28 f; übers. Fremantle-Trungpa, op. cit., S. 46 ff; übers. Evans-Wentz, op. cit., S. 191—194; Getty, op. cit., S. 42; über den *shang-shang* Garuda siehe Das, *Dict.,* op. cit., S. 1230 a; zu den fünf Buddhafamilien siehe Govinda, *Grundlagen,* op. cit., S. 120—125; Tucci, *Indo-Tibetica,* op. cit., III, 1, S. 78—90 und 145—159; zu dieser Form der Tārā siehe D. Snellgrove, *The Hevajra Tantra,* London, 1959, I, S. 137 f.

71 *Daśabhūmika-Sūtra,* übers. Megumu Honda, Śata-piṭaka Series V 74, New Delhi, S. 127—143; *MSA,* S. 21; *Abhisamaya,* S. 22—53, 68 ff, 80—85; Gampopa, op. cit., S. 240 ff; Dayal, op. cit., S. 130 ff; Santideva, *Śikṣā,* op. cit., S. 265—269; zur Meditation der Gleichsetzung von ›Selbst‹ und Anderen siehe Śāntideva, *Bodhicaryāvatāra,* 8. Kap. Vers 90 bis Ende; zu den zehn Vollkommenheiten und den zehn Bodhisattvastufen siehe auch Candrakīrti, *Madhyamakāvatāra,* übers. Louis de la Vallée-Poussain, Le Muséon 7—8 und 11—12 (1907—1912, enthält nur die ersten sechs Kapitel).

72 Die Liste der acht weltlichen Siddhis unterscheidet sich von Text zu Text. Vgl. Beyer, op. cit., S. 246 f, 252 f; Mkhas, op. cit., S. 220 f; dieses Buch folgt dem System Geshe Wangyals, op. cit., S. 311; zum Thema Gegensatz zwischen dem Weg der Siddhis und dem Weg des Studiums siehe *BA.,* op. cit., S. 962; *TPS,* S. 90; zu den Vorbehalten, die Atīśa gegen den ersten Weg hatte, siehe Sherburne, op. cit., Vers 60—61; eine Widerlegung dieser Vorbehalte ist zu finden in *BA,* S. 107. Für die gewöhnlichen Siddhis sind diese von ziemlicher Vielfalt; für die niederen Siddhis siehe Rudra (Spielfeld Nr. 16); für die höheren siehe Spielfelder Nr. 67—69. Siehe auch Wayman, op. cit., S. 114 f in bezug auf die Gegenstände dieser Siddhis (Schwert usw.); zu den Stufen der unterschiedlichen Vollendungen siehe Beyer, op. cit., S. 246 ff; eine Liste der ›acht Siddhilehren‹ (tibet. *sgrub-pa-bka'-brgyad)* siehe Beyer, op. cit., S. 43 ff; Trungpa *Visual Dharma,* Tafel 50.

73—75 Siehe Nr. 66, op. cit.; Verse in Nr. 74 von Saraha, übers. Snellgrove, op. cit., S. 232 Vers 60.

76 Fremantle-Trungpa, op. cit., S. 43 f, 75—78; Getty, op. cit., S. 37; Wayman, op. cit., S. 34.

77 *TPS,* Tafel 23, Anm. dazu S. 348 ff, Tafel 39, Anm. dazu S. 364 f, Tafeln 49 und 50, Anm. dazu S. 370 f; Fremantle-Trungpa, op. cit., S. 44 ff, 78 ff; Mkhas, op. cit. S. 34; Wayman, op. cit., S. 34; die klassische kanonische Beschreibung von Sukhāvatī befindet sich in den *Sukhāvatī-vyūha-sūtras,* übers. F. Max Müller, SBE, Vol. 49, London, 1894; siehe auch Richard Robinson, *The Buddhist Religion,* The Religious Life of Man Series, Belmont, Calif., 1970, S. 66—69.

78 *Daśabhūmika,* S. 166—173; MSA S. xx—xxi, 15 f, 34; Gampopa, op. cit., S. 244 f; zu den 37 Erleuchtungsfaktoren siehe Dayal, op. cit., Kap. IV; *Crystal Mirror,* hrsg. Tarthang Tulku, Vol. V. 1977, S. 23—29.

79 *Daśabhūmika,* S. 155—165; MSA, S. 21 f, xx—xxi, 33 a; Gampopa, op. cit., S. 242 f; *Abhisamaya,* S. 23.

80 Daśabhūmika, S. 144—154; MSA, S. 21 f, xx—xxi, 33 a; Gampopa, op. cit., S. 242 f; *Abhisamaya,* S. 23.

81 Zu den Pfaden des Heranreifens (erste fünf Stufen) und der Befreiung (letzte fünf Stufen) siehe Mkhas, op. cit., S. 331. Siehe auch Anmerkung zu Feld Nr. 66.

82 Mkhas, op. cit., S. 198, Anm. 327; Guenther, *Mystification,* S. 141 f, 146; Vers von Saraha, übers. Snellgrove, op. cit., S. 230, Vers 48.

83 Mkhas, op. cit., S. 265, 327; Guenther, *Mystification,* S. 72 f, 142—146; Beyer, op. cit., S. 136; Verse von *Milarepa,* op. cit., S. 128 f.

84 Mkhas, op. cit., S. 21—27, 35, 39, 205, Anm. 215; Hsüan-Tsang, *Siddhi,* op. cit., S. 440 f, 696; wörtlich übersetzt heißt der Name dieses Spielfeldes ›kleiner Akaniṣṭha‹, um deutlich zu machen, daß er den höchsten Punkt des Berg-Meru-Weltsystems darstellt und sich vom Ghanavyūha-Akaniṣṭha, ›harter Pfeil‹, unterscheidet, der der höchste Himmel eines ›Schmuck mit Blumenräumen und inneren Gemächern‹ genannten Weltsystems ist, das aus 1000^3 Berg-Meru Weltsystemen besteht und der Ort Vāirocanas, Vajradhāras oder Samantabhadras ist, je nachdem, von welcher tantrischen Tradition dieser Bereich beschrieben wird. Mkhas, op. cit., S. 205; Bu-ston, op. cit., I, S. 131 f; über das Karma, das den Zustand der Götter dieses Himmels bewirkt hat, siehe *Abhidharmakośa,* VI, 213.

85 *Vimalakīrti,* op. cit., S. 363—366; *TPS,* Tafel 2, Anm. S. 332, Tafeln 14—22, Anm. S. 347 f; Fremantle-Trungpa, op. cit., S. 41 ff, 73 ff; Evans-Wentz, op. cit., S. 183—186; Getty, op. cit., S. 5, 36 f; Wayman, op. cit., S. 331; Robinson, op. cit., S. 66.

86 *Daśbhūmika,* S. 199—213; MSA, S. 22, xx—xxi, 37 a; Gampopa, op. cit., S. 247 f; über die zwanzig Anhaftungen, die zu überwinden sind, und die zwanzig positiven Eigenschaften dieser Stufe siehe *Abhisamaya,* S. 25 f.

87 *Daśabhūmika,* S. 185—198; MSA., S. 22, xx—xxi, 14, 36; Gampopa, op. cit., S. 246 f; *Abhisamaya,* S. 24 f.

88 *Daśabhūmika,* S. 174—184; MSA., S. 22, xx—xxi, 15 f, 35; Gampopa, op. cit., S. 245 f; *Abhisamaya,* S. 24. In Bezug auf den Namen, ›schwer zu Überwindende‹, gibt Candrakīrti eine einleuchtende Erklärung. Von dieser Stufe an ist es Māra und anderen Hemmnissen nicht mehr möglich die Meditation zu beeinflussen.

89 Mkhas, op. cit., S. 327; Guenther, *Mystification,* op. cit., S. 146; Beyer, op. cit., S. 136 f; Vers von *Milarepa,* op. cit., S. 489.

90 Mkhas, loc. cit., Abschnitt aus der Biographie von Bu-ston, übers. Beyer, op. cit., S. 134 f. vgl. übers. Ruegg, *The Life of Bu-Ston Rinpoche,* SOR, Rom ISMEO 1966 S. 82 ff.

91 Mkhas, op. cit., S. 264, Anm. 326 f; Verse von Saraha, übers. Snellgrove, op. cit., S. 238 f, Verse 107—110.

92 Conze, *Thought,* op. cit., S. 233 f; Gampopa, op. cit., S. 265 f; Bu-ston, *History,* I, S. 131; *Abhisamaya,* S. 98—102; Die drei Körper des Buddha sind abgebildet in Evans-Wentz, *Befreiung,* Abb. 7, S. 240.

93 Conze, *Thought,* S. 232 f; Gampopa, op. cit., S. 251 f; *Abhisamaya,* S. 96 ff; Nagarjunas *Paramārtha-Stava,* tibet, hrsg. und ins Franz. übers. Louis de la Vallée-Poussain, Le Muséon XIV, 1913, S. 16 ff.

94 *Daśbhūmika,* S. 256—276; MSA., S. 23, xx—xxi, 14, 16, 38 b; Gampopa, op. cit., S. 250 f.

95 *Daśabhūmika,* S. 273 ff; MSA., S. xx—xxi, 38 a; Gampopa, op. cit., S. 249 f; *Abhisamaya,* S. 27 f.

96 *Daśabhūmika,* S. 214—236; MSA., S. 22—23, xx—xxi, 37 b; Gampopa, op. cit., S. 248 f;

über die zehn Kräfte eines Buddha siehe ebd., S. 33 ff; *Abhisamaya,* S. 27 zu den acht Taten eines Buddha dieser Stufe.

97 Tibetisch: *sku-bsdams-pa.* Über den Erscheinungskörper siehe: *Abhisamaya,* S. 102; Gampopa, op. cit., S. 266 f; Śākyamuni wurde ungefähr 566 v. Chr. geboren und lebte achtzig Jahre — Lamotte, *Histoire,* S. 13—25; andere Quellen zu seinem Leben: André Bareau, *Recherches sur la Biographie du Buddha,* Paris, Publications de l'Ecole Française de l'Extrême Orient, Vol. 53 etc., 1963, 1970; W. W. Rockhill, *The Life of the Buddha and the Early History of His Order, Derived from Tibetan Sources,* London, 1907; Bu-ston, op. cit., I, S. 133 ff, II, S. 7—72; A. Coomaraswamy, *Buddha and the Gospel of Buddhism,* 1916, Neudruck, New York; A. Foucher, *La Vie du Buddha, d'après les Textes et les Monuments de l'Inde,* Paris, 1949.

98—99 ebd.

100 Siehe bes. Bareau, op. cit., II, S. 156—171; über Māra: T. O. Ling, *Buddhism and the Mythology of Evil,* London, 1962; *Vimalakīrti,* S. 204—211; der große Laienbodhisattva empfängt die Töchter Māras und läßt sie nicht einfach wieder ziehen, sondern macht sie zu Bodhisattvas; auf S. 259 ff beschreibt er den Bodhisattva als »falschen Māra«, der Wesen mit Hilfe von Vergnügungen anlockt und so zum Erleuchtungsgedanken bringt.

101 Verse aus Coomaraswamy, op. cit., S. 35 f.

102 Sanskrit: *Dharma-cakra-pravartana.* Bu-ston, op. cit., II, S. 41—56. Die hier beschriebenen Vorgänge — das Erwachen und die ersten Belehrungen — finden nachts statt, da sie im Mai—Juni in die heiße indische Jahreszeit fallen.

103 Sanskrit: *Pratihārya.* Bareau, op. cit., Kap. VI; Rockhill, op. cit., S. 79—82; Thomas, op. cit., S. 91.

104 *Nirvāṇa* wird im Tibetischen als Transzendenz des Leidens (*mya-ṅan las 'das-pa*) wiedergegeben. Vgl. Nr. 97, op. cit.

GLOSSAR

ABHANDLUNG (skr. śāstra; tibet. *bstan-bcos*) Schriften buddhistischer Gelehrter zu Problemen der Lehre und angrenzenden Gebieten, die auf den Aussagen der Sūtras basieren.

ARHAT (tibet. *dgra-bcom-pa*) Heilsideal des Kleinen Fahrzeugs. Jemand, der im Zustand des Erwachtseins lebt, ohne den Entschluß gefaßt zu haben, anderen zu dieser Erfahrung zu verhelfen. Allgemein die Bezeichnung für einen Erwachten.

ASURA (tibet. *lha-ma-yin*) »Gegengötter«. Neidische Gottheiten, die sich oft mit den Göttern der niederen Himmel im Kriegszustand befinden.

ATĪŚA Indischer Lehrer, der 1042 nach Tibet kam und dort bis zu seinem Tod die Reformierung und Verbreitung des Buddhismus vorantrieb.

AVALOKITEŚVARA (tibet. *spyan-ras-gzigs*) Ein Bodhisattva der zehnten Stufe; besondere Schutzgottheit Tibets.

BARDO (skr. antarābhava) Der ›Zwischenzustand‹ zwischen Tod und Wiedergeburt, während dessen Verlauf das Bewußtsein einen ›geistgeschaffenen‹ Körper annimmt, der durch die vorhandenen karmischen Neigungen geformt wird.

BODHI siehe ERWACHEN

BODHICITTA (tibet. *byaṅ-chub-sems*) Der ›Erleuchtungsgedanke‹, die Absicht des Bodhisattva, für sich selbst und andere Nirvāṇa zu erlangen.

BODHIBAUM Der Sāl-Baum im heutigen Bodhgaya, unter dem Buddha Erleuchtung erlangte.

BODHISATTVA (tibet. *byaṅ-chub-sems-dpah*) Der Held oder das Ideal des Großen Fahrzeugs. Ein ›Erleuchtungswesen‹, das den Entschluß gefaßt hat, Nirvāṇa zu erlangen und alle lebenden Wesen zum selben Zustand zu führen.

BODHISATTVAGELÜBDE Der förmliche in ein Ritual eingebettete Entschluß eines Bodhisattva zu Beginn einer spirituellen Laufbahn im Rahmen des Großen Fahrzeugs.

BRAHMĀ (tibet. *tshaṅs-pa*) Oberhaupt der Götter auf den unteren Stufen des Bereiches Reiner Form. Der Gott, den man sich als den Schöpfer der Welt und Vater der Lebewesen vorstellt.

BRAHMANE Angehöriger einer bestimmten hinduistischen Kaste; besonders ein Priester des Gottes Brahmā.

BUDDHAFELD (skr. *buddhakṣetra;* tibet. *zhiṅ-khams*) Ein Bereich, der durch die magische Kraft eines Buddha geschaffen wurde und in dem fühlende Wesen, wenn sie dort geboren wurden, alles Lebensnotwendige in schönster Umgebung genießen und den Dharma ohne Hemmnisse hören können.

ḌĀKINĪ (tibet. *mkhah-hgro-ma*) ›Himmelsläuferin‹. Eine weibliche Tantrikerin oder tantrische Lehrerin, die über viele magische Kräfte verfügt.

DEVA (tibet. lha) Ein Gott, der einen der sechs Himmel im Bereich sinnlicher Begierden bewohnt.

DHĀRAṆĪ Kurze Formeln, die dazu dienen, eine durch Meditation gewonnene Erkenntnis oder Einsicht oder den Inhalt eines Sūtra zu fixieren.

DHARMA (tibet. *chos*) Alle Formen der buddhistischen Lehre, so wie sie vom Buddha oder späteren Lehrern niedergelegt wurde. — Aber auch die DHARMAS: Elemente der Wirklichkeit.

DHARMADHĀTU (tibet. *chos-dbyiṅs*) ›Dharma-Element‹. Das Wesen des Dharma und aller Dharmas; Leerheit, die absolute Wirklichkeit der Dinge. Der Bereich des Dharma.

DHARMAKĀYA (tibet. *chos-sku*) Die reine, ungeborene und alles durchdringende Form des Buddha, die durch nichts bedingte Grundlage des Erwachens. Auch: die Sammlung aller Lehren des Buddha.

DHYĀNA (tibet. *bsam-gtan*) Meditation allgemein. Die vier Stufen der Versenkung.

DOPPELVAJRA (skr. *viśvavajra*; tibet. *kun-nas rdo-rje*) Ein Symbol der Unzerstörbarkeit, bestehend aus zwei Vajras, die in die vier Himmelsrichtungen zeigen. — Siehe auch die Abbildung zum ersten Spielfeld.

DREI JUWELEN (skr. *triratna*; tibet. *dkon-mchog-gsum*) Die drei Ursprünge und Objekte der Zuflucht: der Buddha, seine Lehre und die buddhistische Gemeinde.

EINSAMER VERWIRKLICHER (skr. *pratyekabuddha*; tibet. *raṅ-saṅs-rgyas*) Ein Yogi, der ohne Hilfe des Buddha oder seine Lehre im letzten Leben den Zustand des Erwachens erlangt.

ERLEUCHTUNGSGEDANKE siehe BODHICITTA.

ERSCHEINUNGSKÖRPER (skr. *nirmāṇakāya;* tibet. *sprul-sku*) Die physische Erscheinungsform eines Buddha, so wie sie den Augen gewöhnlicher Lebewesen erscheint.

GOTT Die Götter aller drei Bereiche zusammengenommen: Begierdegötter, Götter des Bereiches Reiner Form, Götter des Bereiches der Formlosigkeit. Insbesondere ist damit Brahmā, ein Gott des Bereiches Reiner Form, gemeint, der von einigen für den Schöpfer der Welt gehalten wird.

GROSSES FAHRZEUG (skr. *mahāyāna*; tibet. *theg-pa chen-po*) Buddhistische Lehre und Praxis, die von der Leerheit aller Phänomene ausgeht und auf die Erlangung der Buddhaschaft und die Befreiung aller lebenden Wesen zielt.

HÖHERE BEWUSSTHEIT (skr. *abhijñā*; tibet. *mgon-shes*) Die sechs supranormalen Sinnesfähigkeiten, die durch Meditation erlangt werden.

HÖRER (skr. *śrāvaka*; tibet. *ñan-thos*) Buddhisten, die in Lehre und Praxis bestimmten nahen Schülern des Buddha folgen und Arhatschaft, die eigene Befreiung aus Saṃsāra anstreben.

HUNGERGEIST (skr. *preta*; tibet. *yi-dvags*) Gespenster und dämonische Geister.

HÖCHSTE SIDDHI Die Erlangung der Buddhaschaft über im Ritual herbeigeführte Vereinigung.

INDRA (tibet. *dbaṅ-po*) Oberhaupt der Götter im Himmel der Dreiunddreißig.

KUMBHĀṆḌAS (tibet. *grul-bum*) Monströse Halbgottheiten, die in etwa den Vampiren westlicher Mythologien entsprechen.

KLEINES FAHRZEUG (skr. *hīnayāna*; tibet. *theg-pa dman-pa*) siehe Hörer.

MĀDHYAMIKA SCHULE (tibet. *dbu-ma*) Der ›mittlere‹ Weg des Mahāyāna, der die letztliche Relativität aller Phänomene lehrt.

MAHĀYĀNA siehe GROSSES FAHRZEUG

MAṆḌALA (tibet. *dkyil-'khor*) Der Kreis eines Buddha oder eines Aspektes des Erleuchtungsprinzips. Der Kreis von Bodhisattvas und Schülern, der einen Buddha in seinem reinen Land umgibt. Kreisförmiges Diagramm eines Buddhafeldes oder einer anderen Gottheit zum Zwecke der Einweihung in die tantrische Praxis.

MANTRA (tibet. *gsaṅ-sṅags*) Eine Anordnung von Sanskrit-Silben, die die Energie oder Eigenschaften einer bestimmten Gottheit oder Kraft aktivieren kann.

MĀRĀ (tibet. *bdud*) König der Devas im höchsten Himmel sinnlicher Begierden und damit Herrscher über den gesamten Bereich. In übertragenem Sinn jeder Dämon, der als Meditationshindernis auftritt – jegliche Furcht oder jegliches Begehren, das von der Meditation ablenkt.

NĀḌĪ (tibet. *rtsa*) Bahnen psychischer Energie im menschlichen Körper, die man aber nicht mit dem Nervensystem identifizieren darf.

NĀGA (tibet. *klu*) Große Schlangen, die an Quellen oder in Gewässern leben. Sie haben einen menschlichen Oberkörper und Kopf; sie können wohlwollend oder zerstörerisch auftreten. Sie sammeln und bewahren große Schätze unter der Wasseroberfläche.

NIRVĀṆA (tibet. *mya-ṅan-las-'das*) Die Transzendenz des Leidens. Synonym: Befreiung; Antonym: Saṃsāra.

NUR-GEIST-SCHULE (skr. *cittamātra;* tibet. *sems-tsam*) Die idealistische Unterschule des Mahāyāna, die lehrt, daß alle Phänomene Produkte des Bewußtseins sind.

PĀLI-KANON Eine alte Sammlung buddhistischer Texte, in Pāli, einem mittelindischen Dialekt verfaßt und in Śrī Laṅka und Südostasien bewahrt. Der Pāli-Kanon gehört zu einer der Schulen des Fahrzeuges der Hörer. – Siehe auch unter THERAVĀDA.

PAṆḌITA ein Gelehrter; insbesondere ein Sanskritgelehrter.

PARINIRVĀṆA Das endgültige Verlöschen eines Buddha als Gegensatz zu dem Nirvāṇa, das weiterhin in der Welt wirkt.

PRATYEKABUDDHA siehe unter EINSAMER VERWIRKLICHER

PRETA siehe unter HUNGERGEIST

REINES LAND siehe unter BUDDHAFELD

ŚĀKYAMUNI (tibet. *śākya-thub-pa*) Der Weise aus dem Hause der Śākyas. Der historische Buddha, dessen Lehren im sechsten und fünften vorchristlichen Jahrhundert die buddhistische Lehre unseres Zeitalters begründeten.

SĀDHANA (tibet. *sgrub-thabs*) Rituelle tantrische Meditation, die auf die Umformung der Wirklichkeit mittels Visualisation, Handgesten und Mantra zielt.

SAṂSĀRA (tibet. *hkhor-ba*) Der Kreislauf von Tod und Wiedergeburt. Die sechs karmischen Schicksale.

SIDDHA (tibet. *grub-thob*) Ein tantrischer Meister

SIDDHI (tibet. *dṅos-grub*) Die Verwirklichung, die auf erfolgreiche tantrische Meditation folgt.

STŪPA (tibet. *mchod-rten*) Ein Reliquienbehälter und Ort der Verehrung.

SUBJEKT-OBJEKT-DUALITÄT (skr. *grāhya-grāhaka*) Illusion einer Trennung zwischen Wahrnehmendem und Wahrgenommenem, eines ›Selbstes‹ und eines ›Anderen‹.

SŪTRA (tibet. *mdo*) Aufzeichnung der unmittelbaren Worte des Buddha im Kleinen oder Großen Fahrzeug – im Unterschied zu den ABHANDLUNGEN und den TANTRAS.

SUGATA Beiname des Buddha; wörtl. »Sieger«.

ŚŪNYATĀ (tibet. *stoṅ-pa-ñid*) Transzendenter Zustand der ›Leere‹, der nicht durch irgendwelche positiven Aussagen beschrieben werden kann.

TANTRA (tibet. *rgyud*) Jene Klasse buddhistischer Schriften, die das Vajrayāna lehren. Allgemeiner, eine Unterabteilung des Mahāyāna-Weges, die tiefgreifende und intensive Meditationspraktiken zur Erlangung der Buddhaschaft lehrt.

TĀRĀ (tibet. *sgrol-ma*) Weiblicher Bodhisattva der zehnten Stufe und »Göttin« des Mitleids, die »Retterin«.

THERAVĀDA (skr. *sthaviravāda*) Die Lehre der »Älteren«. Damit sind die ersten Schüler des Buddha gemeint, die den mönchischen Gemeinden der Gründerphase vorstanden. Eine der Schulen des Fahrzeuges der Hörer. Der Buddhismus in Śrī Laṅka und Südostasien.

VAJRA (tibet. *rdo-rje*) Die härteste aller Substanzen, demanten. Ein Ritual-Werkzeug, das die Unzerstörbarkeit darstellt, die hilfreichen Methoden als Pendant zur Weisheit, das männliche Prinzip. Im tantrischen Yoga Bezeichnung für das männliche Organ.

VAJRADHĀTU Das ›Vajraelement‹. Die unwandelbare ›Soheit‹ (skr. *tathatā*).

VAJRA-HÖLLE Eine besondere Hölle, die denjenigen vorbehalten ist, die tantrische Übungen mißbrauchen und ihre Gelübde brechen.

VAJRA-KÖRPER Der unzerstörbare Körper des Buddha. Seine Reliquien, die nach der Verbrennung seiner leiblichen Hülle in ein Stūpa eingemauert wurden.

VAJRA-PĀṆI (tibet. *phyag-na rdo-rje*) Ein tantrischer Bodhisattva in rasender Erscheinungsform, der einen Vajra als Waffe in seiner rechten Hand hält.

VAJRA-YĀNA Das ›Diamant-Fahrzeug‹. Synonym für buddhistisches Tantra.

VEDAS Die alten heiligen Schriften der Inder. Nach indischer Anschauung sind einige davon bereits 10 000 vor Chr. entstanden.

VEDISCHE GÖTTER Die dreiunddreißig Götter des indischen Altertums.

VIDYĀ (tibet. *rig-pa*, *rig-sṅags*) Wissen, sowohl weltliches Wissen als auch spirituelle Weisheit. Im Tantra, das weibliche Prinzip, das der Weisheit (skr. *prajñā*) entspricht: eine wirkliche oder vorgestellte Weisheitsgefährtin, die die Rolle des weiblichen Aspektes der Weisheit übernimmt, mit dem das männliche Prinzip vereinigt wird.

VIDYĀDHARA (tibet. *rig-'dzin*) Einer, der Wissen oder Weisheit beherrscht und über tantrische Verwirklichung verfügt; eine Klasse von weisen und mächtigen Wesen. Allgemeiner ein vollendeter tantrischer Meister.

WUNSCHERFÜLLENDES JUWEL (skr. *cintamaṇi*; tibet. *yid-bzhin nor-bu*) Magisches Juwel, das jeden Wunsch erfüllt und sich im Besitz eines Weltenherrschers befindet.

YĀKṢAS (tibet. *gnod-sbyin*) Halbgötter, die in Bäumen und auf Bergen hausen. Diese Halbgötter sind Gegenstand volkstümlicher Verehrung und können sowohl wohlwollend als auch vernichtend auftreten.

YOGIN (tibet. *rnal-'byor-pa*) Ein Yoga-Praktizierender. Jeder Meditierende, ob buddhistisch oder nicht-buddhistisch. Besonders jedoch ein Tantriker. Weibliche Form: YOGINĪ (tibet. *rnal-'byor-ma*).

ANHANG

Die verschiedenen Wege, die zu den einzelnen Spielfeldern führen.

SPIEL-FELD NR.	ZUGANG VON:
1	Tantra, Kleiner Pfad der Ansammlung (Nr. 33).
2	Heiße Höllen (Nr. 3); Barbarentum (Nr. 21).
3	Unaufhörliche Hölle (Nr. 2); Klagehöllen (Nr. 4); Hölle der Schwarzen Schlinge (Nr. 5); Dämoneninsel (Nr. 14); Hinduismus (Nr. 22).
4	Hölle der Schwarzen Schlinge (Nr. 5); Wiederbelebende Hölle (Nr. 6); Hungergeister (Nr. 10); Asuras (Nr. 15); Bön (Nr. 23); Bereich der Formlosigkeit (Nr. 36).
5	Heiße Höllen (Nr. 3); Klagehöllen (Nr. 4); Kalte Höllen (Nr. 7); Zeitweilige Höllen (Nr. 8); Tiere (Nr. 11); Dämoneninsel (Nr. 14); Hörer, Ansammlung (Nr. 38).
6	Klagehöllen (Nr. 4); Kalte Höllen (Nr. 7); Insel Jambu (Nr. 17); Göttliche Straße (Nr. 24); Vier Könige (Nr. 27); Einsamer Verwirklicher, Ansammlung (Nr. 43).
7	Heiße Höllen (Nr. 3); Hölle der Schwarzen Schlinge (Nr. 5); Zeitweilige Höllen (Nr. 8); Dreiunddreißig Götter (Nr. 28); Mahāyāna, Kleiner Pfad der Ansammlung (Nr. 52).
8	Heiße Höllen (Nr. 3); Klagehöllen (Nr. 4); Wiederbelebende Hölle (Nr. 6); Hungergeister (Nr. 10); Mahāyāna, Mittlerer Pfad der Ansammlung (Nr. 53); Bön-Wissenshalter (Nr. 65).
9	Vajra-Hölle (Nr. 1).
10	Unaufhörliche Hölle (Nr. 2); Heiße Höllen (Nr. 3); Klagehöllen (Nr. 4); Hölle der Schwarzen Schlinge (Nr. 5); Wiederbelebende Hölle (Nr. 6); Kalte Höllen (Nr. 7); Tiere (Nr. 11); Göttliche Tiere (Nr. 12); Nāga (Nr. 13); Asuras (Nr. 15); Westlicher Kontinent (Nr. 18); Barbarentum (Nr. 21); Hinduismus (Nr. 22); Göttliche Straße (Nr. 24); Vier Könige (Nr. 27); Himmel ohne Kampf (Nr. 29); Paranirmita (Nr. 32).

11 Heiße Höllen (Nr. 3); Hölle der Schwarzen Schlinge (Nr. 5); Kalte Höllen (Nr. 7); Zeitweilige Höllen (Nr. 8); Hungergeister (Nr. 10); Göttliche Tiere (Nr. 12); Nāga (Nr. 13); Asuras (Nr. 15); Westlicher Kontinent (Nr. 18); Östlicher Kontinent (Nr. 19); Barbarentum (Nr. 21); Göttliche Straße (Nr. 24); Dreiunddreißig Götter (Nr. 28); Bereich der Formlosigkeit (Nr. 36); Hörer, Ansammlung (Nr. 38); Mahāyāna, Kleiner Pfad der Ansammlung (Nr. 52).

12 Wiederbelebende Hölle (Nr. 6); Tiere (Nr. 11); Himmel ohne Kampf (Nr. 29); Nirmāṇa Rati (Nr. 31); Reine Wohnungen (Nr. 37).

13 Hölle der Schwarzen Schlinge (Nr. 5); Tiere (Nr. 11); Hungergeister (Nr. 10); Westlicher Kontinent (Nr. 18); Östlicher Kontinent (Nr. 19); Hinduismus (Nr. 22); Weltenherrscher (Nr. 26).

14 Klagehöllen (Nr. 4); Zeitweilige Höllen (Nr. 8); Hungergeister (Nr. 10); Asuras (Nr. 15); Bön (Nr. 23).

15 Kalte Höllen (Nr. 7); Göttliche Tiere (Nr. 12); Nāgas (Nr. 13); Dämoneninsel (Nr. 14); Östlicher Kontinent (Nr. 19); Nördlicher Kontinent (Nr. 20); Barbarentum (Nr. 21); Hinduismus (Nr. 22); Göttliche Straße (Nr. 24); Mahāyāna, Mittlerer Pfad der Ansammlung (Nr. 53); Bön-Wissenshalter (Nr. 65).

16 Tantra, Kleiner Pfad der Ansammlung (Nr. 33).

17 Unaufhörliche Hölle (Nr. 2); Wiederbelebende Hölle (Nr. 6); Tiere (Nr. 11); Dämoneninsel (Nr. 14); Nördlicher Kontinent (Nr. 20); Himmlische Straße (Nr. 24); Weltenherrscher (Nr. 26); Vier Könige (Nr. 27); Dreiunddreißig Götter (Nr. 28); Himmel ohne Kampf (Nr. 29); Bereich der Reinen Form (Nr. 35); Bereich der Formlosigkeit (Nr. 36).

18 Kalte Höllen (Nr. 7); Vier Könige (Nr. 27); Paranirmita (Nr. 32).

19 Zeitweilige Höllen (Nr. 8); Hungergeister (Nr. 10); Nördlicher Kontinent (Nr. 20); Hörer, Bemühung (Nr. 39).

20 Weltenherrscher (Nr. 26); Dreiunddreißig Götter (Nr. 28); Einsamer Verwirklicher, Bemühung (Nr. 44).

21 Nāga (Nr. 13); Göttliche Tiere (Nr. 12); Asura (Nr. 15); Westlicher Kontinent (Nr. 18).

22 Insel Jambu (Nr. 17); Dreiunddreißig Götter (Nr. 28); Nirmāṇa-Rati (Nr. 31).

23 Vier Große Könige (Nr. 27); Himmel ohne Kampf (Nr. 29).

24 Kein Zugang, da nur der Ausgangspunkt des Spieles.

25 Dämoneninsel (Nr. 14); Insel Jambu (Nr. 17).

26 Insel Jambu (Nr. 17).

27 Tiere (Nr. 11); Göttliche Tiere (Nr. 12); Nāga (Nr. 13); Westlicher Kontinent (Nr. 18); Nördlicher Kontinent (Nr. 20); Bön (Nr. 23); Göttliche Straße (Nr. 24); Bereich der Reinen Form (Nr. 35); Einsamer Verwirklicher, Bemühung (Nr. 44).

28 Göttliche Tiere (Nr. 12); Nāga (Nr. 13); Asuras (Nr. 15); Nördlicher Kontinent

(Nr. 20); Weltenherrscher (Nr. 26); Vier Könige (Nr. 27); Paranirmita (Nr. 32); Hörer, Bemühung (Nr. 39); Hörer, Sehen (Nr. 40); Einsamer Verwirklicher, Sehen (Nr. 45).

29 Bön (Nr. 23); Weltenherrscher (Nr. 26); Dreiunddreißig Götter (Nr. 28); Einsamer Verwirklicher, Meditation (Nr. 46).

30 Himmel ohne Kampf (Nr. 29); Nirmāṇa-Rati (Nr. 31); Paranirmita (Nr. 32); Bereich der Reinen Form (Nr. 35); Hörer, Sehen (Nr. 40); Einsamer Verwirklicher, Bemühung (Nr. 44); Einsamer Verwirklicher, Arhat (Nr. 47); Einsamer Verwirklicher, Meditation (Nr. 46); Mahāyāna, Kleiner Pfad der Ansammlung (Nr. 52).

31 Himmel ohne Kampf (Nr. 29); Hörer, Sehen (Nr. 40).

32 Nirmāṇa-Rati (Nr. 31); Hörer, Sehen (Nr. 40).

33 Tantra, Beginn (Nr. 25); Tantra, Mittlerer Pfad der Ansammlung (Nr. 41); Wissenshalter der acht Siddhis (Nr. 72).

34 Yama (Nr. 9); Rudra (Nr. 16); Nördliches Buddhafeld (Nr. 70).

35 Nirmāṇa-Rati (Nr. 31); Hörer, Sehen (Nr. 40); Einsamer Verwirklicher, Meditation (Nr. 46).

36 Bereich der Reinen Form (Nr. 35).

37 Bereich der Reinen Form (Nr. 35); Hörer, Ansammlung (Nr. 38); Einsamer Verwirklicher, Meditation (Nr. 46); Einsamer Verwirklicher, Arhat (Nr. 47); Hörer, Arhat (Nr. 51); Mahāyāna, Mittlerer Pfad der Ansammlung (Nr. 53).

38 Insel Jambu (Nr. 17); Westlicher Kontinent (Nr. 18); Östlicher Kontinent (Nr. 19); Tantra, Beginn (Nr. 25); Bereich der Formlosigkeit (Nr. 36); Einsamer Verwirklicher, Ansammlung (Nr. 43); Mahāyāna, Kleiner Pfad der Ansammlung (Nr. 52); Hindu-Wissenshalter (Nr. 62).

39 Hörer, Ansammlung (Nr. 38); Einsamer Verwirklicher, Bemühung (Nr. 44).

40 Hörer, Ansammlung (Nr. 38); Hörer, Bemühung (Nr. 39); Einsamer Verwirklicher, Sehen (Nr. 45); Mahāyāna, Mittlerer Pfad der Ansammlung (Nr. 53).

41 Tantra, Kleiner Pfad der Ansammlung (Nr. 33); Wissenshalter der Begierde-Götter (Nr. 67); Wissenshalter des Bereiches Reiner Form (Nr. 68); Wissenshalter der acht Siddhis (Nr. 72).

42 Dämoneninsel (Nr. 14); Tantra, Kleiner Pfad der Ansammlung (Nr. 33); Tantra, Mittlerer Pfad der Ansammlung (Nr. 41); Schambala (Nr. 59); Mahāyāna, Empfänglichkeit (Nr. 63); Wissenshalter der Begierdegötter (Nr. 67); Wissenshalter des Bereiches Reiner Form (Nr. 68).

43 Östlicher Kontinent (Nr. 19); Nirmāṇa-Rati (Nr. 31); Hörer, Bemühung (Nr. 39); Einsamer Verwirklicher, Bemühung (Nr. 44); Einsamer Verwirklicher, Sehen (Nr. 45); Bön-Wissenshalter (Nr. 65).

44 Einsamer Verwirklicher, Ansammlung (Nr. 43).

45 Einsamer Verwirklicher, Bemühung (Nr. 44).

46 Einsamer Verwirklicher, Bemühung (Nr. 44); Einsamer Verwirklicher, Sehen (Nr. 45).

47 Einsamer Verwirklicher, Sehen (Nr. 45); Einsamer Verwirklicher, Meditation (Nr. 46).

48 Einsamer Verwirklicher, Arhat (Nr. 47); Hörer, Arhat (Nr. 51).

49 Tantra, Großer Pfad der Ansammlung (Nr. 42); Schambala (Nr. 59); Mahāyāna, Höchste Lehren (Nr. 64); Wissenshalter des Bereiches Reiner Form (Nr. 68).

50 Tantra, Großer Pfad der Ansammlung (Nr. 42); Tantra, Bemühung: Hitze (Nr. 49); Schambala (Nr. 59).

51 Einsamer Verwirklicher, Meditation (Nr. 46).

52 Insel Jambu (Nr. 17); Hinduismus (Nr. 22); Bön (Nr. 23); Tuṣita (Nr. 30); Nirmāṇa-Rati (Nr. 31); Bereich der Reinen Form (Nr. 35); Reine Wohnungen (Nr. 37); Hörer, Ansammlung (Nr. 38); Hörer, Bemühung (Nr. 39); Einsamer Verwirklicher, Ansammlung (Nr. 43); Einsamer Verwirklicher, Sehen (Nr. 45); Einsamer Verwirklicher, Arhat (Nr. 47); Hindu-Wissenshalter (Nr. 62); Bön-Wissenshalter (Nr. 65).

53 Tuṣita (Nr. 30); Mahāyāna, Kleiner Pfad der Ansammlung (Nr. 52).

54 Tuṣita (Nr. 30); Reine Wohnungen (Nr. 37); Mahāyāna, Kleiner Pfad der Ansammlung (Nr. 52); Mahāyāna, Mittlerer Pfad der Ansammlung (Nr. 53).

55 Tuṣita (Nr. 30); Mahāyāna, Mittlerer Pfad der Ansammlung (Nr. 53); Mahāyāna, Großer Pfad der Ansammlung (Nr. 54); Schambala (Nr. 59).

56 Mahāyāna, Hitze (Nr. 55).

57 Mahāyāna, Hitze (Nr. 55); Tantra, Höhepunkt (Nr. 50).

58 Tantra, Empfänglichkeit (Nr. 57).

59 Tantra, Mittlerer Pfad der Ansammlung (Nr. 41); Tantra, Großer Pfad der Ansammlung (Nr. 42); Mahāyāna, Großer Pfad der Ansammlung (Nr. 54); Wissenshalter des Bereiches Reiner Form (Nr. 68).

60 Tantra, Mittlerer Pfad der Ansammlung (Nr. 41); Mahāyāna, Großer Pfad der Ansammlung (Nr. 54); Schambala (Nr. 59).

61 Mahākāla (Nr. 34).

62 Barbarentum (Nr. 21); Hinduismus (Nr. 22).

63 Tuṣita (Nr. 30); Mahāyāna, Großer Pfad der Ansammlung (Nr. 54); Mahāyāna, Hitze (Nr. 55); Mahāyāna, Höhepunkt (Nr. 56); Schambala (Nr. 59); Potāla (Nr. 60).

64 Tuṣita (Nr. 30); Reine Wohnungen (Nr. 37); Mahāyāna, Höhepunkt (Nr. 56); Potāla (Nr. 60); Mahāyāna, Empfänglichkeit (Nr. 63).

65 Bön (Nr. 23).

66 Tantra, Höhepunkt (Nr. 50); Tantra, Empfänglichkeit (Nr. 57); Tantra, Höchste Lehren (Nr. 58).

67 Tantra, Mittlerer Pfad der Ansammlung (Nr. 41); Wissenshalter der acht Siddhis (Nr. 72).

68 Wissenshalter der Begierdegötter (Nr. 67).

69 Wissenshalter der Begierdegötter (Nr. 68); zweite Tantrastufe (Nr. 73).

70 Mahākāla (Nr. 34).

71 Mahāyāna, Höchste Lehren (Nr. 64); Nördliches Buddhafeld (Nr. 70); Sukhāvatī (Nr. 77); Abhirati (Nr. 85).

72 Tantra, Beginn (Nr. 25).

73 Tantra, Empfänglichkeit (Nr. 57); Tantra, Höchste Lehren (Nr. 58); erste Tantrastufe (Nr. 66); Nördliches Buddhafeld (Nr. 70); Südliches Buddhafeld (Nr. 76); Sukhāvatī (Nr. 77).

74 Tantra, Höchste Lehren (Nr. 58); erste Tantrastufe (Nr. 66); erste Sūtrastufe (Nr. 71); Südliches Buddhafeld (Nr. 76); Sukhāvatī (Nr. 77).

75 Erste Tantrastufe (Nr. 66); tantrischer Weltenherrscher (Nr. 69); zweite Tantrastufe (Nr. 73); dritte Tantrastufe (Nr. 74).

76 Abhirati (Nr. 85).

77 Tantra, Empfänglichkeit (Nr. 57); Mahāyāna, Empfänglichkeit (Nr. 63); Mahāyāna, Höchste Lehren (Nr. 64).

78 Südliches Buddhafeld (Nr. 76); zweite Sūtrastufe (Nr. 80); dritte Sūtrastufe (Nr. 79).

79 Erste Sūtrastufe (Nr. 71); zweite Sūtrastufe (Nr. 80).

80 Erste Sūtrastufe (Nr. 71).

81 Mahākāla (Nr. 34); tantrischer Weltenherrscher (Nr. 69); zweite Tantrastufe (Nr. 73); dritte Tantrastufe (Nr. 74); vierte Tantrastufe (Nr. 75).

82 Vierte Tantrastufe (Nr. 75).

83 Urgyan (Nr. 61); vierte Tantrastufe (Nr. 75); fünfte Tantrastufe (Nr. 81); sechste Tantrastufe (Nr. 82).

84 Urgyan (Nr. 61); siebente Tantrastufe (Nr. 83); achte Tantrastufe (Nr. 89); neunte Tantrastufe (Nr. 90); zehnte Tantrastufe (Nr. 91); zehnte Sūtrastufe (Nr. 94); neunte Sūtrastufe (Nr. 95).

85 Tantra, Höchste Lehren (Nr. 58); Mahāyāna, Empfänglichkeit (Nr. 63).

86 Sechste Sūtrastufe (Nr. 87).

87 Vierte Sūtrastufe (Nr. 78); fünfte Sūtrastufe (Nr. 88).

88 Vierte Sutrastufe (Nr. 78); dritte Sutrastufe (Nr. 79).

89 Fünfte Tantrastufe (Nr. 81); sechste Tantrastufe (Nr. 82).

90 Sechste Tantrastufe (Nr. 82); achte Tantrastufe (Nr. 89).

91 Siebente Tantrastufe (Nr. 83); neunte Tantrastufe (Nr. 90).

92 Dharmakāya (Nr. 93).

93 Akaniṣṭha (Nr. 84); zehnte Tantrastufe (Nr. 91); zehnte Sūtrastufe (Nr. 94).

94 Neunte Sūtrastufe (Nr. 95); achte Sūtrastufe (Nr. 96).

95 Siebente Sūtrastufe (Nr. 86); fünfte Sūtrastufe (Nr. 88) achte Sūtrastufe (Nr. 96).

96 Siebente Sūtrastufe (Nr. 86); sechste Sūtrastufe (Nr. 87).

97 Saṃbhogakāya (Nr. 92).

98 Erscheinungskörper (Nr. 97).

99 Aufbruch (Nr. 98).

100 Askese (Nr. 99).

101 Überwindung Māras (Nr. 100).

102 Buddhaschaft (Nr. 101).

103 Drehen des Rades der Lehre (Nr. 102).

104 Wundertaten (Nr. 103).

Basistexte des Tibetischen Buddhismus

Das Totenbuch der Tibeter

Herausgegeben von Francesca Fremantle und Chögyam Trungpa. Diederichs Gelbe Reihe Band 6. 2. Aufl. 176 Seiten mit 18 Abb.

Die Frage »Gibt es ein Leben nach dem Tod?« stellt sich den Tibetern nicht. Ihre großen Lehrer sterben im Wissen um ihre künftige Verkörperung, werden in voller Bewußtheit ihrer vergangenen Leben wiedergeboren. Sie selbst haben erfahren: der Geist vergeht nicht mit der sterblichen Hülle.
Was dem Geist im Bardo, dem Zwischenzustand zwischen Tod und Wiedergeburt, begegnet, davon berichten sie in diesem Buch. Doch auch im Leben gibt es solche Zwischenzustände, machen wir die Erfahrung des Bardo. »Dieses Totenbuch ist auch – und nicht zuletzt durch die Akzentsetzung dieser Ausgabe – ein Buch für das Leben.
Don't wait until you are dead to read it!« (Middle Earth)

Geshe Lhündub Söpa/Jeffrey Hopkins

Der Tibetische Buddhismus

Mit einem Vorwort des Dalai Lama. Diederichs Gelbe Reihe Band 13. 224 Seiten mit 8 Abb.

Ein Meditationsbuch zur praktischen Übung, mit den Basistexten »Die drei Hauptaspekte des Pfades« und »Der kostbare Kranz der Lehrmeinungen«. Zugleich Einführung in die grundlegende buddhistische Theorie. So wie Übung und Lehre die beiden Grundpfeiler des Tibetischen Buddhismus ausmachen, ergänzen und bedingen sich die beiden Texte dieses Handbuches. Sie sind ein Führer für jeden, der sich die zentralen Erfahrungen dieser großen Weisheitslehre erschließen will.